Northeast Asia
Managing

# 동북아 매니징

김신호 지음

1인1책

**프롤로그**

# G1 중국 시대,
# 피할 수 없다면 매니징하라

법무법인 '동북아'를 설립한 건 결코 우연이 아니다. '동북아'라는 단어는 나에게 생존이며 비전이고 반드시 풀어야 할 숙제이자 사명이었다.

동북아는 나에게 운명처럼 다가왔다. 법 공부를 하고 사법고시를 준비하던 시절이었다. 한자(漢字)를 자주 접한 사법 고시생에게 중국어는 매력적이었다. 그때부터 짬짬이 독학으로 중국어를 터득했다. 그 후 알리바바의 마윈 연구서와 4차산업혁명 전략서 등 중국판 도서를 번역해 국내 독자에게 소개했다. 덩달아 중국에 대한 호기심도 점점 더 커졌다.

어느새 관심사는 중국의 경제, 중국 문화, 한·중 관계, 통일 한국을 위한 중국의 역할, 한·중·일 관계, 동북아의 미래로 이어졌다. 지난 30년간 바쁜 변호사 활동과 지역사회 활동, 지역정치 활동을 하면서 한순간도 생각의 끈을 놓지 않고 탐구한 주제가 바로 '동북아'였다.

그렇게 인연의 끈이 연결돼 '동북아 포럼'을 창립했다. 이곳에서는 앞으로 동북아 교육, 동북아 청년 아카데미, 동북아 탐방단 행사, 동북아 네트워크 구축, 강연, 컨설팅, 동북아 미래 아이디어·문화콘텐츠 공모전, 동북아 정책연구 등 다양한 프로젝트를 진행하며 미래 동북아를 책임질 젊은 리더들을 양성해 나갈 계획이다.

　그동안 나는 중국에 자주 방문하여 다양한 사람과 교류하며 여러 기관과 문화 교류 프로그램을 기획했다. 그 과정에서 깨달은 게 하나 있다. 남과 북, 중국, 일본 등 개별 국가가 아닌 '동북아'라는 더 높은 차원의 시선으로 바라보는 것이야말로 우리 대한민국의 미래이자 통일한국으로 가는 히든카드라는 사실을.

　2023년 여름이 지나가면서 미국 캠프데이비드에서 열린 한·미·일 정상회담에서 미국의 대중국 정책 틀인 한·미·일의 안보 협력이 이뤄졌다. 미국은 촘촘한 대중국 견제라는 성과가 났다고 감격스럽다고 하지만 한·미·일 안보협력은 북·중·러와의 대립을 고조시키고 있다.
　수세에 몰린 러시아와 북한이 군사적으로 연대하고 혹여라도 중국까지 여기에 가세한다면 북·중·러의 군사협력도 가시화될 것이다. 한·미·일과 북·중·러가 대립하는 시대, 생각만 해도 아찔하다. 그러기에 더욱 동북아의 관점이 절실하다고 보았다.

　아시아 대륙의 동북쪽에는 남·북한과 중국, 일본, 대만, 몽골이 있다. 이 중에서 앞으로 우리에게 가장 강력한 영향을 끼칠 나라는 당연히 '중국'이다. 하여 동북아를 말하는 이 책에서도 중국을 이해하는 데에 좀 더 중심을 두었다.
　우리가 중국에 대해 가장 주목해야 할 영역은 경제 분야이다. 우리나라와 경제 교류가 밀접하게 연결돼 있기 때문이다. 중국경제는 2022년 기준 GDP 18조 달러(IMF) 이상을 기록했고 특히 전 세계 국가 중 우리나라의 최대 교역상대국으로 자리 잡고 있다.

우리나라는 1992년 8월에 중국과 수교했다. 벌써 30년이 훌쩍 넘었다. 수교 후 한·중 관계는 정치, 경제, 문화 등 제반 분야에서 상호작용하며 비약적인 발전을 이룩했다. 그러나 여전히 다양한 이해충돌과 갈등의 요인도 안고 있다. 남과 북 사이에 중국 역할 문제, 중국과 대만 사이의 한국 역할 문제, 한·중·일의 문제, 사드 배치 등 군사 문제, 동북아 역사의 해석 문제, 정치 체제와 경제 시스템의 차이, 자본시장과 기업의 경쟁, 문화콘텐츠 개방과 교류 등 하나하나 따져 들면 난제 역시 셀 수 없이 많다.

동북아 문제, 특히 한·중 관계는 앞으로 우리가 원하든 원하지 않든 정치, 사회, 경제, 문화 모든 면에서 점점 더 긴밀해질 것이다. 그만큼 국가 사이의 갈등과 이해충돌도 심화할 것이 분명하다.

돌아보면 지금까지 동북아 각 국가끼리는 가깝고도 먼 이웃이었다. 한국전쟁, 일본의 한반도 식민지화, 중일전쟁, 북한과 일본의 갈등 등 근현대사는 여전히 봉합되지 않은 갈등 요소가 잠복해 있다. 반일과 친일, 친중과 반중, 친북과 반북, 친한과 반한 등 일부 부정적인 국민 정서를 도구로 활용하며 자국 이익 또는 정치세력의 권력 강화나 집단의 이익을 강화하는 데 악용하기도 한다. 냉정하게 말하자면 근현대사를 거치며 한·중·일 관계의 초기설정값이 '증오'(Hatred)나 '갈등'(Conflict)으로 맞춰져 있다는 느낌이다. 적어도 협력 체제를 구축한 유럽연합국가들과 큰 차이가 있다.

그러나 분명한 사실은, 앞으로 동북아의 관계가 지금과 달라져야 한다는 점이다. 미래는 동북아 시대이다. 왜냐하면 동북아는 세계적 영향력의 핵심지역으로 부상하고 있기 때문이다. 2022년 말에 나온 한 미래 경제력 예측보고서는 오는 2037년에 중국이 미국을 뛰어넘어 세계 경제력 1위, 일본이 4위, 한국은 9위가 될 것으로 전망했다. 만약 통일한국의 기초적인 틀이 마련된다면 동북아 전체의 경제력 무게감은 훨씬 더 커질 것이다.

동북아의 성장은 기대만큼이나 우려도 크다. 태풍의 눈인 중국은 과연 국가적 힘을 스스로 통제하며 인류의 공동번영을 위해 사용할 것인가? 중국은 정말 글로벌 리더가 될 자격을 갖추고 있는가? 우리는 또는 세계는 여전히 의심의 눈초리를 거두지 않고 있다. 지금 중국은 아직 세계에 충분한 신뢰를 얻지 못하는 국가로 비치고 있기 때문이다.

미래 동북아 시대를 준비하기 위해 동북아 정서의 초기설정값을 증오나 갈등에서 '협력 비전'(Co-Vision)으로 반드시 바꾸어내야 한다. 누가 그 역할을 담당할 것인가? 누가 고양이 목에 방울을 달 수 있겠는가? 북한이, 일본이, 중국이, 러시아가, 미국이, 유럽 국가가 그 일을 해낼 수 있을까? 답은 이미 나와 있다. 오직 대한민국만이 동북아 국가들의 중재자(Moderator) 또는 매니저(Manager)가 될 수 있다.

이유는 차고 넘친다. 대한민국은 오랜 세월 동북아의 역사와 문화를 함께 공유했다. 하지만 이웃에게 침략의 상처를 준 적이 거의 없다. 따라서 중국과 일본을 중재하고 일본과 북한을 한 자리에 앉힐 수 있다. 특히 동북아의 핵심 3국인 한·중·일 모든 국가에 이익이 되는 비전을 제시할 수 있다. 우리는 체제가 다른 북한과의 관계 해법을 오래 고민한 경험과 비결이 있고, 짧은 기간 눈부신 경제성장을 이루어왔으며, 세계 최상위권의 민주주의 국가를 만들었기 때문이다. 그렇기에 G1과 G2의 자리를 차지하고 있는 미국과 중국이 협력할 수 있게끔 하는 중재자가 될 수 있다. 그동안 쌓아온 신뢰로 동북아에 새로운 패러다임을 제시하고 협력적 비전으로 매니징할 수 있다. 대한민국은 동북아 시대를 여는 'K-Managing'이 가능하다.

모든 시스템은 하드웨어와 소프트웨어로 구성된다. 미래 동북아는 한·중·일을 중심으로 한 지역적 하드웨어에 혁신적인 소프트웨어가 필요하다. 과연 우리는 어떤 패러다임의 소프트웨어를 장착할 것인가?
  나는 이 책을 통해 지혜로운 개념인 '동북아 패러다임'(Northeast Asia Paradigm)을 제안할 것이다. 이런저런 갈등이 있다고 해도 우리 동북아는 한자와 유교문화 등의 공통분모를 가지고 있다. 조화와 균형은 갈등과 모순을 극복하는 기본 지혜이다. '지혜'라는 새로운 패러다임과 소프트웨어를 공유해야 한다. 그 비전을 '동북아 매니징'(Northeast Asia Managing)이라고 이름 붙였다.
  동북아 매니징의 핵심은 우리가 동북아 속 하나의 국가 대한민국이 아니라, 한 단계 더 높은 정상의 시선, 더 입체적인 접근법을 가져야 한다는 발상의 전환이다. 동북아 국가를 서로 연결하고 매니징하여 동북아에 새로운 상생 전략과 공동비전을 제시해야 한다. 물론 이것이 끝이 아니다. 동북아와 세계를 이어 미래 글로벌 리더가 될 동북아를 창조하는 역할까지 담당해야 한다.

우리에게는 창조적 길이 있다. '동북아 2030 모델'(Northeast Asia 2030 Model)이 그것이다. 거기에 대한민국과 동북아의 희망이 있다. 개별 국가를 뛰어넘어 '동북아연합'의 시선에서 바라보아야 진정으로 세계와 연결될 수 있다.

그러므로 2030년을 대비하여 우리는 창조적인 관점을 갖추고 동북아를 매니징할 20~30대 청년 전문가들을 양성해야 한다. 우리의 청소년과 대학생 그리고 이 책을 읽는 당신이 모두 동북아 모델의 전문가가 되길 바란다. 동북아를 준비하는 차세대 글로벌 리더야말로 미래 대한민국에 정말 필요한 리더가 될 수 있기 때문이다.

동북아 전체를 보다 입체적이면서 종합적으로 파악하고 '동북아연합'이라는 미래 창조적 관점과 정상의 시선에서 바라보는 최초의 시도인 이 책이 동북아에서 비전을 찾고 싶은 경제인, 정치 지도자, 정책 연구자들에게 영감을 주고 대한민국 비전과 국제질서를 구상하는 데 좋은 길잡이가 되기를 소망한다.

2023년 가을, 내숲길에서
김신호

# 목차

프롤로그 002

## Chapter 1　G2의 파워, 중국을 얼마나 아는가

중국은 거대한 엔진이요, 우리는 정교한 방향키다　　　　　　012
우리가 만나게 될 경제 강국 1위 중국　　　　　　　　　　　017
중국에 대해 오해하고 있는 것들　　　　　　　　　　　　　021
'하나의 중국' 정책이 낳은 대만과의 갈등　　　　　　　　　028
중국과 국경을 맞댄 나라들의 운명　　　　　　　　　　　　035
동북공정이 도대체 뭐길래?　　　　　　　　　　　　　　　040
중국 문화를 이해하는 키워드 '꽌시'　　　　　　　　　　　044
백화제방 백가쟁명과 손자병법의 타초경사　　　　　　　　048

## Chapter 2　태풍의 눈, 중국을 알아야 우리가 산다

중국의 서진 정책 '일대일로'　　　　　　　　　　　　　　054
내가 만난 알리바바 창업자 '마윈'　　　　　　　　　　　　058
중국의 IT 첨단기술, 어느 정도 수준이길래?　　　　　　　062
인공지능 기술도 세계 최강 미국에 도전장!　　　　　　　　066
우주 시대를 준비하는 중국　　　　　　　　　　　　　　　070
전기차·자율주행차 시대를 연 중국의 자동차 시장 파워　　074
『4차산업혁명 따라잡기』를 번역하며 알게 된 것들　　　　077

## Chapter 3 동북아를 아는 자, 미래를 잡는다

| | |
|---|---|
| 동양인은 '생각'하지 않는다고? | 084 |
| 동양이 서양보다 뛰어난 것은 정말 없을까? | 089 |
| 왜 세계는 미래 동북아를 주목하는가? | 094 |
| 한·중 무역량으로 본 동북아 공생·경쟁 관계 | 099 |
| 가깝고도 먼 이웃 나라, 동북아의 갈등 구조 | 103 |
| 놀랍도록 다른 정치 체제가 맞선 특이한 지역 | 109 |
| 우크라이나·러시아 전쟁이 중국에 미칠 영향은? | 116 |
| 북한과 중국의 오묘한 관계, 북·중 관계의 미래 | 120 |
| 미움·갈등에서 상생·공존으로 가는 동북아 패러다임 | 124 |

## Chapter 4 동북아 2030 패러다임과 새로운 리더십

| | |
|---|---|
| EU모델에서 동북아 모델로, EU시대에서 동북아 시대로 | 132 |
| 노무현 대통령이 상상한 동북아 모델 | 138 |
| 김구의 문화강국론, 김대중의 햇볕정책론, 노무현의 동북아 균형자론 | 143 |
| 총알 하나가 세계 대전을 만든 사라예보 사건의 교훈 | 149 |
| '삼발이 균형 전략'으로 미래의 동북아를 상상하라 | 153 |
| 환경문제 동북아 공동 대응 전략 | 158 |
| 동북아 매니지먼트로 중국을 관리하라 | 164 |
| 동북아 중심관리국가가 돼야 대한민국의 미래가 있다 | 170 |

## Chapter 5 미래 동북아 매니징 10가지 키워드

| | |
|---|---|
| 한자·유교문화권 매니징 : 공존 무대를 활용하라 | 178 |
| 동북아 음식문화 매니징 : 푸드로 소통하라 | 182 |
| 한류 매니징 : 중국에 부는 한류와 한한령 바로 알기 | 187 |
| 혐한정서 매니징 : 한국에 대한 두려움을 간파하라 | 191 |
| 이웃사촌 매니징 : 이웃 나라 갈등 '포컬 포인트'로 다루기 | 197 |
| 군주론 매니징 : 동북아를 위한 정치적 이상과 현실 관리 | 201 |
| 평화 매니징 : 한반도의 역할이 중요하다 | 207 |
| 언어 매니징 : 나의 중국어 독학 성공기 | 213 |
| MZ세대 매니징 : 미래 세대가 알아야 할 동북아 2030 시대 | 219 |
| 동북아 인재 매니징 : 당신도 동북아 전문가가 돼라 | 223 |

## Chapter 6 적을 만들 것인가, 동반자를 만들 것인가

| | |
|---|---|
| 미국의 대중국 정책과 한국의 역할 | 230 |
| 북한을 다루는 '쓰리 쿠션' 전략 그리기 | 236 |
| '동북아 월드컵 공동 개최' 유치, 지금부터 준비하자 | 243 |
| 학교에서 '동북아 공동역사'를 가르치자 | 248 |
| 갈등을 넘어 통일한국의 미래를 상상하라 | 256 |

에필로그 260

부록 265

Chapter
1

# G2의 파워, 중국을 얼마나 아는가

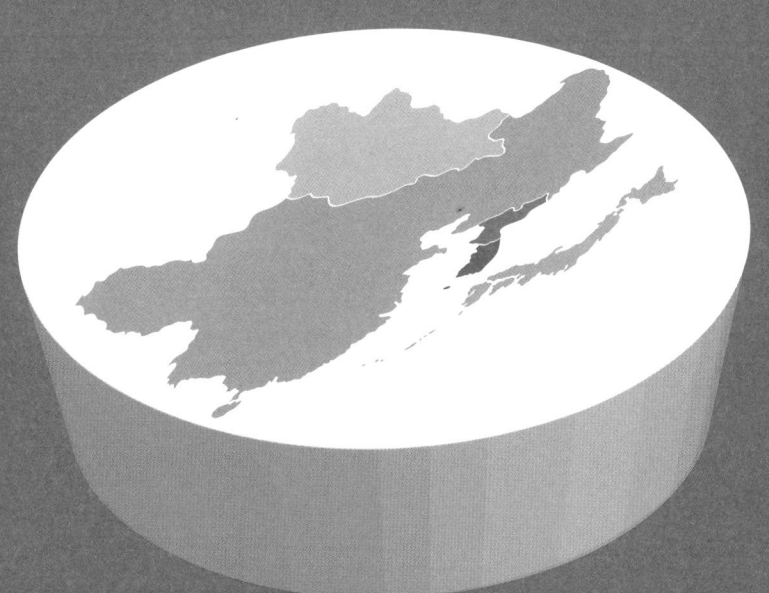

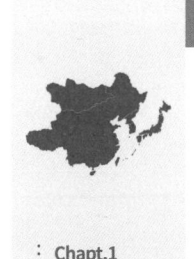

# 중국은 거대한 엔진이요, 우리는 정교한 방향키다

**Chapt.1
G2의 파워,
중국을
얼마나
아는가**

현대는 충성의 대상을 인류 전체와 지구 전체로 확대해야 하는 시대이다. 그래야만 우리가 하나의 생물 종으로 살아남을 수 있을 것이다. 우리가 이 시점에서 과연 어느 쪽을 택하느냐에 따라서, … 인류가 우주를 얻느냐 아니면 공멸의 나락으로 떨어지느냐가 결정될 것이다.

- 칼 세이건의 『코스모스』 중에서

세계에서 가장 유명한 천문학자 겸 과학저술가, 칼 세이건은 자신의 책 『코스모스』를 통해 빅뱅에서 출발한 우주의 공간과 시간을 탐구했다. 그리고 인간이 창조해 온 과거와 현재를 토대로 인류의 미래를 통찰하고 고민하며 이런 질문을 던진다.

"우리는 어디에서 와서 어떻게 살다가 어디로 갈 것인가?"

칼 세이건의 심정으로 우리는 시선을 '동북아'로 넓혀 본다. 대한민국과 우리 주변 국가들이 어디로 향해 갈 것인가? 그 생존전략을 모색해 보려는 것이다.

지금 우리는 '동북아'를 탐험할 먼 항해를 시작할 참이다. 여기 지구본이 하나 있다. 지구본을 한 바퀴 빙 굴려보자. 지구의 70%를 차지하는 바다와 함께 7개의 대륙이 펼쳐진다. 그중 가장 큰 대륙은 아시아다. 이어서 아프리카, 북아메리카, 남아메리카, 남극, 유럽이 있고, 가장 규모가 작은 대륙 오세아니아가 보일 것이다. 아시아 대륙은 가장 넓어 동서남북 위치에 따라 북아시아, 동아시아, 동남아시아, 중앙아시아, 남아시아, 서아시아로 분류된다.

이 중 아시아의 동쪽과 북쪽에 있는 몇 개의 나라를 우리는 '동북아시아' 혹은 '동북아'라고 부른다. 동북아에는 남·북한과 중국, 일본, 대만, 몽골이 있다. 동북아 가까이에 러시아도 있다. 하지만, 우리가 주로 탐험할 나라는 곧 우리 앞에 세계 최강 경제 대국으로 나타날 '중국'이다.

우리가 중국을 좀 더 집중적으로 탐구하려고 하는 이유는 분명하다. 첫째, 중국은 세계 경제의 중심으로 부상하고 있기 때문이다. 따라서 미래 한국의 강력한 경제 파트너인 점은 분명하다. 둘째, 정치적으로 남·북 관계 회복과 통일한국으로 가는 데 중요한 지렛대 국가이기 때문이다. 한반도 평화는 동북아에서 남·북 관계, 한·중 관계, 북·중 관계와 매우 밀접하게 연결돼 있다. 셋째, 우리가 일본에 대해 아는 것에 비해 상대적으로 '중국'에 대해서는 잘 모른다는 점이다. 지난 50년의 경제성장과 민주화 과정에서 우리의 가장 가까운 이웃 파트너는 '일본'이었다. 국가든, 개인이든 1950년대부터 2000년까지 경제적 성장을 이룩한 일본을 벤치마킹하려 했다. 실제로 일본 경제 시스템과 문화콘텐츠는 우리에게 엄청난 영향을 끼쳤다. 그러나 이제 사정은 달라졌다. 세계는 빠르게 변하고 동북아 역학 구도가 요동쳤다. 중국이 부상하여 그 역할이 폭발적으로 커졌다. 한·중 관계 그리고 미래 남·북과 중국 간의 상호작용에 대해 더 많은 지식과 통찰이 필요하다. 우리가 동북아에서 중국에 대해 집중적으로 다루려고 하는 넷째 이유는 바로 '우리 자신' 때문이다. 우리는 현재의 중국을 어떻게 바라볼 것인가? 우리는 한·중 관계를 어떻게 연출해 나갈 것인가? 우리는 어떻게 미래 남·북과 중국 간의 상호작용이 동북아의 평화와 번영으로 전개될 수 있도록 설계할 것인가? 우리는 동북아에서 어떤 역할을 해야 하며, 어떻게 의사결정을 해야 하는가?

중국은 우리에게 많은 질문을 던지고 있다. 지금 이 순간, 우리는 이 질문의 답을 찾아야 한다. 그리고 우리가 처한 현실을 냉정하게 분석하고 상상력을 총동원해 창조적인 미래 지도를 그려나가야 한다.

동북아 시대를 예측하고 탐험하면서 마냥 착하고 순진한 생각은 잠시 서랍장에 넣어두고자 한다. 국제질서는 냉정한 현실이고 국가적 생존의 문제이기 때문이다. 그렇다고 근거 없는 자신감이나 우월적 요소, 민족주의에 빠져 일방적인 대한민국 주도론을 주창하지도 않을 것이다. 일부 정치권력이나 대중정서에 기대서 무조건 '노'하는 반중, 반일 감정이나 무조건 '예스'하는 친중, 친일 감정도 넘어설 것이다. 우리는 동북아 모델을 찾기 위해 감정적 요소를 걷어내고 '쿨'하게 밑바닥에 흐르는 물리적인 메커니즘을 보고 가장 중요한 역할을 찾아내고, 가장 탁월한 의사결정을 내려야 한다.

그러기 위해 대한민국은 무엇을 어떻게 준비해야 할 것인가? 무엇보다 생각이 중요하다. 우리는 수동적 자세를 벗어버려야 한다. 상대적이거나 대칭적인 사고를 넘어야 하며 단편적 사고를 돌파해야 한다. 종합적이고 통합적이고 입체적이며 능동적인 사고가 필요하다. 우리가 지금 세계의 정상, 동북아의 정상이라고 할 수는 없다. 이 때문에 오히려 정상의 관점, 창조적 태도가 절실하다. 그런 창조적 시선일 때 우리는 비로소 실타래처럼 복잡하게 얽힌 동북아 국가들의 갈등과 경쟁의 매듭을 풀어낼 수 있다. 그렇게 전체 상황을 장악할 수 있는 동북아 컨트롤 센터이자 관리 주체가 돼야 한다.

창조적 관점에서 동북아를 구성한 숲과 나무 전체를 바라보아야 한다. 나라별 다른 점, 갈등 요인을 극복하고 함께하는 공통점을 찾아야 한다. 그러자면 대한민국이 '상상 허브'(Imagination Hub)가 돼야 한다. 능동적인 관리자로서 우리 역할은 창조적으로 동북아 미래를 매니징하는 것이다. 이 외에도 우리만의 실질적인 무기가 필요하다. 하드웨어가 없다면 소프트웨어로 경쟁해야 한다. 제조산업에서 경쟁력이 없다면 콘텐츠와 시스템, 물류산업에 집중할 수 있다. 미래 인공지능 세대를 키우거나 아직 누구도 성공하지 못한 수소 에너지 산업을 육성할 수도 있다. 기초 부품을 생산할 실력이 없으면 중계 매니징 능력을 키우면 된다. 우리만의 무기로 무장한 뒤에야 우리는 동북아에서 담당해야 할 역할을 당당하게 수행할 수 있다.

창조적 동북아 매니징 역할을 스스로 맡아 우리가 도달하고자 하는 목적지는 어디인가? 첫 번째 목적지는 '한반도의 평화'를 통한 '동북아의 경제 번영'이다. 이것이 동북아가 함께 성공하는 길이다. 두 번째 목적지는 세계의 평화와 세계 경제 번영을 이끄는 혁신 리더이다. 동북아가 미래 세계 경제를 이끌어가는 무대가 될 거라는 거대한 비전이다.

한 번쯤 눈을 감고 상상해 보자. 부산이나 목포에서 고속철을 타거나 무인 자동차를 타고 북한, 중국, 러시아, 유럽을 달리는 모습을. 물론 상상이 현실이 되는 건 쉬운 일이 아니다. 동북아의 길이 열릴 때 가능하기 때문이다. 우리는 목적지에 반드시 도착해야 한다. 우리의 꿈은 동북아 호에 남과 북, 일본과 중국이 함께 승선하여 도전할 때 이루어진다. 대한민국에서 유럽으로 이어지는 그 장대한 여행은 우리가 동북아 호의 정교한 방향키가 되고, 중국이 거대한 엔진이 될 때 가능할 것이다.

# 우리가 만나게 될 경제 강국 1위 중국

Chapt.1
G2의 파워,
중국을
얼마나
아는가

G2(Group of Two)라는 단어가 있다. Two는 양국 집단을 가리키며 미국과 중국의 대립 구도를 이르는 말이다. 그러니까 G2는 미국과 중국 사이에 '용쟁호투'(龍爭虎鬪), '용호상박'(龍虎相搏)을 뜻하는 용어라고 생각하면 된다. 이제 영원한 세계의 강자, 세계 최고의 경제 대국인 미국 옆에 중국이 나란히 서려고 한다. 그런데 한편 의문이 든다. "정말 중국이 미국과 어깨를 나란히 하는 G2가 될 수 있을까?" 우리는 한 보고서에서 명확하게 그 가능성을 확인할 수 있다.

영국 싱크탱크 경제경영연구센터(CEBR)는 매년 12월, 「세계경제연맹테이블」(WELT: World Economic League Table) 보고서를 공개하고 있다. 2022년 말 연구센터는 보고를 통해 전 세계 191개국을 평가해 예측한 '2037년 세계 경제 강국 Top 20'을 다음과 같이 발표했다.

| 순위 | 나라 | 순위 | 나라 | 순위 | 나라 | 순위 | 나라 |
|---|---|---|---|---|---|---|---|
| 1 | 중국 | 6 | 영국 | 11 | 인도네시아 | 16 | 스페인 |
| 2 | 미국 | 7 | 프랑스 | 12 | 이탈리아 | 17 | 튀르키예 |
| 3 | 인도 | 8 | 브라질 | 13 | 호주 | 18 | 사우디아라비아 |
| 4 | 일본 | 9 | 한국 | 14 | 러시아 | 19 | 네덜란드 |
| 5 | 독일 | 10 | 캐나다 | 15 | 멕시코 | 20 | 방글라데시 |

순위를 보면 두 가지 사실이 눈에 가장 먼저 띈다. 첫째는 세계 경제 강국 1위가 중국이고, 2위가 미국이라는 사실이다. 그러니까 앞으로 한 10년 남짓 지나면 중국이 미국을 경제 규모에서 이긴다는 의미다. 두 번째 우리의 눈길을 사로잡는 것은 동북아 약진세다. 동북아에 있는 핵심 세 나라인 한국, 일본, 중국이 모두 세계 경제 강국 10위권 안에 포함돼 있다. 중국이 1위, 일본이 4위, 한국이 9위를 차지할 것이라는 예측이었다. 이 외에 동북아의 이웃인 아시아 국가들의 경제 성장세도 만만치 않다. 인도는 중국과 미국에 이어 3위에 오를 것으로 점쳐졌다. 특히 인도네시아와 베트남, 방글라데시, 필리핀 등 아시아 국가들의 성장세도 눈에 띄었다. 보고서에 따르면 인도네시아는 2022년 17위에서 2037년 11위로 점프한다. 방글라데시의 경우 34위에서 20위로 올라설 것이다. 베트남은 39위에서 26위로, 필리핀 역시 38위에서 27위로 상승할 것으로 예측했다.

정리해 보자. 아시아와 동북아가 세계 경제의 중심이 되고, 세계 경제 강국 1위는 중국이 된다. 사실 이 같은 예측은 이미 오래전부터 다양한 보고서를 통해 발표됐다. 앞서 이 연구센터(CEBR)에서는 중국이 2030년에 미국의 경제력을 앞설 것으로 내다봤다. 그러나 코로나 팬데믹이나 서방과의 무역 긴장 증가로 중국 1위 입성 시점을 7년 뒤로 미뤘을 뿐이다.

아시아가 폭발적으로 성장하고 중국이 곧 세계 경제의 선두에 선다는 예측은 미국 내의 조사 기관 발표에서도 크게 다르지 않다. 글로벌 투자은행(IB)인 골드만 삭스는 2022년 말 「2075년으로 가는 길」이라는 제목의 경제 전망 보고서를 내고 '세계 경제 미래 50년'을 예측했다. 이 보고서의 핵심 역시 향후 글로벌 국내총생산(GDP) 성장의 무게가 '아시아 국가' 쪽으로 더 기운다는 내용이었다. 이에 따라 2022년 기준 미국·중국·일본·독일·인도 순이던 세계 톱5 경제 대국은 2050년에 중국·미국·인도·인도네시아·독일 순이 될 것으로 전망했다. 특히 2075년이 되면 중국과 인도, 미국, 인도네시아, 나이지리아가 세계 5대 경제 대국을 구성할 것으로 전망했다. 미국의 경우 중국에 이어 인도에도 밀려 경제 순위 3위가 될 것이라고 예상한 것이다.

물론 예측일 뿐 실제 그 시점에 무조건 그렇게 된다는 의미는 아니다. 말 그대로, 현재 정보를 토대로 분석한 전망이다. 미래로 가는 길에는 다양한 변수가 등장할 수 있다. 중국 경제학자 중에는 코로나19 이후 중국 경제가 다시 회복할 수 있지만, 장기적으로 성장세를 이어 나가는 게 어려울 수 있다고 전망하는 이도 있다. 중국 역시 우리나라와 마찬가지로 고령화 사회로 빠르게 진입하고 있고 출산율도 엄청나게 떨어지고 있기 때문이다. 여기에 중국 경제 성장률은 코로나19 발생 훨씬 이전인 2010년 10%대에서 10여 년간 줄곧 하향 추세를 보이며 6% 안팎까지 떨어졌다.

물론 중국이 지속적인 경제성장을 위해 앞으로 어떤 목표를 세워 어떻게 도전할지는 알 수 없다. 그들의 전략과 도전의 성패에 따라 세계 경제 대국 1위가 빨리 될 수도, 혹은 더 많은 시간이 걸릴 수도 있다. 하지만 분명한 건 중국이 세계 경제를 이끄는 날은 꼭 온다는 점이다. 이 사실이 가장 중요하다. 왜냐하면 우리는 충분히 준비해야 하기 때문이다.

그렇다면 우리는 세계 경제 질서의 새로운 변화를 맞아 어떻게 대응할 것인가? 정답은 나와 있다. 그저 순응하고 이끌려가는 선택이 아니라 우리의 기회로 삼아야 한다. 순응하고 이끌려가는 것은 무엇인가? 변화가 이루어진 후에 대처하는 것이다. 그럼 늦는다. 능동적이어야 한다. 동북아의 성장 기회를 직접 만들어가는 것이 중요하다. 동북아의 성장을 기회로 삼아야 한다는 것은 무슨 의미인가? 변화를 읽고 상상하고 새로운 질서를 통찰하는 것이다. 그리고 그 새로운 질서에 맞는 역할을 정하고 그 역할에 맞는 무기를 준비하는 것이다. 무엇보다 그 역할을 담당할 미래 전문가들을 지금부터 양성해야 한다.

조선 중기 외적에 대비하여 10만 대군을 양성해야 한다는 율곡 이이의 '십만양병설'은 이제 '10만 동북아 전문가 양성'으로 이어져야 한다. 사실 이이가 병조판서로 있던 1583년 당시에도 변혁의 장소는 바로 지금의 동북아였다. 당시 조선의 동북아지역에서는 여진족 '니탕개(尼湯介)의 난'이 일어나 위기가 고조되고 있었다. 조선 조정은 각 도에서 정예 병사를 선발해 동북방으로 속속 파견하는 등 다양한 대응책을 마련하던 차였다. 십만의 양병이 필요하다는 이이의 고민과 해법 제시는 지금 우리에게 새로운 방식의 영감을 던져주기에 충분하다.

# 중국에 대해 오해하고 있는 것들

**Chapt.1
G2의 파워,
중국을
얼마나
아는가**

중국은 우리의 가장 가까운 이웃 나라다. 정식 국명은 중화인민공화국이며, 면적은 약 960만㎢로 한반도의 약 44배이다. 인구는 2023년 4월 기준 14억 2,567만 명에 달하며 한족과 55개의 소수민족으로 이루어져 있다. 정부형태는 노농연맹(勞農聯盟)에 기초한 '인민민주주의 사회주의 국가'이며, 행정구역은 22개 성, 4개 직할시, 5개 자치구, 2개 특별행정구로 나누어져 있다. 중국과 대만은 여전히 복잡한 관계에 놓여있다. 중국은 대만을 23번째 성으로 간주하면서 최근 전쟁설까지 생길 정도로 국제적 갈등으로 확산하기도 했다. 언어는 중국어를 사용하는데 크게 분류하면 10여 개의 지역 방언이 있다. 대표적으로 베이징 등지의 방언이며 가장 많은 구사자를 보유한 관화(官話), 상하이 등지에서 쓰이는 오어(吳語), 남부의 민어(閩語), 광둥어 등이 있다.

우리는 세계에서 어느 나라보다 중국의 역사를 가장 잘 안다고 자부할 수 있다. 우리는 중국과 오랜 세월 역사의 일부를 함께 공유해왔고 우리 역사만 따로 떼어내 배울 수 없을 정도로 두 나라는 밀접하게 연결돼 있다. 전쟁도 있었고 협력도 있었고 경쟁도 있었다. 한자와 유교문화권으로 묶여서 정의될 만큼 정치, 사회, 문화적으로도 엄청난 영향을 주고받았다.

　하지만 우리가 중국을 정말 많이 안다고 자신할 수도 없다. 왜냐하면 최근 100년간 근대화 과정에서 중국과 한국은 매우 다른 길을 걸어왔기 때문이다. 그 와중에 한국과 중국은 오랜 세월 국가 교류가 단절되기도 했다. 알다시피 중국은 우리와 다른 공산주의, 사회주의의 길을 선택했다. 6.25 전쟁에서는 북한을 돕기도 했다.

　이후 우리는 미국과 일본을 중심으로 한 서구 자본주의와 민주주의 질서를 가진 국가와 한 그룹이 됐다. 대한민국은 짧은 기간 압축경제 성장, 압축 민주주의 발전을 이룩했다. 이젠 건강보험, 연금보험, 국가장학금 제도 등 다양한 시스템을 통해 국가가 국민의 삶과 교육을 책임지는 복지국가에 진입하는 단계에 있다. 결과적으로 자본주의를 선택한 우리는 짧은 시간에 많은 성공을 달성했다.

　반면 중국의 근대는 그리 성공적이지 못했다. 공산주의 실험은 실패했고, 사회주의 시스템 역시 자본주의와 경쟁에서 승리할 수 없었다. 지난 50년간 한국과 중국의 성장사만 놓고 볼 때 우리는 경제적으로나 또 민주주의 제도 측면에서나 중국보다 우위를 차지했다고 평가할 수 있다. 어느새 중국은 우리 시야에서 멀어졌다.

　그런 중국이 이제 세계의 중심으로 부상하고 있다. 당신은 중국 하면 어떤 이미지가 떠오르는가? 중국은 다양한 이미지로 남아 있지만, 부정적 견해가 강하다. 대부분 경제와 민주주의 성숙도가 낮은 나라이면서 후진적인 사회 시스템과 국민 의식을 가진 나라 정도로 생각한다. 우리나라 국민뿐만 아니라 세계인들의 생각도 비슷하다. 실제로 최근 몇 년간 국내·외 중국 이미지 조사 결과를 보면 긍정보다는 부정적인 이미지가 강하다는 걸 알 수 있다.

　지난 2020년 10월 미국 여론조사 전문기관인 퓨리서치센터가 발표한 조사 결과를 살펴보자. 14개 국가에서 조사 대상자의 70%가 중국에 대해 '비호감'을 나타냈다. 동북아에 속하는 우리나라와 일본이 생각하는 중국 이미지도 다르지 않았다. 중국 정부뿐만 아니라 중국인에 대한 이미지도 부정적이었다. 지난 2021년 서울시립대 하남석 중국어문화학과 교수는 대학원 팀과 '한국 청년 세대의 온라인 반중 정서의 현황'을 발표한 적이 있었다. 이들이 한·중·일 20대 대학생들을 대상으로 설문조사를 진행한 결과에 따르면, 5점 만점에 2.14점(1에 가까울수록 비호감)에 불과할 정도로 한국 청년의 중국에 대한 호감도는 매우 낮은 수준이었다. 비호감의 이유로는 '(교양 없는) 중국인'이 48.2%로 가장 높았고, '독재와 인권탄압'(21.9%)이 뒤를 이었다.

　반대로 중국에 대해 호감이 있다는 이들은 그 이유에 대해 '중국에 대한 단순한 관심'(41.4%)이라고 응답했다. 호감이든 비호감이든 젊은이들이 중국인에 대해 갖는 막연한 인상평이라고 할 수 있다. 이는 '중국'이나 '중국인'에 대해 잘 모른다는 해석도 가능하다. 간혹 언론에 노출되는 중국 관련 보도는 부정적인 경우가 대부분이다. 연구를 진행한 하남석 교수는 이 조사 결과에 대해 다음과 같은 흥미로운 분석을 내놓았다. "한국 청년들이 중국인들에 대해 가지고 있는 이미지가 '국가의 주장에 동조하는 애국주의자'라는 단편적인 형태일 수 있다." 덧붙여 반중 정서에 대한 구체적인 실체가 없어 앞으로 국가적 대책 수립이 어려울 수 있다고 우려했다.

　우리는 중국에 대해 조금은 부정적 이미지를 가지고 있다. 공중도덕을 지키지 않고 아직 경제적으로 성장하지 않은 동남아 국가들처럼 물가가 낮고 가난하다고 생각한다. 중국 여행객들은 너무 시끄럽고 상인들이 불친절하거나 위생개념이 낮으며 서비스 정신이 부족하다고도 생각한다. 일면 맞기도 하지만 틀리기도 하다. 왜냐하면 중국은 국토가 너무 넓고 인구가 많아도 너무 많아 지역마다 환경적 차이와 경제 및 교육 수준, 문화적 의식의 편차가 정말 심하기 때문이다.

중국의 어떤 모습은 때로는 우리를 놀라게 한다. 일상생활이나 가족 문화 등은 우리나라와 비슷한 면이 많다. 주요 대도시 물가는 우리나라 대도시보다 훨씬 높다. 실제로 중국 상하이의 아파트 가격은 한국의 서울 강남의 아파트 가격보다 높다. 2019년 기준 서울 한강 변 서초구 반포동의 한 아파트의 1평 가격은 1억 원을 돌파했다. 당시 실거래가는 9,000만 원 수준이었다. 같은 시기 중국 상하이 아파트 가격은 어땠을까? 황푸강을 바라볼 수 있는 푸둥의 한 아파트는 1평 가격이 2억 원 정도였다. 대체로 상하이 부동산 가격이 서울 부동산 가격보다 비싸다. 최근 몇십 년 사이 상하이 아파트 가격이 천정부지로 치솟았기 때문이다.

중국이 '짝퉁'이나 품질이 낮은 상품을 많이 만든다고 인식하고 있다. 하지만 중국은 지난 20여 년간 불법적인 제품의 생산과 판매를 근절하기 위해 엄청난 노력을 기울였다. 물론 100% 근절할 수 없다고 해도 합법적인 제조업체가 주류를 이뤄가고 있다. 중국은 현재 세계적으로 경쟁력 있는 제조업 국가로 성장 중이다.

물론 중국의 인권 문제도 여전히 세계의 비판을 받고 있다. 인권 침해, 탈북자 강제 송환, 사이버 감시, 인종 차별, 종교 및 언론 자유 억압 등의 문제는 앞으로 중국이 해결해야 할 중요한 과제임이 분명하다.

　중국에 대한 오해나 편견은 사람에 따라 다를 수 있다. 그러나 한편으로 중국은 단기간에 엄청난 경제성장을 실현하고 있는 국가인 것은 분명하다. 최근에는 기술, 인프라, 인공지능(AI) 등의 최첨단 분야도 높은 수준으로 발전했다. 중국의 힘과 성장세를 나타내는 다음에 소개할 몇 가지 주요 통계 수치에서도 금세 알 수 있다.

- 중국은 2020년 기준 세계에서 국내총생산(GDP)이 가장 큰 국가로 미국을 제치고 1위를 차지하고 있다.
- 2020년 기준 세계 총무역액의 14.3%를 차지한 세계에서 가장 큰 무역 국가다.
- 군사력은 두말할 것도 없다. 중국은 세계에서 가장 큰 군대를 보유한 국가이자 핵무기 보유국 중 하나이다.
- 인터넷 사용자 수도 세계 1위다. 세계에서 가장 많은 인터넷 사용자를 보유한 국가가 중국이며 약 9억 명이 인터넷을 이용하고 있다.
- 중국은 또 세계에서 가장 빠른 슈퍼 컴퓨터를 보유한 국가 중 하나이다.
- 고속철도 인프라의 경우에는 세계에서 가장 큰 고속철도망을 보유한 국가이며 약 3만km 이상의 고속철도망을 구축하고 있다.

　2000년대 중국은 WTO 가입 이후 전면적인 개방을 단행했다. 결과는 대성공이었다. 투자-수출 주도로 양적성장을 이루었다. 이후 중국의 투자 부문은 제조업, 인프라, 부동산을 중심으로 연평균 약 23.8%씩 성장했다. 수출은 연평균 19.1%, 수입은 연평균 18.1%씩 증가했다. 지난 20년간 놀라운 경제성장을 달성할 수 있었던 중국의 비결인 셈이다.

### 데이터로 보는 현재 중국의 경제성장 모습

| 분야 | 경제성장 규모 |
|---|---|
| 국내총생산(GDP) | 2021년 예상 GDP: 16조 4,600억 달러 (IMF 기준) |
| | 2020년 GDP: 14조 7,229억 달러 (IMF 기준) |
| 인구 | 2021년 인구: 약 14억 명 (세계 인구 시계 기준) |
| 국제 무역 | 2020년 수출액: 2조 4,942억 달러 |
| | 2020년 수입액: 2조 1,037억 달러 |
| | 무역수지: 839억 달러 (2020년 기준) |
| 해외 직접투자 (FDI) | 2020년 FDI: 1조 670억 달러 (유럽, 미국, 아시아 등에 투자) |
| 인터넷 | 이용자 수: 9.35억 명 (2021년 1분기 기준) |
| 인공지능 | 2025년까지 인공지능 시장 규모: 5조 300억 위안 (약 800억 달러) (PwC 중국 보고서) |
| 자동차 판매량 | 2020년: 약 2,570만 대 (중국 자동차 산업 협회 기준) |
| 철도 및 고속철도 | 전국 철도 및 고속철도 거리: 146,300km (2020년 말 기준) |
| 에너지 생산 및 소비 | 2020년 발전량: 7조 5,200억 kWh (중국 전력 그룹 기준) |
| | 2020년 에너지 구성: 석탄 56%, 재생에너지 5%, 핵전력 3%, 천연가스 8%, 기타 28% (BP 에너지 보고서) |

이 순간 중국은 세계에서 가장 큰 인구를 가진 국가로 경제, 군사, 문화 등 다양한 분야에서 강력한 성장세를 보이는 나라이다. 물론 중국도 해결 과제가 많고 도전 역시 만만치 않다. 경제 전문가들은 △경제 전반의 생산성 저하 △대외의존도가 높은 경제구조 △과도한 부동산 부채 △지역 및 계층 간 불균형 발전과 빈익빈 부익부 심화 등을 중국의 최대 약점으로 꼽는다.

우리는 동전의 앞과 뒤를 동시에 보듯 우리는 중국의 양면을 동시에 종합적으로 보아야 한다. 오늘날 중국을 겉의 이미지나 오해 혹은 편견을 걷어내고 있는 그대로 보려고 할 때 우리의 동북아 미래의 해법 찾기는 성공할 수 있을 것이다.

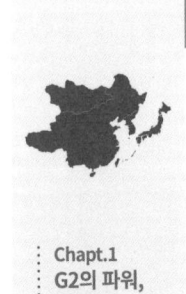

Chapt.1
G2의 파워,
중국을
얼마나
아는가

# '하나의 중국' 정책이 낳은 대만과의 갈등

지난 2022년 8월 4일부터 7일, 중국은 실전과 같은 군사훈련에 돌입했고 대만의 동쪽 해역을 향해 미사일을 발사했다. 미사일은 대만 국민의 머리 위로 날아가 동쪽 바다에 떨어졌다. 중국은 관영 언론의 보도를 통해 "중국군이 대만해협에서 장거리 실탄 사격 훈련을 했다. 대만해협 동부의 특정 구역을 정밀 타격해 예상한 성과를 거뒀다"라고 공식적으로 발표했다. 이전에는 중국이 군사훈련을 할 때 대만 동쪽 해역까지 포함한 적은 없었다.

이 군사훈련이 있던 며칠 전, 대만에는 미국 낸시 펠로시 하원의장이 방문했다. 이때부터 중국은 대만 주변에서 육해공 합동 군사훈련을 해왔다. 미 하원의장의 대만 방문과 중국의 군사 위협은 어떤 인과관계가 있는 것일까?

펠로시 의장은 오랫동안 중국 민주화와 인권 문제를 지적해 온 대표적 반중국 정치인으로 1989년 중국의 시민과 학생들의 민주화 요구를 유혈 진압한 이른바 '천안문(天安門) 사건'이 벌어졌을 때, 중국 당국의 무력 진압을 비난하는 의원들의 결의안을 주도했고 중국인의 미국 유학을 제한하는 법안에도 적극적으로 찬성했다.

상황이 이렇게 되자, 국제적으로 '대만 무력 통일의 옵션 중 하나(해상 봉쇄)를 테스트', '통일 작전 예행연습', '중국군이 대만을 완전히 봉쇄하면서 대만 문제를 둘러싼 중국의 절대적 통제력을 보여줄 것' 등 중국의 군사훈련에 대한 다양한 분석이 쏟아졌다.

대만은 중국의 군사훈련에 대해 "영해 침범이자 국제법을 위반한 주권 침해"라며 강하게 반발했다. 중국은 대만의 영해 침범 주장에 대해 "대만이 애초 중국의 영토이므로 성립할 수 없다"라는 논리를 펴며 반박했다.

주요 7개국(G7) 외교부 장관들도 공동성명을 내고 "펠로시 의장의 방문을 구실로 대만해협에서 공격적 군사 활동을 벌이는 것은 정당화될 수 없다"라며 "중국은 일방적으로 지역 내 현재 상황을 힘으로 바꾸려 하지 말고, 평화적 수단으로 의견 차이를 해소할 것을 촉구한다"라고 밝혔다.

중·미 관계도 급속 냉각됐다. 중국 정부는 대만에 대한 미국의 어떠한 지지도 부적절하다고 비난했다. 미국은 중국의 군사훈련에 대해 우려를 표명했다. 조 바이든 미국 대통령은 이후 중국의 '전례 없는 공격'이 발생할 경우 미국이 대만을 방어하겠다는 뜻을 거듭 밝혔다.

도대체 중국과 대만의 갈등 이면에는 어떤 이야기와 역사적 배경이 숨어 있을까? 중국에서 국민당 정부와 혁명 세력인 공산당 사이에 내전이 발생했다. 최종 승자는 공산당이었다. 집권당이었던 장제스의 국민당은 끝내 마오쩌둥이 이끄는 공산당에 패배하고 말았다. 1949년 장제스 등 국민당 정부 세력과 지지자들로 구성된 약 150만 명은 대만으로 도망쳤다. 이들은 대만에 망명정부를 수립하고 이후 25년간 집권했다. 처음에 장제스의 중화민국 망명정부는 비록 공산당과 내전에서 졌지만, 자신들이 중국 전체를 대표하는 정부라고 전 세계에 선포했다.

물론 중국 본토 탈환도 꿈꿨다. 이후 대만은 민주화 운동 등에 힘입어 대통령 직선제 등의 개헌을 추진하는 등 민주화를 이뤄나갔다. 현재 대만은 중국 본토와 모호한 관계를 유지하고 있지만, 분명히 하나의 독립 국가처럼 운영되고 있다. 독자적인 헌법과 30만 명에 이르는 군대도 있다. 정당도 있고 직선제로 총통을 선출한다.

그렇다면 세계 국가들은 대만이라는 나라의 지위를 어떻게 바라보고 있을까? 세월이 흐르면서 많은 인식의 변화를 거쳤다. 장제스의 망명정부 시절 '유엔 안전보장이사회'(안보리)는 공식적인 국가로 중화민국인 대만을 인정했고 여러 서방 국가들도 중화민국을 유일한 중국의 정부로 인정했다.

그러나 1970년대 들어 대만의 지위가 변하기 시작했다. 일부 국가는 대만의 중화민국 정부가 중국을 대표하기에 무리가 있다고 보기 시작했다. 결국 1971년 유엔은 오직 중국 본토인 중화인민공화국 정부 대표만을 합법적인 중국의 대표로 인정하게 된다.

중화인민공화국 정부인 중국 본토가 세계 경제 파트너로 부상하면서 또 한 번 큰 변화가 시작됐다. 결정적 계기는 1978년 중국이 경제를 개방한 때부터였다. 이에 미국도 경제 파트너로 중국을 선택하기에 이르렀고 1979년 공식적으로 중국과 수교했다.

우리나라의 경우 처음에는 대만과 수교한 상태였다. 그러나 1986년 서울 아시안 게임과 1988년 서울 올림픽에 중국이 잇따라 참가하면서 양국 간의 관계가 점차 좋아졌다. 이후 한국은 중국의 요청을 받아들여 중화민국인 대만과 단교하는 대신 1992년 8월 24일에 중국과 정식으로 수교하게 되었다.

중국과 대만은 1980~1990년대에 화해의 시기였다. 이때 중국은 하나의 국가이지만 두 체제를 인정하는 '일국양제'를 대만에 제안했다. 그러나 대만은 이 제안을 받아들이지 않았다. 여전히 대만 국민은 어떤 형태로든 중국과 엮이는 것을 두려워했기 때문이다. 이에 중국 정부는 대만의 중화민국 정부는 불법이라며 갈등을 키우기도 했다. 이후 지금까지 중국과 대만의 관계는 완전하게 매듭지어지지 못했다.

우리가 중국과 대만의 관계를 객관적으로 이해하기 위해서는 중국이 대만을 바라보는 정책 방향과 대만이 중국을 바라보는 정책 방향을 동시에 알아보아야 한다.

먼저 중국 정부와 중국 국민은 대체로 대만을 중국에서 이탈한 자국 영토, 즉 자국의 일부로 판단하고 있다. 이때 등장한 개념이 바로 우리가 많이 들어본 '하나의 중국' 정책이다. 이 정책은 중국이 대만을 독립된 하나의 국가가 아니라 중국의 한 부분으로 인식하고 대만의 독립을 인정하지 않는다는 뜻이 포함돼 있다.

중국의 처지에서 '대만이 중국의 일부'라고 여긴다면 당연히 구체적인 정책집행이나 관계 전략이 달라질 것이다. 예를 들어 '좋은 관계 유지'를 기본 정책 방향으로 삼을 것이다. 중국은 현재 대만과의 관계를 통합적이고 평화적인 방식으로 발전시키려고 애쓰고 있다.

그러나 하나의 중국 정책이 마냥 평온한 건 아니다. 대만 상공에 미사일을 발사했던 사건처럼 언제든 중국과 대만의 관계에 핵심적인 갈등 요소가 될 수 있기 때문이다. 그 갈등은 따지고 보면 대만의 입장이 중국과 많이 달라서이기도 하다.

대만은 '중국과 하나'인 것은 인정하지만, '하나의 중국 정책'은 철저히 거부하고 있다. 현재 많은 대만 국민은 중국과 상관없이 자신의 나라를 하나의 독립된 국가로 여긴다. 대만에서 나온 여론조사에 따르면 많은 대만인은 "중국과 독립도 통일도 추진하지 않고 현 상황을 무한정 그대로 유지하자"라는 생각이 가장 높은 비율을 차지하는 것으로 나타난다. 대만인은 정치적 독립성을 유지하길 원하고 있고, 그 현실적 대안을 '현 상황 유지'로 생각하는 것이다.

중국과 대만의 관계를 역사적 사실관계 측면에서 다루기도 한다. 2023년 하와이대 동서문화센터의 데니 로이 박사는 "대만은 역사적으로 대부분 중국 본토의 통제 밖에 있었고, 대만에 대한 중국의 통치 기간은 매우 논쟁적"이라고 지적하며 대만은 독립 국가로 성장했다고 밝히고 있다. 로이 박사에 따르면 대만은 1885년에서야 청나라에 공식 합병됐고 불과 10년 뒤인 1895년 청일전쟁 패배로 그마저도 끝났다고 보았다. 이후 대만은 1945년까지 50년 동안 일본의 지배를 받았다. 무엇보다 로이 박사는 "중국공산당 역시 1928년 이후 15년간 일관되게 대만을 별개의 국가로 인정했다"라고 지적했다.

그렇다면 세계는 중국과 대만 관계를 어떻게 바라보고 있을까? 대부분 국가는 중국의 '하나의 정책'을 받아들인다. 이는 뒤집어 말하면 대만을 공식적인 독립국으로 인정하지 않는 것을 의미한다. 그렇다고 또 중국의 '하나의 정책'을 대놓고 지지하지도 않는다. 미국도 오랫동안 이런 '전략적 모호성'을 유지하고 있다.

미국 바이든 대통령은 중국이 만약 대만을 무력으로 침공하면 군사적으로 개입하겠다고 밝혔지만, 공식적으로 베이징의 정부만을 유일한 중국 정부로 인정하는 '하나의 중국' 정책을 인정하는 모순적인 정책을 선택하고 있다. 그만큼 중국과 대만의 관계가 풀기 힘든 문제라는 의미가 된다.

중국의 대만 해역 미사일 발사 사건은 이례적이었다. 그만큼 우리나라 국민에게도 높은 긴장감을 불러일으켰다. 뉴스로 지켜보다 다음과 같은 생각을 한 이들이 많았을 것이다.

"저러다가 정말 중국과 대만이 전쟁을 벌이는 거 아냐? 만약 중국과 대만 사이에 전쟁이 벌어지면 미국이 참전하여 대만과 함께 중국에 대항하겠지? 그럼 동북아의 한국과 북한, 일본은 어떤 역할을 해야 하는 거지?"

물론 이것이 현실이 될 가능성은 없어 보인다. 중국과 대만이 실제 전쟁을 하거나 무력 충돌이 벌어질 가능성은 거의 없기 때문이다. 만약 중국이 대만을 침공한다면 대만 반도체 생산이 전면 중단되고, 이는 세계 경제에도 막대한 타격을 줄 것이다. 대만이 첨단 반도체의 90% 이상을 생산하고 있기 때문이다. 그 반도체는 전 세계의 거의 모든 종류의 전자 기기에 들어간다.

미 중앙정보국(CIA), 국가안보국(NSA) 등 16개 정보기관을 총괄하는 미 정보 당국 수장인 애브릴 헤인스 미국 국가정보국장(DNI)은 2023년 5월 연방 상원 군사위원회 청문회에서 중국이 대만을 침공해 TSMC의 반도체 생산이 중단되면 "세계 경제에 막대한 영향을 미칠 것"이라며 "그 영향이 몇 년 동안 한화로 연간 약 800조~1,300조 원 이상이 될 것"이라고 밝혔다.

특히 그는 "미국의 국내총생산(GDP)은 물론, 중국 GDP에는 더 큰 악영향이 있을 것"이라고 말했다. 이런 분석과 함께 중·미 관계에 대해서도 헤인스 국장은 시진핑 중국 국가주석이 미국과의 관계를 '제로섬 게임'으로 인식하고 있다고도 밝혔다. 제로섬 게임이란 미우나 고우나, 한 배를 탄 운명 공동체라는 의미로 해석하면 된다.

지금까지 중국과 대만의 군사적 긴장감은 대만 혹은 미국을 겨냥해 중국의 정치적 우위를 확보하려는 일종의 퍼포먼스에 가깝다고 보는 게 옳다. 그러나 중국의 미사일 사격 훈련은 중국과 대만의 관계 역시 우리의 남북 분단과 갈등만큼 단기간에 풀기에는 만만치 않은 문제라는 사실을 보여주는 단면이기도 하다.

어쨌든 중국과 대만의 갈등은 중국과 미국 사이의 세력 다툼과도 밀접하게 연결돼 있다. 이는 결국 중국과 대만, 남한과 북한, 중국과 미국 관계가 다차원 역학관계로 얽혀있으며 미래 동북아 관점에서 해결해야 할 중요한 과제라는 사실을 말해주고 있다.

Chapt.1
G2의 파워,
중국을
얼마나
아는가

# 중국과 국경을 맞댄 나라들의 운명

　경계선을 공유하는 이웃이 많으면 실크로드 건설과 같은 장점도 있지만 분쟁의 위험도 그만큼 는다. 이웃 국가가 세계에서 가장 많은 나라는 어디일까? 중국이다. 북한, 러시아, 몽골, 카자흐스탄, 키르기스스탄, 타지키스탄, 아프가니스탄, 파키스탄, 인도, 네팔, 부탄, 미얀마, 라오스, 베트남 등 육지로만 총 14개국과 국경을 맞대고 있다. 바다를 맞대고 있는 나라도 '대만'을 제외하고 우리나라와 일본, 필리핀, 브루나이, 말레이시아, 인도네시아 등 총 6개국에 이른다.

　중국의 육지 국경선 총길이는 2만 2,000여㎞로, 가장 긴 국경은 중국과 몽골 사이의 4,710㎞이고 다음은 러시아로 4,354㎞이다. 중국은 국경을 맞댄 대부분 나라들과 국경조약을 완료했다. 1960년대부터 국경선 확정에 들어가 미얀마, 네팔, 몽골, 파키스탄, 아프가니스탄, 북한과 조약을 맺었다. 1990년대부터는 러시아, 라오스, 베트남, 카자흐스탄, 키르기스스탄, 타지키스탄과 차례로 조약을 체결했다.

　하지만 중국은 여전히 많은 이웃 국가와 국경분쟁을 벌이고 있다. 가장 대표적인 나라가 인도이다. 인도와 중국 사이 히말라야산맥 지역의 '라다크 지역'을 둘러싼 분쟁 중 2020년 6월에 발생한 군사 충돌은 국내 언론이나 유튜브 등에서 많이 소개되기도 했다. 당시 중국군이 인도군의 경계 지역에 건설한 시설물을 파괴하고, 인도군이 이에 반발하여 충돌이 일어났다. 양국 모두 이 지역을 자신들의 영토로 주장하고 있다.

이 지역 국경분쟁은 1962년에 발발한 중국과 인도의 전쟁이 출발점이다. 전쟁 후 명확하게 국경이 확정되지 않은 경우, 이처럼 주기적으로 군사적 충돌과 갈등이 반복될 수밖에 없다. 이후 양국은 군사적 대치 상태를 유지하고 있다.

이와 별도로 히말라야산맥 동쪽에 있는 아루찬앨 지역에서도 중국과 인도의 국경분쟁이 자주 발생하고 있다. 중국은 "이 지역이 중국 역사적 사실상의 담당 지역"이라 주장하는 반면, 인도는 "이 지역이 인도의 주권 지역"이라 주장한다.

중국과 인도의 국경분쟁은 직접적인 군사적 충돌이나 병사끼리 테러리즘 문제로 이어질 가능성이 있다. 또 양국의 정치적 관계에도 큰 영향을 미치고 있다. 하지만 인도와 중국 간의 국경분쟁에 대한 해결책은 여전히 오리무중이다.

중국과 부탄의 경우는 2021년 2월 11일 국경조약이 체결됐다. 이 조약은 중국과 부탄 간에 24년 동안 진행되었던 국경분쟁을 해결한, 오랜 진통 끝에 나온 결과물이었다.

중국은 인도네시아와도 남해 중국해 연안 지역을 둘러싸고 분쟁을 벌이고 있다. 양국은 모두 이 지역의 해양 자원을 자신의 것이라고 주장한다. 중국은 이 지역이 "옛날부터 중국의 담당이었으며, 관련 국제법에 따라 중국이 담당권을 가진다"라고 주장한다. 그러나 인도네시아는 "이 지역이 인도네시아의 자연적 범위 내에 포함되어 있으며, 국제법상 주권을 가지고 있다"라고 주장하고 있다.

중국은 필리핀과도 남해에 있는 해양 자원과 해상권을 두고 분쟁 중이다. 이 분쟁의 중심지는 스카버러(Scarborough Shoal)라는 암초 지역으로, 중국과 필리핀 양국 모두 이 섬과 그 주변 해역을 주권 지역으로 주장하고 있다. 이 문제는 국제 법원에서 필리핀의 소송으로 다루어졌지만, 중국은 이를 무시하고 별도의 해상권 행사를 계속하고 있다.

중국은 베트남과 남해 분쟁을 지속하는 중이다. 국경분쟁 지역은 남해의 파라셀 제도(Paracel Islands)와 스프래틀리 군도(Spratly Islands)이다. 이 지역은 다수의 작은 섬들로 이루어져 있으며, 중국과 베트남뿐 아니라 필리핀, 말레이시아, 대만 등 여러 나라가 주권 지역이라고 주장하고 있다. 중국은 "이 지역이 중국 역사적 사실상의 담당 지역"이라고 주장하고 있으며, 베트남의 경우 "이 지역이 국제법상 베트남의 주권 지역"이라고 주장하고 있다. 이 분쟁은 군사적 충돌까지 이어지기도 했다.

중국과 일본 사이에 있는 동중국해의 섬인 도쿠도(일본어 이름 : 尖閣諸島, 중국어 이름: Diaoyu Dao)와 주변 바위, 해상권 등에 대한 소유권 분쟁도 여전히 현재진행형이다. 중국은 "이 지역이 중국 역사적 사실상의 담당 지역"이라고 주장한다. 일본은 "이 지역이 일본의 주권 지역"이라고 주장하고 있다. 이 지역은 대만 역시 자신의 소유권을 주장하는 곳이다.

다행히 우리는 중국과 서해를 맞대고 있지만, 중국어선 문제 외에는 특별한 국경분쟁은 없다. 북한과도 국경조약이 완료된 상황이다. 그러나 우리는 중국이 많은 나라들과 다양한 국경분쟁을 벌이고 있다는 점은 늘 주시해야 한다. 왜 중국의 수많은 국경분쟁이 우리에게 중요한 문제인가? 국경분쟁은 단지 국경 지역의 소유권을 다투는 문제만은 아니기 때문이다. 분쟁 과정에서 군사적 충돌, 전쟁, 외교, 국제법과 국제 사회의 지지, 분쟁지역의 종교와 문화와 지역민, 자원, 해상권 등 다양한 요소들이 서로 밀접하게 얽혀 '종합 소통 기술'이 만들어진다.

한양대 창의융합교육원 송원찬 교수는 <문화일보> 칼럼에서 중국이 14개국과 국경을 맞대고 있다는 사실을 소개하며 많은 국경을 맞댄 중국과 국경 지역의 특징에 대해 매우 흥미로운 메시지를 소개한 적이 있다. 송 교수의 핵심 메시지를 요약하면 다음과 같다.

- 다양한 나라와 국경을 맞대다 보니 인적·물적 교류가 활발하다.
- 국경 도시마다 독특한 융합 문화가 성립한다.
- 국경 국가와 국경분쟁을 통한 중국의 외교 능력에 주목해야 한다.
- 국경분쟁 국가들과 싸움에서는 논리나 명분, 실용과 현실론 등 다양한 실전 외교 전략을 사용한다.

송 교수가 던진 핵심 메시지는 중국의 '변화무쌍한 외교 전략'을 우리도 최대한 정확하게 간파하고 있어야 한다는 것이다. 중국의 외교술은 우리가 미래 공동번영과 평화로 가는 동북아를 구상하는 데 도움이 될 수도 있고 어려움으로 다가올 수도 있다. 우리 역시 미래 동북아 시대를 준비하며 중국의 외교 전략을 사전에 충분히 이해하고 유연성을 발휘하여 대처할 필요가 있다.

국제질서의 환경과 힘의 이동은 시시각각 변한다. 이에 대처하려면 때에 맞게 처신하고 도리를 지키는 군자의 자세가 요구된다는 유교의 '시중지도'(時中之道)의 철학이 필요하다. 우리는 눈에 보이는 국경선을 초월하여 보이지 않는 국가 간의 협력과 문화적 공통의 무대, 경제 협력의 네트워크 시스템, 평화적 교류의 공간으로 '동북아'를 그려나가야 하기 때문이다.

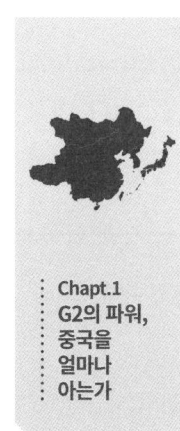

# 동북공정이 도대체 뭐길래?

**Chapt.1
G2의 파워,
중국을
얼마나
아는가**

　누구나 한 번쯤 '동북공정'(東北工程)이라는 말을 들어봤을 것이다. 원래 명칭은 '동북변강역사여현상계열연구공정'(东北边疆历史与现状系列研究工程)으로, 중국이 추진하는 국가적인 발전사업을 두고 하는 말이다. '동북공정'에서 동북이란 중국의 '동북 지역'을 가리키고, 공정은 사업 혹은 프로젝트를 뜻한다. 의미를 풀어보면 '동북 3성 지역의 역사, 지리, 민족문제 및 현 상황에 관한 연구사업'이 된다.

　중국의 '동북 3성'은 지린(吉林)성, 랴오닝(辽宁)성, 헤이룽장(黑龙江)성 등 3성을 통틀어 일컫는 말이다. 이곳은 한반도와 북한의 국경 위쪽에 있고 몽골, 러시아와 국경을 맞대고 있다. 우리에게 익숙한 '하얼삔'(哈尔滨)이나 '지린', '선양'(沈阳), '백두산 중국지역' 등이 모두 동북 3성에 자리 잡고 있다. 이곳은 동북종합경제개발구가 있는 등 중국의 경제발전과 에너지 보급을 위해 중요한 지역 중 하나로 꼽힌다. 그러나 중국 중심에서 보면 변방이다. 동쪽 끝에 있으면서 상당히 낙후된 지역으로 볼 수 있기 때문이다. 그렇다 보니 중국의 동북 지역은 민족문제, 자연재해, 경제 불황 등 다양한 문제점을 안고 있다.

그럼 동북 3성 연구사업인 동북공정은 어떤 프로젝트일까? 그리고 왜 이 프로젝트가 우리나라에서 큰 논란거리가 되는 것일까? 표면적으로 보면 동북공정은 2002년부터 2007년까지 5년간 진행된 그저 평범한 국가 연구 지원사업에 불과하다. 지역의 토양, 기후, 지형, 자원 등의 특성을 고려하고 중국의 경제발전과 에너지 안보를 강화하기 위해 동북 지역을 발전시키겠다는 것이다. 물론 2007년 이후에도 동북공정에 지속적인 지원이 이루어지고 있기는 하다. 동북공정은 한마디로 정리하면 '중국의 변방 발전 프로젝트'라고 할 수 있다. 우리나라로 치면 지역 균형발전 전략인 셈이다.

문제는 사업의 핵심 내용에 동북 지역의 '역사'와 '민족문제'를 연구하여 해결하는 데에도 목적을 두고 있다는 점이다. 이 주제를 좀 더 들여다보자. 동북 지역의 산업화로 인해 농어촌 인구가 줄고 경작지가 감소하자 다양한 민족문제가 발생했다. 이에 이 지역을 중심으로 한 중국의 전통문화를 보존하고 동북아지역의 역사와 지리, 민족의 다양성을 조사하기로 했다.

우리가 이 동북공정을 우려스럽게 바라보고 이유는 바로 여기에 있다. 앞서 설명했듯 동북공정에 이 지역의 과거 역사를 재조명하는 작업이 포함돼 있어서다. 중국의 동북 지역은 우리의 역사적 무대였기에 문화적 유산을 공유하고 있는 곳이다.

과거사를 논할 때는 필연적으로 두 나라 사이에 입장 차가 존재한다. 역사는 현재의 힘의 우위를 떠나 객관적인 사실을 그대로 인식하고 공유하면 큰 문제가 없다. 그러나 국가 사이에는 상대성이 있고 과거의 무대와 배경이 겹치거나 영토를 실질적으로 지배하는 나라가 달라졌을 때 역사 인식이나 해석에 엄청난 견해 차가 생길 수 있다. 자국 이기주의나 민족주의 관점에서 의도적으로 역사를 왜곡할 가능성도 크다. 왜곡된 역사문제는 해석의 문제에 그치지 않는다. 역사 교육이나 역사 교과서 갈등으로 번지기 마련이다. 상대방의 역사적 인식이 왜곡되어 있으면, 양보할 수 없는 갈등은 걷잡을 수 없을 정도로 확산한다.

선사시대부터 현대까지 한반도와 현재 중국의 동북 지역인 만주, 연해주 지역은 오랜 기간 중국과는 다른 독창적인 국가 시스템과 문화를 유지해 왔고 고조선, 진한·변한·마한·부여, 신라·옥저·고구려·백제, 가야, 발해, 고려, 조선 등으로 이어져 온 무대였다.

그러나 동북공정은 공식 또는 비공식으로 기존에 인정해 왔던 이런 역사적 사실을 중국 중심으로 재해석하거나 왜곡시키는 주장을 다양하게 펼쳐왔다. 대표적인 예가 '고조선사, 부여사, 고구려사, 발해사가 중국사'라는 주장이다. 전문가들 분석에 따르면, 주장의 근거라고는 그저 현재 이 지역을 중국이 차지하고 있고 과거에 중국 민족이 다수 포함돼 있었다는 이유뿐이었다. 우리는 동북공정의 의도를 의심할 수밖에 없게 됐다. 동북공정이 중국 동북방의 모든 과거 역사를 중국의 역사로 규정하려는 역사 왜곡 시도라고 생각하게 된 이유였다.

이에 대한민국 정부도 즉각 대응 전략을 찾기 시작했다. 보다 전략적 관점에서 중국의 역사 왜곡 문제를 연구하고 그 연구 결과를 바탕으로 정책대안을 수립할 기구가 필요했다. 정부와 학계·민간을 연결해 우리의 역사 외교를 더욱 효율적으로 뒷받침할 수 있는 상설 전담 기구의 필요성을 인식하게 된 것이다. 이에 2006년 9월 한국 정부는 '동북아역사재단'을 출범시켜 중국의 역사 왜곡에 대처하기 시작했다.

동북아역사재단은 당시 '동북공정'의 본질에 대해 "중국 정부 산하기관인 '변강사지연구중심'에서 중국의 국가전략에 따라 치밀하게 이루어져 온 역사 왜곡 프로젝트"라고 공식적으로 규정했다.

중국의 동북 지역 역사 왜곡은 분명 동북아의 모든 나라 국민이 꿈꾸는 동북아 비전에 엄청난 걸림돌이 될 수 있다. 중국 정부는 민족 중심의 역사관을 가진 일부 사학자들의 주장을 당장 국가 이익에 도움이 된다고 활용해선 안 된다. 동북아 역사는 한반도와 중국의 역사적 기록이나 문헌만도 충분히 차고 넘칠 정도로 명확한 편이다. 역사 분쟁을 시도하는 것은 장기적으로 동북아가 함께 성장하고 만들어갈 미래에 전혀 도움이 되지 않는다.

우리 정부는 객관적인 사실과 역사적 근거를 통해 왜곡을 바로잡아야 한다. 이때 남·북한 역사학자들의 만남과 공동 연구도 필요하다. 또한 중국과 남·북의 역사학자들과 연구자들이 함께 공동 조사 연구단을 구성해 투명하고 객관적인 사실과 근거를 바탕으로 토론과 합의를 통해 역사 기록에 반영해야 한다. 그것이 우리 동북아 전체가 함께 승리하는 길이다.

역사는 말이 없다. 하지만 역사 속에 살던 사람들의 이야기, 살았던 풍속과 문화는 반드시 진실을 들려준다. 그런 믿음이 한·중 정부와 두 나라 역사학자와 연구자들에게 필요한 때이다.

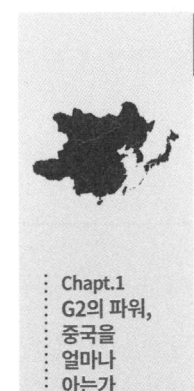

# 중국 문화를 이해하는 키워드 '꽌시'

Chapt.1
G2의 파워,
중국을
얼마나
아는가

우리나라 사람들이 중국 하면 많이 떠올리는 단어 중 하나가 '꽌시'(关系)다. 중국에서 사업하거나 무역하는 이들이 이 단어를 입에 달고 사는 것을 자주 봤다. "중국에선 꽌시를 알아야 사업에 성공할 수 있고 이걸 모르면 결코 사업에 성공할 수 없다"라는 이야기다.

중국 문화를 이해하는 첫 번째 키워드인 '꽌시'는 어떤 의미일까? 꽌시라는 단어는 우리말로 치면 '관'(关:guan)과 '계'(系:xi)가 더해진 말이다. 관계, 그러니까 인맥, 연줄, 학연, 지연 등이라고 볼 수 있다.

이렇게 뜻풀이해 놓으면 훨씬 이해가 쉬울 것이다. 왜냐하면 우리나라 역시 '사람 사이의 연줄'이 만들어 내는 인간관계 문화가 강하게 형성돼 있기 때문이다. 지금이야 많이 약화했다고는 하지만 여전히 지역, 고향, 학교, 동호회, 조직 등의 동향이나 선·후배, 동료 등의 인맥 문화는 막강한 힘을 발휘하고 있다. 이런 비슷한 문화는 집단의식이 강한 동양 문화의 공통적인 특징이라고 볼 수 있을 것이다.

어쨌든 중국의 꽌시 문화가 오랜 세월 중국인들이 살아가는 삶의 방식 또는 신념 체계에 영향을 줬다. 좋게 해석하면 이 문화는 유교의 가르침인 '삼강오륜'의 관계 사상과 밀접한 연관성이 있다. 생각해 보면 삼강오

룬이 제시하는 메시지의 공통점은 바로 '인간관계'이다. 관계는 결국 인간이 함께 살아가야 한다는 점을 전제로, 사회적 질서를 유지하기 위한 기본적이고 가장 중요한 시스템이라고 볼 수 있다.

이런 시스템은 현대 중국 사회에서 사회적 상호작용을 높이고 비즈니스 업무수행의 능력을 키우는 수단으로 활용돼왔다. 오늘날 중국에서 '꽌시가 있다'고 하면, 제3자에게도 지원할 수 있거나 영향력을 행사할 수 있는 관계, 훗날 도움을 주고받을 수 있는 관계, 서로 신뢰할 수 있는 관계 등으로 해석한다. 좋게 말하자면 이 꽌시 문화는 그저 사람들이 함께 살아가는 방식이며 서로 돕는 관계의 기술일 뿐이다.

그러나 반대로 부정적인 해석도 얼마든지 가능하다. 인맥이나 연줄, 학연이나 지연이 무수한 문제를 낳고 사회 경쟁력을 떨어뜨린다는 사실도 우리는 너무나 잘 알고 있어서다. 우선 루오 와이의 연구보고서「꽌시: 원칙, 철학, 시사점. 인간 시스템 관리(1997)」에 따르면 꽌시를 "사람 사이의 관계에서 호의를 얻기 위해 인맥을 동원하는 것"이라고 정의하고 있다.

이는 다르게 생각해 보면 어떤 문제에 대해 인맥을 동원해 해결할 수 있다는 말이고, 때에 따라서는 사회적 규범이나 규정, 국가적 법률의 상위 개념이 될 수도 있다는 뜻이다.

꽌시 문화가 중국에서 '꽃 핀 시기'는 1949년 새로운 중국의 탄생 시기에서부터 1978년 개혁개방정책이 본격적으로 시작되기까지였다. 이 시기는 현대적인 법이나 제도가 정비되지 않은 때였다. 당연히 국가기관의 행정 관리자들과 친밀한 관계를 만들어 일을 처리하는 것이 좋은 결과를 낳았다. 당연히 꽌시 문화의 일종인 연고주의는 필연적으로 뇌물, 상납

등을 동반하기 쉽다. 이런 이유로 꽌시는 동전의 양면처럼 관료의 부정부패와 매우 밀접하게 연관돼 있다.

시진핑 중국 국가주석이 초기 집권 2년간 시행한 정책 중 가장 두드러진 정책은 '부패 청산'이었다. 취임과 동시에 시진핑 주석은 "호랑이에서 파리에 이르기까지 지위를 막론하고 한꺼번에 척결해야 한다"라며 부패와의 전쟁을 선포한 바 있다. 그 이면에는 중국에 만연해 있는 꽌시 문화의 해체도 의도했다고 본다. 왜냐하면 시진핑 주석은 중국의 전통적 질서인 꽌시를 적폐라고 규정한 적이 있었기 때문이다.

사회적 제도나 법률이 갖추어지지 않았던 근대사회를 거치면서 가족이나 친구, 조직 내 유교적 인간관계를 이끌었던 중국의 꽌시 문화는 이제 사회적 혹은 개인적 이익을 얻으려는 전략적인 기술로 변질했다고 볼 수 있다. <미국 사회학 저널>에 실린 연구보고서 「얼굴과 호의: 중국의 파워게임」에 따르면, 중국의 꽌시를 '가족관계는 사회적인 감정적 관계이고, 비가족관계는 부분적으로 혹은 전적으로 도구적 관계라고 규명한다'라고 분석한다. 비가족관계란 비즈니스 기술 영역이라고 본 것이다.

조평규 중국 연달그룹 전 수석부회장은 '중국의 꽌시에 관한 소고'라는 글에서 "꽌시는 개인과 조직 사이에 우호적인 인맥으로 연결된다"라며 "이러한 차원에서는 한국의 인맥과 중국의 꽌시는 유사한 점이 많다"라고 소개한 적이 있다.

물론 중국의 꽌시에 대해 '어디까지가 꽌시냐, 아니냐' 무 자르듯 명료하게 구분을 짓거나 정의하긴 어렵다. 단순히 가족이나 주변 동료들의 친밀도를 높이는 정도에서, 사업권을 따내고 서로 비즈니스 이익을 공유하는 정도, 이 둘이 혼재하는 정도 등 다양한 형식과 내용이 있기 때문이다.

그러나 우리가 주목하고 싶은 것은 중국의 꽌시에 스며있는 정신 그 자체이다. 거기에는 여전히 유교적인 관계의 중요성과 인정의 문화가 숨어있기 때문이다. 중국 사람들은 사람 관계에 대해 상중하로 나누는 경우가 많다고 알려져 있다. 예를 들어 '한집안 식구'(Jiaren 家人), '잘 아는 사람'(Shuren 熟人), '낯선 사람'(Shengren 生人) 순서라고 표현하는 식이다. 적어도 중국이나 중국인과 함께 목표를 이루어 가야 한다면 '낯선 사람'이어서는 안 된다는 의미가 된다.

중국의 꽌시나 우리나라의 인맥이 때로는 부정적인 요소로 작동하지만 그저 무시할 수만은 없다. "수천 년간 내려온 중국의 관료주의와 이로 인해 파생된 청탁 문화, 특혜 문화가 자리 잡았다"라며 "꽌시 문화가 쉽게 사라지기는 힘들 것"이라고 분석하고 있다.

이런 점 때문일까? 우리나라 기업들 역시 중국에 진출할 때 꽌시 문화를 연구하고 활용하는 사례가 늘고 있다. 예를 들어, 오리온 기업은 중국에 진출하면서 '잘 아는 사람 관계'를 구축하기 위해 엄청난 공을 들였다. 오리온 기업의 회장이 화교 출신이라는 점을 부각하고, 중국인에게 친구로 다가가는 광고와 중국식 제품명 만들기에 심혈을 쏟았다. 사업 진출 결과는 대성공이었다.

사람도, 기업도, 정부도 밑바탕의 문화를 무시할 수 없다. 허용된 범위 안에서 꽌시를 이해하고 활용하여 함께 미래로 가는 것은 매우 중요하다. 이것이 우리가 중국과 함께 미래 동북아 시대를 열어가는 데 꽌시 문화를 머릿속에 넣어 두어야 하는 이유이다.

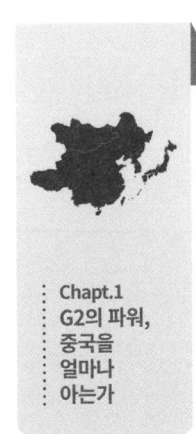

# 백화제방 백가쟁명과
# 손자병법의 타초경사

Chapt.1
G2의 파워,
중국을
얼마나
아는가

꽌시 외에 중국 관리자나 리더들의 문화를 엿볼 수 있는 키워드도 있다. 바로 '백화제방 백가쟁명'(百花齊放 百家爭鳴)이다. 직역하면 '온갖 꽃이 같이 피고 많은 사람이 각기 주장을 편다'라는 말이고 의역하면 수많은 학설로 자유롭게 토론하며 발전하고 수많은 학자나 학파가 자유롭게 자신들의 사상을 내세우는 것을 의미한다.

백화제방 백가쟁명은 중국 역사상 가장 혼란한 시절이었던 춘추전국시대에 여러 사상가와 그 학파의 자유로운 토론 활동을 통해 미래를 모색했던 '제자백가'라는 역사적 사실에 뿌리를 두고 있다. 1950년대 중국 마오쩌둥 집권기에 '쌍백 슬로건'이라 불리며, 누구든 자기의 의견을 자유롭게 피력할 수 있다는 뜻의 정치구호로 재등장한 것이다.

그렇다면 왜 이 시기에 열린사고와 자유토론을 허용하는 이런 정치구호가 등장하게 된 것일까? 당시 중국 지도자들의 속내를 다 알 수는 없지만 몇 가지 해석을 찾을 수 있다.

중국공산당의 사상이 획일적이고 한목소리를 내는 데만 얽매여 있다는 비판이 많았다. 여기에 더하여 당시 공산당 지도자들은 공업화가 계속 진행됨에 따라 자신들의 계획을 순탄하게 이끌어줄 지식인 계층의 도움이 필요했고 마오쩌둥 자신의 정책을 실행하기 위해서 지식인들이 더욱더 중요한 역할을 맡아야 한다고 생각했다는 해석도 나온다. 이외에 마르크스주의가 만들어진 소련에 대한 중국의 의존도를 줄이는 데 다양한 사상과 토론이 필요하다고 여겼을 것이라는 분석도 있다.

어찌 됐든 중국을 이끌어가야 하는 리더들에게 당시 다양한 관점과 생각이 필요했을 것이다. 1956년 중국공산당 선전부장인 루딩이는 "처음부터 유일하고 절대적인 사상으로 강요할 수는 없다"라고 발표했다. 이는 열린사고, 자유로운 사상, 다양한 목소리, 자신의 주장, 토론, 경쟁 등을 허용하거나 장려한다는 의미였다.

백화제방 백가쟁명은 다음 해인 1957년 중국공산당이 지식인 사이에 퍼져있던 반공사조(反共思潮)를 완화하기 위해 구호로 활용했다. '명방운동'(鳴放運動)이라 불리던 이 다양성 보장 정책은 중국 내부의 여러 계층에게 많은 지지를 받았다. 특히 문학, 예술 분야에서 자유가 확장됐고 긍정적인 작품으로 이어졌다. 학자의 다양한 연구와 발표도 장려되었다. 그 결과 중국 사회 전반에서 자유로운 교류가 일어났으며, 이는 국가성장에 긍정적인 영향을 주었다.

그런데 이 명방운동(쌍백운동)은 해피엔딩으로 끝나지 않았다. 오히려 불행의 씨앗이 되고 말았다. 다양성과 자유로움을 제시한 중국공산당의 정책은 찬반을 둘러싸고 극단적인 세력을 만들었고 다양한 갈등을 일으키는 동기가 됐다.

공산당의 가치와 신념을 지켜야 한다며 '부르주아지 자유주의'를 비판하는 세력과 백화제방 백가쟁명을 지지하는 세력 간의 갈등이 점점 커졌다. 갈등은 이내 폭력으로 이어졌다. 그 예가 1966년부터 1976년까지 벌어졌던 사회·문화·정치상의 '대변혁'(문화대혁명)과 이에 따른 대규모 사회적 혼란이었다.

소위 문화대혁명기에는 이전에 장려됐던 백화제방 백가쟁명이 철저하게 금지되었다. 출판, 언론, 학문 분야에서 엄격한 검열과 제한이 단행됐다. 이때 등장한 조직이 우리에게도 익숙한 '홍위병'이다. 이들은 현실에 불만을 품은 청년 조직으로 구성돼 있었다. 강력한 공산당을 지지하는 이들 청년 조직은 공산주의 사상과 유물론에 반하는 수천 년 된 사찰, 사당, 사원, 궁궐을 부쉈다. 어른들은 이들에 의해 기성세대라는 이유로 구타당하거나 살해당하기도 했다. 눈에 보이는 중국 문화재들은 모조리 불에 탔고 자유로운 사상과 다양성을 주창하는 예술가, 학자, 정치가, 교수 등 수많은 지식인이 숙청당했다. 문화대혁명 시기를 거치며 중국에서는 지식인의 대다수가 죽거나 고초를 겪어야 했다.

문화대혁명은 1969년에 종식이 선언되었다. 하지만 정확히는 1976년 마오쩌둥의 사망 이후에야 비로소 완전히 비극의 막을 내릴 수 있었다. 문화대혁명의 주도 세력이 자리에서 완전히 물러나자 과거사를 평가하는 목소리가 컸다. 결국 1978년 3월 채택된 중국 헌법에서는 "국가는 백화제방 백가쟁명의 방침을 실천함으로써 예술 발전과 과학 발전을 촉진하고, 사회주의 문화번영을 촉진한다(제14조)"라고 공식적으로 '쌍백운동'의 정신을 명기하기도 하였다.

중국공산당도 문화대혁명을 두고 제11기 제6차 중앙위원회(1981년 6월)에서 "당, 국가, 인민에게 건국 이래 가장 심한 좌절과 손실을 가져다준 마오쩌둥의 극좌적 오류이며 그의 책임"이라고 평가했을 정도였다.

  현대판 분서갱유와 지식인들의 몰살 등 눈에 보이는 상처만 생긴 건 아니었다. 오히려 눈에 보이지 않는 중국인의 정신세계에 큰 영향을 미쳤다. 마오쩌둥의 공산당은 백화제방 백가쟁명을 제시하여 "말한 자는 죄가 없고 들은 자는 반성해야 한다"라며 지위고하를 불문하고 과감히 비판하라고 했고, 이에 따라 지식인들이 공산당을 소리 높여 비판하고 마오쩌둥을 '살인마'로, 인민민주독재를 '무뢰한의 독재'로 부르며 반공(反共)을 외쳤는데, 오히려 마오쩌둥은 젊은 홍위병을 동원해 윤곽이 드러난 지식인들을 즉시 체포하고 줄줄이 숙청해 버렸다. 이를 두고 『손자병법(孫子兵法)』의 삼십육계 중 13계인 '타초경사'(打草驚蛇)가 아니냐는 논쟁이 일었다. 타초경사란 미리 풀을 두드려 뱀을 놀라게 해서 풀 밖으로 나오게 한다는 뜻이다. 그러니까 백화제방 백가쟁명이 마오쩌둥의 타초경사라는 말이다.

  중국인 민심에는 오늘날까지 지배권력의 타초경사에 당하지 않으려는 경계심이 잠복해 있다고 알려져 있다. 그 한 예로 공무원의 경우 상부나 정부에 보고할 때 본 대로 들은 대로 있는 그대로 솔직하게 보고하지 않는 문화가 있다는 것이다.

  우리로서는 마오쩌둥의 백화제방 백가쟁명이 정치적 상황에 따라 우연히 그렇게 흘러갔는지 아니면 어떤 전략적 의도가 조금이라도 들어 있었는지 알 수는 없다. 그러나 그 역사적 과정은 중국이 앞으로 다양성과 자유로움을 추구해 나가야 할 때 걸림돌로 작용할 것은 분명해 보인다. 그것은 개인과 정부 사이, 조직과 조직 사이, 세력과 세력 사이, 정부와 국민 사이에 소통의 높은 장벽이 있다는 의미가 된다.

우리가 앞으로 중국과 끝없이 교류할 것이라면 이들 사이를 통합적으로 바라보고 소통해야 한다는 점을 기억해야 한다.

Chapter
2

# 태풍의 눈, 중국을 알아야 우리가 산다

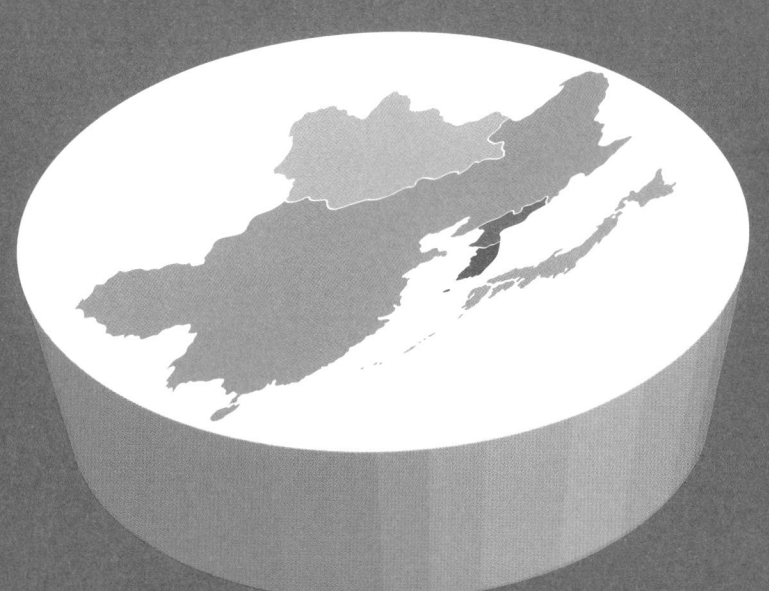

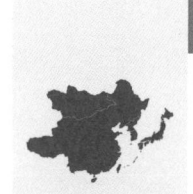

Chapt.2
태풍의 눈,
중국을
알아야
우리가 산다

# 중국의 서진 정책 '일대일로'

중국의 일대일로(一帶一路, One Belt One Road) 정책은 2013년 중국의 시진핑 국가주석이 처음 제시한 대규모 국제적 개발 전략이자 세계 각국과 연결된 대규모 경제적 통합 프로젝트이다. 중국을 중심으로 아시아, 유럽, 아프리카, 중동 등 세계 각국을 연결하고 경제 개발과 교류를 촉진하며, 인프라 구축, 무역 활성화, 자원 개발, 문화 교류 등 다양한 분야에서 협력을 강화하는 거대한 국가사업이다.

구체적인 세부 전략을 살펴보자. 크게 나누어 두 방향으로 설계돼 있다. 하나는 육로 경로인 '하나의 띠'(Belt) 전략으로 대륙 경로를 의미한다. 중국을 출발점으로 서부 중국, 중앙아시아, 남아시아, 유럽, 중동 등을 연결한다. 특히 키르기스스탄, 카자흐스탄, 우즈베키스탄, 아제르바이잔, 이란, 터키, 우크라이나, 독일 등이 주요 대상국이다. 중국이 이 벨트를 중심으로 철도, 고속도로, 파이프라인, 전력망 등의 인프라를 건설하고 확충하여 경제활동을 촉진한다는 전략이다.

두 번째는 해상 경로인 '하나의 길'(Road)이다. 중국을 출발점으로 동남아시아, 남아시아, 아프리카 등을 연결하여 해상길을 구축하는 전략이다. 말레이시아, 타이, 미얀마, 방글라데시, 인도, 스리랑카, 몰디브, 파키스탄, 예멘, 케냐, 탄자니아, 그리스, 이탈리아 등이 하나의 길에 포함돼 있다. 중국은 이 전략을 통해 항만 시설, 해운로, 무역 노선 등을 개발하여 국제 무역, 금융, 문화 차원의 교류 확대와 일체화를 촉진할 계획이다.

중국의 일대일로 정책은 새로운 실크로드 경제벨트와 21세기 해상 실크로드를 건설하는 것을 목표로 한다. 그래서 각각 육상과 해상의 '실크로드'라는 별칭을 가지고 있다.

그렇다면 일대일로 정책은 어떤 그림을 상상하며 만들었을까? 일단 글로벌 전략, 확장 전략, 개방·소통 전략이라는 느낌을 받는다. 중국이 세계화, 경제 개방, 고도화를 추진하는 데 이 전략은 매우 중요한 역할을 담당하고 있다.

중국은 과거에도 실크로드를 활용했다. '실크로드'란 우리말로 비단길이다. 터키와 전신인 오스만튀르크를 세운 튀르크족 등이 중국까지 이어지도록 개척한 길이다. 실크로드는 비행기가 없던 근대 이전의 동양과 서양을 관통하는 대륙의 교역로였다. 이 길을 통해 중국은 매우 크게 성장했다. 비단길이라는 단어의 기원이 중국의 비단이 로마 제국으로 흘러가는 것을 의미한다는 것을 보아도 충분히 알 수 있다.

사실 비단길에 대해 오해도 있다. 사람들은 종종 비단길을 그저 동서양을 잇는 하나의 라인이라고 생각하기도 한다. 하지만 실제로는 세계 다양한 국가가 교류하는 여러 갈래의 라인이다. 과거 비단길은 3대 간선과 5대 지선을 비롯해 수만 갈래의 길로 구성된 범세계적인 그물 모양의 교통로로 구성되어 있었다. 이 길을 통해 교역품뿐만 아니라 불교, 간다라 미술 등 동서양의 문화가 서로 유통됐다.

150년짜리 대형 프로젝트로 알려진 현대판 중국의 실크로드 작업은 계속 진행 중이다. 철도, 항만, 고속도로 등 인프라 건설이 곳곳에서 추진되고 있으며 연결된 나라 수는 생각보다 많다. 2021년 기준 65개국이다. 또한 각종 사업에 참여하는 나라만 해도 144개국에 이른다.

중국의 일대일로 정책을 세계는 어떤 시선으로 바라보고 있을까? 국제정세와 세계 질서의 관점에서 보면 '중국의 서진 정책'이라는 분석이 지배적이다. 중국은 왜 서진 정책을 진행하는 것일까? 물론 표면적으로는 중국의 미래 경제전략이기도 하지만, 'G2'라는 의미로 미국 패권에 대응하는 정책일 수도 있다는 분석이 많다.

미국에서 나온 한 보고서는 중국의 일대일로에 대해 미국의 본격적인 견제와 봉쇄라는 '대응'에 대해 대외전략 차원에서 중국이 '맞대응'하는 것이라고 분석했다. 미국 외교협회(CFR)는 2021년 발표한 보고서「중국의 일대일로가 미국에 주는 함의」에서 "정치·경제 등 여러 측면에서 미국의 이익에 중대한 도전이며 중국이 본격적으로 세계 패권을 차지하기 위해 세력을 확장하기 위한 전략"이라고 설명했다.

중국의 일대일로가 '중국의 대형 경제 프로젝트'이든, 아니면 '미국 패권의 정치·경제적 대응 전략'이든 분명한 건 동북아 혹은 우리나라에도 많은 영향을 끼칠 거라는 점이다. 그래서 우리는 동북아의 시선으로 질문을 멈추지 말아야 한다.

일대일로가 동북아로 연결될 것인가? 연결된다면 동북아와 대한민국이 세계로 뻗은 길 위에서 어떤 역할을 할 것인가? 그 역할을 통해 대한민국의 성장을 가져오기 위해서는 우리는 지금 무엇을 준비해야 할 것인가?

그저 기다리다 끌려가거나 수동적으로 역할을 부여받는 데 머물지 않아야 한다. 우리는 능동적으로 우리가 할 수 있는 상상력을 발휘해 할 수 있는 것을 수행해가야 한다. 부산이나 목포에서 출발하여 북한을 넘어 중국, 몽골, 러시아, 유럽으로 통하는 길, 일대일로의 새로운 실크로드로 연결되는 거대한 길, 우리의 길을 준비해야 한다.

유라시아연구소 소장인 주장환 한신대 중국학과 교수는 한 신문칼럼을 통해 중국의 일대일로 정책을 분석하면서 "유라시아는 당분간 중국의 합종과 미국의 연횡책(連衡策)의 공방으로 혼란해질 전망"이라고 예측했다. 또한 주 교수는 "한국의 국익 신장이라는 목표에 무엇이 더 부합할 것인가? 정중동의 자세로 냉정하게 현실을 관찰하면 답이 나올 것"이라고 말했다.

중국의 일대일로와 미래 대한민국의 성공을 결합할 좋은 답이 앞으로 많이 쏟아졌으면 좋겠다.

Chapt.2
태풍의 눈,
중국을
알아야
우리가 산다

# 내가 만난
# 알리바바 창업자 '마윈'

"세계 거대기업으로 성장한 중국 IT 기업의 신화 알리바바, 그 공룡기업의 회장 마윈과 오랫동안 우정을 쌓아왔습니다. 그의 베스트셀러 『알리바바 마윈의 12가지 인생 강의』를 한국에서 직접 번역, 출간하기도 했습니다. 제 법무법인의 이름이 '동북아'인 것은 그런 이유가 있습니다. 부끄러운 말이지만 많은 사람들이 '한국에서 김신호만큼 중국어 잘하는 변호사는 없다'고들 합니다. 마윈과의 오랜 친분과 중국에 정통한 저의 실력으로 중국의 거대한 자본을 은평으로 끌어오겠습니다. 자신 있습니다. 맡겨주십시오."

지역 행정가로 입후보하며 이런 출사표를 던졌던 추억이 있다. 나는 서울에서 대학 생활을 시작한 스무 살 때부터 줄곧 은평구에 살았다. 나를 키워준 우리 은평구를, 서울에서 가장 낙후된 지역 중 하나라고 평가받는 은평구를, 웃음이 넘치는 4차산업의 행복 도시로 만들고 싶었다. 그 비전을 현실화시키기 위해 중국 알리바바(Alibaba)의 마윈과 협력하는 밑그림을 그렸다.

내가 한국어로 번역한 『알리바바 마윈의 12가지 인생 강의』는 20쇄를 넘게 찍을 정도로 큰 인기를 누린 베스트셀러가 되었고, 국내 기업인들과 독자들에게 마윈 열풍을 불러일으켰다.

내가 마윈과 인연을 맺게 된 것은 정말 우연이었다. 독학으로 중국어를 공부한 후 꾸준히 중국 기관이나 단체와 교류해왔다. 중국과 다양한 네트워크를 구축하며 한국과 중국의 비전을 모색하던 때였다. 2014년 중국 지인들은 내게 자주 "지금 중국에서 알리바바의 마윈이 혁신기업가로 돌풍을 일으키고 있다"라고 말했다. 그뿐만이 아니었다. 베이징에서 변호사로 활동하고 있는 친구 멍아이화에게 좋은 중국 도서를 우리나라에 소개하고 싶다고 하였더니 곧바로 마윈 이야기를 다룬 책을 추천해 주었다.

"도대체 마윈이라는 인물이 어떤 인물이길래 전부 '마윈, 마윈' 하는 걸까?"

마윈은 독특한 이미지와 캐릭터, 그리고 엄청난 도전정신과 열정을 가진 기업인이었다. 나 또한 그의 매력에 금세 푹 빠져들고 말았다. 여러 곳에서 마윈을 알아보았고, 여러 책 중 이 도서가 마윈의 메시지를 가장 잘 소개했다고 판단했다.

'이 책을 번역해 대한민국에도 마윈이라는 인물을 소개해 주자! 한국인들에게도 틀림없이 엄청난 영감을 줄 거야!'

나는 즉각 실행에 옮겼다. 곧바로 중국 출판사를 찾아가 협상하여 대한민국에서 출간할 수 있는 독점 출판권을 확보했다. 국내에 돌아와 번역작업을 완료한 후 '매일경제신문사'에 의뢰하여 2014년 11월 국내에 같은 제목인 『알리바바 마윈의 12가지 인생 강의』를 출간했다.

마윈은 어떤 인생을 살았을까? 1964년 항저우에서 태어나 힘든 어린 시절을 보낸 마윈은 영어를 제외하고는 모든 과목, 특히 수학 성적이 좋지 않아 여러 번 시험 실패를 경험했다. 결국 3수 끝에 전문대 격인 항저우사범학원 외국어학과에 입학하게 된다.

대학교에서 영어 강사로 일한 후 인터넷을 이용한 기업홍보사업을 했으나 결과적으로 실패했다. 그러나 각고의 노력 끝에 1999년 자기 아파트에서 차린 알리바바가 성공하여 미국 이베이와 아마존을 합친 것보다 더 많은 매출을 올리는 인터넷 기업이 되었다. 기업명 알리바바는 '알리바바와 40인의 도적' 이야기에 나온 이름이다. 이젠 세계인이라면 누구나 알고 있고, 어느 나라나 똑같은 발음을 하는 그 알리바바다.

알리바바가 탄생하기까지 많이 알려진 한 유명한 일화가 있다. 알리바바는 마윈 자택에 모인 18명의 창업 멤버가 하루 17시간씩 일해서 1999년 3월 홈페이지가 완성되면서 출발한다. 하지만 시작은 호락호락하지 않았다. 4개월이 지난 1999년 7월에는 빚을 내서 직원들의 월급을 줘야 할 지경이 됐다. 마윈은 투자받기 위해 혼자 동분서주했다. 이 과정에서 무려 38차례나 투자요청을 거절당해야 했다.

마윈은 포기하지 않았다. 그 결과 39번째 그의 도전에 세상이 응답했다. 2000년 소프트뱅크 손정의 회장의 투자를 받게 된 것이다. 2천만 달러 규모였다. 마윈이 손정의 회장에게 투자받은 이 돈은 후에 알리바바가 상장되면서 578억 달러로 거의 3,000배 불어났다.

내가 번역한 책에는 마윈이 누구보다 심한 '흙수저'였고 무수한 실패자였다는 사실에 주목한다. 그러나 수많은 거절과 실패에도 좌절하지 않았다. 그리고 "당신이 성공했을 때, 당신의 말이 곧 진리가 된다"라는 말이 화제가 될 정도로 유명한 혁신기업가가 되었다. 과연 그의 가치관과 사고방식, 기업경영의 철학은 무엇일까?

『알리바바 마윈의 12가지 인생 강의』에서는 성장과 끈기, 창업과 기회 등 12가지의 알짜 키워드가 소개된다. 나는 이 책을 번역하면서 책 속에 스며든 마윈의 정신에 깊이 공감했다. 인생을 돌아보면 나 역시 마윈과 같은 어려운 시절이 있었기 때문일 것이다. 국내에서 이 책이 대성공을 거두자 마윈 회장과 직접적인 인연이 닿았다. 그를 만나 직접 대화를 나눌 기회도 생겼다. 그렇게 우린 우정을 쌓아갔다. 중국어와의 운명적 만남, 중국과의 운명적 만남, 마윈과의 운명적 만남이 꼬리에 꼬리를 물고 이어졌다. 대한민국과 동북아의 만남도 운명적이었으면 좋겠다.

2019년 미국의 외교·안보 전문잡지 <포린폴리시>는 10년간 세계에 가장 큰 영향을 미친 10인에 마윈을 올렸다. 앙겔라 메르켈 독일 총리, 버락 오바마 전 미국 대통령에 이어 세 번째가 바로 '마윈'이었다.

마윈은 현재 경영일선에서 물러나 있다. 하지만 여전히 그의 다음 행보를 전 세계인들이 주목한다. 세계 최고의 기업을 일구고 최고 부자 반열에 올랐기 때문만은 아니다. 그의 삶에는 지극히 평범했던 사람이 만든 특별한 기적이 있었기 때문이다. 마윈이 한국을 방문해 서울대에서 강연한 적이 있었다. 그는 강연에서 이렇게 말했다.

"불확실한 곳에 기회가 있다. 모두가 좋아하는 방안은 휴지통에 버려라!"

마윈은 자신의 성공 비결에 대해 애초에 돈, 기술, 계획이 없었기 때문에 가능했다고 밝혔다. 불가능을 가능으로, 절망에서 희망으로, 숱한 거절에서 도전으로 운명을 바꾼 한 인간의 의지가 성공의 비결이라는 이야기이다. 그래서 그의 다음 도전이 기다려진다.

Chapt.2
태풍의 눈,
중국을
알아야
우리가 산다

# 중국의 IT 첨단기술, 어느 정도 수준이길래?

　실리콘 밸리(Silicon Valley)는 미국 캘리포니아주 샌프란시스코만 지역 남부를 가리킨다. 이 지역에 실리콘 칩 제조 회사들이 많이 모여있었기 때문에 이같이 이름 붙여졌다. 현재는 온갖 종류의 IT 첨단기술 회사들이 이 지역에서 사업을 벌이고 있다. 애플, 구글, 야후, 인텔, 페이스북, 휴렛팩커드, 어도비, 이베이 본사, 시스코 시스템즈, 브로케이드 커뮤니케이션즈, 씨게이트, AMD, 엔비디아, 선마이크로시스템즈, 마이크론, 시만텍, 샌디스크, VM웨어, 핀터레스트, 테슬라 모터스, 오라클, 일렉트로닉 아츠 등 우리가 아는 기업들이 즐비하다.

　그렇다면 중국에도 미국식 실리콘 밸리가 있을까? 물론 있다. 중국의 광둥성(廣東省)에 있는 '선전'(深圳)이 그곳이다. 여기에는 중국을 대표하는 최첨단 정보통신 기업들이 대부분 들어와 있다.

　선전은 지난 1980년대 초부터 선전 개방 정책에 따라 특별 경제 구역으로 지정되어 성장했다. 이제는 여기가 중국에서 가장 혁신적이고 기술 중심적인 도시이자, 벤처창업 하면 중국에서 가장 먼저 떠올리는 지역이다. 화웨이, 텐센트, DJI, 바이두, 삼성전자 중국, 비야디, 하이크비전, 텐센트 뮤직 엔터테인먼트와 같은 기업들이 자리 잡고 있다.

중국을 여전히 '제조업 국가'로 알고 있지만 사실은 그렇지 않다. 지난 10~20년 동안 국가 차원에서 첨단산업을 적극적으로 지원하고 육성해 왔기에 중국의 최첨단 정보통신 분야 기술은 놀랄 정도로 성장했다. 한 예로 중국에서는 국가가 중심이 돼 '중국 국제 빅데이터 산업박람회'를 꾸준히 개최하고 있다. 자본주의 시장의 자유로운 경쟁 방식이 아니라 정부의 총괄적 지휘 아래 '계획적 혁신'으로 중국 경제성장을 설계하고 이끄는 것이다. 이에 따라 정보통신 분야에서 중국은 글로벌 수준의 기업들을 대거 탄생시켰다.

무엇보다 2010년 전후 텐센트, 알리바바 같은 중국 플랫폼 기업들이 빠른 속도로 성장하기 시작했다. 기업과 대학, 국가 연구소가 공산당의 지도하에 전통적 제조업뿐만 아니라 인공지능, 전기자동차, 5G 서비스, 반도체 같은 전략 분야를 적극적으로 육성해 초고속으로 미국이나 세계의 일류기업들을 따라잡았다.

앞에서 소개한 기업 중 중국을 대표하는 3대 거대 IT 기업을 의미하는 BAT가 유명하다. 바이두, 알리바바, 텐센트 홀딩스를 두고 붙여진 이름이다.

특히 화웨이는 5G 분야에서는 세계적인 리더 기업인데, 최근 인공지능 분야에서도 크게 주목받고 있다. 중국의 대표적인 검색 엔진 기업인 바이두 역시 인공지능 분야와 자율주행 분야에 국제경쟁력을 갖고 있다.

중국 최대의 인터넷 기업인 텐센트는 게임, 소셜 미디어, 인공지능 등 다양한 분야에서 혁신적인 기술력과 대규모 인프라 구축 능력을 갖추고 있다.

DJI는 드론 시장에서 세계적인 점유율을 보유하고 있고 한국 삼성전자의 중국 지사인 삼성전자 중국은 스마트폰 및 가전제품 등 다양한 전자 제품을 생산한다. 센스타임이라는 기업은 인공지능 신생기업 중 하나로, 얼굴 인식, 이미지 분석, 자율주행 등 분야에서 선도적인 기술력을 가지고 있다.

보안 카메라와 시스템 제조업체인 다후아도 인공지능, 영상 인식 등 첨단 기술력으로 세계 시장에서 점유율을 높여가는 중이다. 이스트소프트는 현재 전 세계에서 성장하는 공개 소스 소프트웨어 및 클라우드 기술 전문 기업이다.

중국의 드론 배송 서비스 기업 중 하나인 인터넷 쇼핑몰 징동닷컴도 유명하다. 알리바바에 이어 중국 2위 전자상거래 회사인 징동닷컴은 2018년에 이미 드론 배송 서비스를 상용화해 주목을 받았다. 징동의 드론 배송 서비스는 2013년 현재 식료품, 생활용품, 전자 제품 등을 배송 외에도 다양한 산업 분야에서 활용되고 있다. 의료 분야에서는 의약품과 생물학적 표본을 배송한다. 농업 분야에서는 씨앗, 비료, 살충제 등을 배송하고 있다.

중국의 최첨단 IT 기업들은 현재 자국 시장에만 머물지 않는다. 세계 표준화 전략과 선진기술력을 바탕으로 세계 시장에 진출해 세계 소비자를 노리고 있다. 세계 시장은 우리나라, 일본, 미국, 유럽은 물론 동남아시아 및 아프리카 등 발전 도상국까지 가리지 않는다.

특히 IT 기업들은 앞서 소개한 바 있는 '일대일로' 정책을 활용하여 세계로 뻗어가고 있다. IT와 일대일로를 결합한 중국의 전략 프로젝트가 바로 '디지털 일대일로'(一帶一路) 사업이다. 중국 정부와 IT 기업들은 신비단길을 IoT 및 차세대 통신 5G 등의 디지털 기술로 연결한다는 비전을 실현해 내고 있다.

　우리가 주목해야 하는 것은 IT 기업의 세계 시장 장악은 일반 제조 상품 기업의 해외 진출과 질이 다르다는 점이다. 전문가들은 "중국 IT 기업들의 세계 시장 진출은 소리 없는 정보전쟁"이라고 평가한다. 그 이유는 이렇다.
　우선 IT 기업은 '빅데이터'를 기반으로 한다. 해외시장에 들어갈 때는 무료 서비스를 제공한다. SNS나 검색 등으로 무료 가입자를 확보해 방대한 데이터를 수집한다. 그렇게 모인 빅데이터가 비즈니스 수익 창출 모델이 된다. 가령 구글이나 유튜브, 페이스북 등은 인공지능을 통해 개인 정보를 모으고 방대한 연관 정보를 바탕으로 '수요 예측'이나 '고객과 상품 매칭' 같은 상품을 개발해 수익을 올린다. 이는 빅데이터 그 자체가 하나의 무기가 될 수 있다는 걸 의미한다. 정리하면 중국 IT 기업들은 국제 시장에서 다양한 개인의 정보에 접근하여 빅데이터를 활용할 가능성이 점점 커지고 있다.
　중국 IT 기업들은 현재 다양한 분야에서 엄청난 성장을 하고 있다. 더구나 세계 시장에서 강력한 경쟁력을 확보해 나가는 중이다. 우리나라 기업뿐만 아니라 세계적인 첨단기업들도 중국 IT 첨단기업들의 도전을 예의주시하고 있다.

Chapt.2
태풍의 눈,
중국을
알아야
우리가 산다

# 인공지능 기술도
# 세계 최강 미국에 도전장!

인공지능 하면 떠오르는 것이 어느새 알파고에서 '챗GPT' 등 대화형 언어모델로 바뀌었다. 2022년 말 대화형 AI인 챗GPT가 선보이자 세계는 충격에 빠졌다.

한 분야에서 20~30년 경력을 가진 전문가들의 능력을 뛰어넘을 정도로 순식간에 정보와 솔루션, 콘텐츠를 제공했기 때문이다. 대화형 AI란 기기, 챗봇과 같은 앱에서 자연어를 사용하여 사람들과 대화할 수 있는 일련의 기술을 의미하는 용어이다. 인공지능과 사람이 직접 대화 또는 채팅으로 질문하고 답하는 기술이다.

챗GPT란 무엇인가? '채팅'과 'GPT'(Generative Pre-trained Transformer)의 약자를 결합한 말이다. Generative(생성형)란 문자열, 그림, 음악, 음성 등을 생성한다는 의미이며, Pre-trained(사전학습)란 미리 학습했다는 의미다. Transformer(변환기)는 인공지능 모델 중 하나다. 그러니까 챗GPT는 우리말로 풀이하면 '생성형으로 사전에 훈련된 변환기와의 대화'쯤이 될 것이다.

AI챗봇 분야에서 세계 최고의 인공지능 기업들이 인공지능 시장을 차지하기 위해 현재 치열한 경쟁을 벌이는 중이다. 2023년 가장 화제가 된 챗GPT 외에 구글에서도 'LaMDA'(Language Model for Dialogue Applications)라는 상황에 맞는 자연스러운 대화형 언어모델을 발표했고, 마이크로소프트사는 '다이알로GPT', 페이스북은 '블렌더', 아마존은 '아마존 렉스'를 출시했다.

전문가들에 따르면 2025년에는 AI가 전체 온라인 콘텐츠의 90%를 차지할 수 있다는 이야기도 나온다. 다가오는 가까운 미래에는 인공지능이 생산한 정보, 애니메이션, 영화, 웹툰, 소설, 미술, 캐릭터, 영상물, 교육자료, 정보 뉴스, 콘텐츠 등이 쏟아질 것으로 전망한다.

챗GPT 같은 대화형 AI 시스템을 사용해 본 경험이 있는가? 그렇다면 단순한 검색 엔진의 시대가 가고 인공지능이 모든 콘텐츠를 생산하는 시대가 오며 거기에 미래의 부가 몰릴 것이라는 예측이 결코 과장이 아님을 알게 된다.

중국의 대화형 인공지능 기술력은 어느 정도일까? 중국의 기업들도 이미 미국기업과 대적할 만큼 기술력을 가지고 있다고 평가받고 있다. 당연히 중국 기업들도 줄줄이 AI챗봇을 출시하고 있다.

대표 기업은 세계 검색 엔진 시장 점유율 3위의 바이두이다. 이 기업이 내놓은 챗봇 서비스 명칭은 '어니봇'이다. 'Enrnie'는 '지식 통합을 통한 향상된 표현'(Enhanced Representation through Knowledge Integration)의 약자다. 중국명은 '원신이옌'(文心一言)이다.

언어에 대한 이해도를 높이고 언어 생성과 텍스트-이미지 생성을 포함한 작업을 수행할 수 있도록 성장시켰다. 바이두 측은 "어니봇은 광범위한 지식과 데이터를 통합해 생성 능력을 제공하는 것이 다른 언어모델과 다른 점"이라고 설명했다.

바이두는 언어모델인 '두 시아오시아오'로 많은 주목을 받았다. 이 모델은 어렵기로 소문난 중국 국립대학 입학시험에서 대부분 학생보다 높은 점수를 받은 글을 써 화제를 모으기도 했다.

중국의 글로벌 기업 '텐센트'도 이미 지난 2017년 6월 자체 AI 비서 '샤오웨이'를 출시한 적이 있다. 샤오웨이는 음성 인식, 자연어 처리, 기계학습 등의 기술을 활용하여 다양한 역할을 수행한다.

알리바바 역시 인공지능 비서인 '알리지니'를 출시해 각종 기기와 전자 제품에 활용하고 있다. 알리지니는 음성 인식, 자연어 처리 등의 기술을 이용하여, 사용자가 음성으로 질문하면 답변을 제공한다.

중국의 기술 대기업인 텐센트와 알리바바가 개발한 AI 언어모델이 이해력 평가에서 인간을 앞섰다는 평가도 있었다. 알리바바 측은 이런 성과에 대해 "AI 언어모델의 중국어 이해가 새로운 수준에 도달했다는 의미"라고 설명했다.

대화형AI 기술력은 '인간형 로봇' 개발과도 직결돼 있다. 로봇이 행동의 영역이라면 대화형AI 기술은 로봇의 두뇌에 해당하기 때문이다. '챗GPT'와 같은 AI를 탑재한 휴머노이드가 나오는 건 앞으로 시간문제이다. 공장의 노동자나 전쟁터의 군인도 인간형 로봇이 가능해진다. 이를 두고 '로봇 패권 시대'라는 말도 유행하고 있다. 그도 그럴 것이 인간형 로봇은 AI, 6G, 빅데이터, 머신러닝, 하드웨어 등 첨단기술의 집약체이기 때문이다.

로봇 패권을 차지하기 위해 가장 강력하게 부딪치는 국가 역시 현재 미국과 중국이다. 미국과 중국 두 패권국은 로봇 산업을 미래 '전략자산'으로 인식하고 있다. 당연히 두 나라는 국가 차원에서 인공지능과 로봇 산업 집중 육성에 나서고 있다.

미국 내에서 이뤄진 로봇 투자는 200억 달러(약 26조 8,260억 원) 규모(2021년 기준)로 전 세계 투자액의 60%를 차지한다. 중국 역시 2025년까지 로봇 산업 매출액을 연평균 20% 이상 높이겠다는 계획안을 발표했다. 그리고 상하이를 비롯해 베이징, 선전, 둥관, 선양 등 10곳에 달하는 로봇 산업 클러스터를 조성했다.

우리는 중국과 미국의 인공지능과 로봇 패권 경쟁을 냉정하게 바라볼 필요가 있다. 미래 경제력은 인공지능과 로봇 기술력에서 나올 것이란 예측은 이제 유치원생도 알 수 있게 됐다.

이쯤에서 우리를 돌아보게 된다. 우리는 지금 인공지능과 로봇 시대를 어떻게 준비하고 있는가? 대한민국 역시 미래 로봇·AI 시장에서 우리만의 경쟁력을 확보하기 위해 고군분투 중이다. 핵심기술에 대한 투자, 전문 인재 양성, 시장 네트워크 연결, 제조·소재·부품 사업 전략을 체계적으로 세워 우리만이 할 수 있는 비전을 모색해야 한다.

국가 차원의 지원과 전략도 필요하다. 특히 동북아라는 밑그림 아래 한·중의 기술협력을 강화한다면 우리는 더 많은 기회를 얻을 수 있을 것이다.

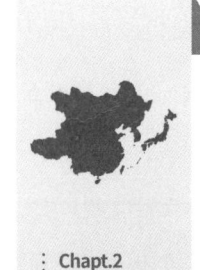

# 우주 시대를 준비하는 중국

Chapt.2
태풍의 눈,
중국을
알아야
우리가 산다

여기 중국 영화 한 편을 소개한다.

2061년, 노화된 태양은 적색거성으로 변해 300년 이내 지구의 궤도를 집어삼킬 것으로 위협하고 있다. 세계 각국은 인간 문명을 보존하기 위해 태양계에서 4.2광년 떨어진 알파센타우리 시스템으로 지구를 옮기는 프로젝트에 착수한다.

지구를 이동시키는 방법은 지구에 행성 엔진을 다는 것인데 이 프로젝트가 유랑지구 계획이다. 이 임무를 수행하기 위해 국제연합(UN)을 '지구 통합 정부'로 개편하고 인류는 유랑지구 계획을 본격 착수한다.

그러나 유랑지구 계획에 반대하는 일부 세력은 유랑지구 계획을 좌초시키기 위해서 테러를 가한다. 유랑지구 계획을 위해 선발된 세계 여러 나라의 우주비행사 중 중국인 류페이창은 동료 후보생 한둬둬와 함께 테러리스트의 음모를 저지한다.

2023년 봄에 중국에서 개봉한 SF영화 이야기다. 중국인 우주비행사의 활약상을 그린 영화 <유랑지구2>는 중국이 지구를 구한다는 메시지를 담고 있다. 다른 나라에선 큰 인기가 없었지만, 중국에선 개봉 한 달 만에 우리 돈 1조 5천억 원이 넘는 수입을 올릴 정도로 대박을 터뜨렸다. 지구 멸망이라는 우주적 관점에서 중국이 지구를 구한다는 블록버스터 영화에 중국인이 화답한 것이다.

그런데 정말 이 영화는 중국인의 판타지에 불과한 것일까? 그렇지 않을 수도 있다. 중국과 우주 강국, 우리에게 좀 생소하게 느껴지는 조합일 수도 있다. 하지만 중국의 우주 산업은 우리가 생각하는 것보다 훨씬 막대한 투자를 하고 있으며 앞선 기술력을 자랑한다.

최근 중국 우주 산업 분야의 주요 지표를 살펴보자. 인공위성 발사 수는 2020년 기준 39개로 세계 1위를 차지하고 있다. 우주비행사는 현재 11명을 보유하고 있다.

중국은 2021년 4월, 첫 번째 우주 정거장을 성공적으로 발사하였으며, 이로써 미국과 러시아에 이어 세계에서 세 번째로 우주 정거장 운영 국가가 됐다. 사실 중국은 현재 화성 탐사를 진행하고 있는 국가이기도 하다. 지난 2020년, 중국은 화성 탐사 기술에 대한 발전을 위해 탐사선을 발사하였으며, 세계에서 두 번째로 화성까지 도착한 국가로 기록되었다.

우주 산업과 관련한 기술력은 어떨까? 우주선 발사에 가장 중요한 역할을 하는 로켓 기술도 중국은 세계에서 선두 그룹에 속한다. 그동안 로켓 기술 개발에 대한 투자를 지속해왔기 때문이다. 장장 5m급에 달하는 로켓 '장마-5'는 세계에서 가장 높은 운반 능력을 지닌 로켓 중 하나로 알려져 있다.

이처럼 중국은 우주 분야에 엄청난 투자를 하며 세계적인 우주 강국으로 부상하고 있다. 그동안 우주 산업은 양대 산맥이었던 러시아와 미국의 양강 경쟁체제였다. 이제 중국은 우주 산업 패권국인 미국을 위협하거나 적어도 대등하게 경쟁을 벌이는 나라로 성장했다.

중국에서 추진 중인 우주 산업은 다양한 분야에서 활발하게 진행 중이다. 지난 2022년 1월에는 중국 과학자들이 달과 같은 환경을 갖춘 연구시설인 '인공 달'을 만들었다고 홍콩 사우스차이나모닝포스트가 보도한 적이 있다.

중국광업기술대학 연구진이 장쑤성 쉬저우에 만든 이 시설은 달에 있는 것처럼 가벼운 암석과 먼지로 구성됐다. 중력은 지구의 6분의 1이고, 대기가 없으며 기온이 극단적으로 변화하는 달의 환경을 재현해냈다.

인공 달 프로젝트를 지휘한 한 과학자는 "이런 종류의 시설은 세계 최초"라며 "인공 달은 달 기지 건설을 비롯해 향후 중국의 달 탐사 임무에서 핵심을 수행할 것"이라고 소개했다. 인공 달 프로젝트는 실제 달 탐사에서 시행착오를 피하기 위함이다. 중국은 실제 달에서 3D 프린팅 같은 기술을 활용해 건물을 지을 계획을 세우고 있다.

중국은 또 2021년 5월 화성 표면에 착륙선 '주룽'(祝融)을 착륙시키는 데도 성공했다. 이는 전 세계의 이목을 집중시켰다. 러시아가 번번이 실패했고 미국도 절반은 성공하지 못한 화성 착륙을 중국은 단번에 성공했다는 평가를 받았기 때문이다.

우주 정거장 '톈궁(天宮) 프로젝트'도 주목할 만하다. 중국이 건설한 우주 정거장 톈궁은 표면 위 340~450km 사이의 저궤도에서 중국 유인 우주국이 운영하는 영구 유인 우주 정거장이다. 지난 2022년 12월 독자 우주 정거장 톈궁을 완공한 중국은 앞으로 매년 두 차례씩 우주비행사들을 파견하며 본격적인 우주 정거장을 활용하기로 했다.

이렇게 되면 중국의 우주비행사들은 정기적으로 우주에 보내져 순환 근무하게 된다. 중국은 매년 여러 번 유인우주선을 발사해 우주 정거장에 도킹시킬 예정이다. 계획이 성공하면 이 우주 정거장에서 중국의 우주비행사들은 다양한 과학 실험을 하고 지구의 청소년들을 대상으로 과학 교육 등도 진행할 수 있다.

타 대륙 정복 시대는 지났다. 온라인 정복 시대도 거쳤다. 다음 인류문명의 승자는 우주 정복자가 될 것이라는 말이 있다. 바야흐로 우주 정보 시대가 다가오고 있다. 전문가들 사이에서 미래는 '인공지능'과 '인간형 로봇'과 더불어 '우주 산업'이 결정할 것이라는 전망이 쏟아져 나오고 있다. 중국은 인공지능과 인간형 로봇과 더불어 우주 산업까지 우리의 생각보다 훨씬 도전적이고 앞서 있다.

Chapt.2
태풍의 눈,
중국을
알아야
우리가 산다

# 전기차·자율주행차 시대를 연 중국의 자동차 시장 파워

　2023년 새해 '전기자동차' 시장 추세에 대한 흥미로운 뉴스가 나왔다. 2022년에 테슬라를 제치고 중국 기업 비야디가 세계 전기차(플러그인 하이브리드 포함) 판매량 1위를 차지했다는 내용이었다. 테슬라는 한 해 131.4만 대 판매에 그쳤다. 하지만 비야디는 중국의 엄청난 내수 시장을 등에 업고 187만 대를 팔았다.

　비야디는 중국의 대표적인 전기자동차 기업이다. 2021년에는 61만 4천 대 판매로 세계 4위였다. 하지만 단숨에 판매량을 204.6% 늘리며 선두를 차지했다. 2022년 중국 전기차 판매량이 655만 8천 대로 전년(332만 7천 대) 대비 97.1% 성장했다는 점이 한몫했다.

　비야디는 최근 구글의 모기업인 알파벳의 자율주행 기술 부문인 웨이모와 제휴를 맺어, 자율주행 기술에도 엄청난 투자를 하고 있다고 한다.

　중국의 인터넷 검색 엔진 빅테크 바이두는 지난 2022년 핸들을 분리할 수 있는 자율주행 자동차를 공개하고 2023부터 중국 로보택시 서비스에 투입하기로 했다. 바이두가 내놓았던 '아폴로 RT6' 모델은 운전자의 관여 없이 자동으로 주행하는 단계인 '레벨 4' 자율주행 시스템을 장착한 것으로 상용화 시기 면에서 경쟁 상대인 미국 테슬라를 앞선 것으로 평가되고 있다. 미국 월 스트리트 저널은 "바이두가 자율주행차 개발 경쟁에서 미국 테슬라를 앞서 나가고 있다"라고 보도하기도 했다.

앞서 2021년 7월에 바이두는 "우리가 개발한 로보택시가 인간 운전자보다 도심 교통의 다양한 시나리오를 잘 처리하는데, 성공률이 99.99%에 달한다"라고 밝혔다. '아폴로 고'라고 불리는 바이두의 이 로보택시 서비스는 광둥성과 베이징을 포함한 중국 4대 도시의 지정된 지역에서 사용할 수 있다.

세계 전기자동차 판매량 2위에 오른 테슬라 바로 아래에는 어떤 기업들이 올라 있을까? 줄줄이 중국 기업이 차지하고 있다. 3위에는 중국의 기업인 상하이자동차가 올라 총 97만 8천 대를 팔았다.

블룸버그NEF의 2022년 전기차 전망에 따르면 "중국은 2040년까지 약 1,200만 대로 세계 최대 규모의 로보택시 차량을 운영할 것이며, 미국은 약 700만 대의 자율주행 차량을 운영할 것"이라고 예상했다.

14억 인구가 만들어 내는 시장과 일정 수준에 오른 기술력과 가격경쟁력이 전기차와 자율주행차 등 미래형 중국 자동차의 가장 강력한 무기다. 이런 장점을 등에 업고 중국 기업은 해외시장을 개척하고 있다. 친환경 자동차의 선두 주자이자 일찍 전기차에 투자해 온 중국 기업들의 성장 속도가 너무 빨라 앞으로 어디까지 나아갈 것인지 쉽게 가늠할 수 없게 됐다.

그렇다면 우리나라 자동차 기업의 판매량 수준은 어느 정도일까? 현대자동차그룹은 2021년(36만 3천 대)과 비교해 40.9% 증가한 51만 대를 팔아 세계 5위를 차지했다. 하지만 2022년에는 6위로 한 계단 떨어졌다. 현대차그룹은 2022년 기준 유럽 전기차 시장 점유율 10%를 기록했다. 미국 시장에서는 테슬라(65%)와 포드(7.6%)에 이어 점유율 7.1%를 기록하며 3위에 올랐다. 종합적으로 보면 나름대로 선전했다는 평가를 받고 있다. 현재 전기자동차 시장은 거대한 중국과 미국의 대결 사이에서 한국 기업이 틈새를 노리는 형국이다.

중국과 한국은 언젠가 동북아에서 자동차 시장을 두고 협력과 경쟁을 펼칠 날이 올 것이다. 우리도 미래 전기자동차 혹은 자율주행 자동차 시장에서 창의적인 비전이 필요하다. 우리나라 기업만의 차별적인 상품 인지도와 수준 높은 품질, 가격경쟁력을 동시에 가져야 한다.

# 『4차산업혁명 따라잡기』를 번역하며 알게 된 것들

Chapt.2
태풍의 눈,
중국을
알아야
우리가 산다

    4차산업혁명은 단순한 구호가 아니다. 세계의 경제질서를 변화시키고 우리의 삶을 바꾼다. 미래 우리가 또 대한민국이 어떻게 생존할 것인가에 대한 질문을 던지고 있다. 인공지능, 챗GPT, 자율주행 자동차, 빅데이터, 인간형 로봇, SNS, 메타버스, VR·AR·MR·XR 가상기술 등은 우리의 직업을 바꾸고 교육과 사고 패러다임을 바꾸고 있다.

    단순 데이터를 수집하고 정리하는 일은 사무직 직원 대신 챗GPT가 단숨에 처리한다. 공장에서는 인간형 로봇이 일한다. 안내, 판매, 식당 서비스, 배달도 챗봇, 로봇이나 드론, 가상 캐릭터가 대신한다.

    전쟁이나 테러 진압은 어떨까? 인공지능을 장착한 전투형 로봇이 병사를 대신한다. 그렇다면 콘텐츠 산업은? 영화나 드라마의 배우나 뉴스 진행자가 실물과 똑같은 아바타로 교체될 것이다. 의료기관 역시 다를 바 없다. 인공지능이 의사를 대신해 진단하고 처방전을 쓰거나 수술까지 하는 날이 곧 다가올 것이다. 교육 현장도 마찬가지다. 교사나 교수의 역할이 달라질 수도 있다. 인공지능 캐릭터가 강의하고 인간 교사나 교수는 개인 상담이나 창의적인 해결방안들을 지도하는 한정된 역할을 담당할 수도 있다.

나는 사회와 세상의 변화에 민감하다. 우리는 어디를 거쳐 어떤 미래로 걸어가고 있는지 늘 관심이 많다. 그 이유는 변화에 항상 답이 들어있다고 믿어서다. 창의적인 아이디어는 언제나 변화에서 나온다. 그래서 나는 딱딱한 법률정보를 다루는 변호사이면서 동시에 세상의 변화를 관통하는 4차산업혁명에 관심이 많다.

왜 우리에게 4차산업혁명을 이해하는 것이 중요한가? 거기에 무수한 질문과 답이 들어있기 때문이다. 대한민국이 도약하고 꾸준히 성장하는 길은 어디에 있을까? 우리는 세계에서 어떤 역할을 담당해야 할까? 우리의 아들딸과 미래 세대에게 어떻게 평화와 번영을 물려줄 것인가? 그 답을 4차산업혁명에서 찾을 수 있다.

나는 평소 4차산업혁명 시대를 최대한 인문학적 관점에서 접근해 보려고 노력한다. 이공계 출신도 아니고 기술자도 아니었지만 『알리바바 마윈의 12가지 인생 강의』를 우리말로 번역하다 어느새 IT 기술이 창조해 나가는 4차산업혁명 시대에 대해 더 깊이 연구하게 됐다. 연이어 중국 출간 서적 『4차산업혁명 따라잡기(4차산업 시대 살아남기 총망라)』도 번역해 국내에 소개하기로 결심했다. 중국의 영상 토크쇼인 '논리 사유'의 창시자인 뤄전위가 4차산업혁명의 미래와 개인이 나아갈 바를 제시한 미래 전망 경제경영서였는데 2017년 같은 제목인 『4차산업혁명 따라잡기(4차산업 시대 살아남기 총망라)』로 국내 출판사에서 출간됐다.

우리가 4차산업혁명을 어떻게 준비하고 활용해야 하는지를 여러모로 소개했고, 경제경영서라고는 하지만 인문학적 성격을 지니고 있어 누구에게나 지적 재미를 안겨준다.

책을 번역하면서 4차산업혁명 시대에 적응하기 위해서는 지금까지 학교 교실에서 진행해 왔던 맞춤교육에서 벗어나 창의력을 높이는 교육으로 전환해야 한다고 생각하게 됐다. 인공지능이 지배하는 4차산업혁명 시대에는 특히 '생각하는 힘'이 필요하다는 걸 새삼 느꼈다.

이 책의 출간을 계기로 2018년 나는 서울대학교에서 4차산업혁명과 미래 세대를 주제로 젊은 학생들에게 강의할 기회를 얻었다. 4차산업혁신교육연구소가 주관한 이 강연에서 나는 평소 생각했던 다양한 마음속 이야기를 들려주었다.

4차산업혁명이란 무엇인가? 첨단 정보통신 기술이 경제, 사회 전반에 융합되어 혁신적인 변화가 나타나는 차세대 산업혁명이다. 모든 것이 연결되고 보다 지능적인 사회로의 변화가 일어나는 세상이다. 사물인터넷, 3D프린터, 자율주행 자동차, 무인 진료 시스템 등도 점점 우리 삶 깊숙이 들어오고 있다.

3D프린터는 단순히 입체 창조물을 출력해 내는 개념뿐만 아니라 IT보다 더 큰 개념으로, 기계가 기계를 생산하고 생물학적 모델에 따라 기계를 구축하는 세상을 여는 도구이다. 기계의 생산은 생산비를 낮추고 효율성을 발휘하여 '다품종소량생산'의 시대를 열어 개인 맞춤형 생산물을 창조해 내는 시대를 앞당기게 될 것이다.

4차산업혁명 시대가 현실이 될수록 우려의 목소리 또한 커지고 있다는 사실도 잘 안다. 특히 사람들의 일자리를 줄이게 될 거란 걱정이 크다. 택시가 자율주행차로 운영되고, 원격 무인 진료 시스템이 활용될 것이다. 은행 풍경은 달라지고 근무 시간도 단축된다. 직장이나 직업, 실업에 대한 견해도 달라지고 서비스업종의 증대는 분명 위기이다. 하지만 새로운 변화의 대세는 그 누구도 거부할 수 없다. 변화는 사라지는 걸 만들기도 하지만 그만큼 많은 기회도 창출할 것이다.

　많은 사람은 또 로봇이 인간을 위협할 것이라고 걱정한다. 나는 그렇게 생각하지 않는다. 로봇과 인간은 대립의 관계가 아니라 보완 관계를 만들어갈 수 있다고 믿기 때문이다. 우리 인류는 집단지성을 통해 끝내 가장 적당한 관리 시스템을 구현해 낼 것이다. 이외에도 4차산업혁명으로 인하여 실업문제, 부의 양극화 심화 등 다양한 사회문제나 법률문제도 발생할 수 있다. 하지만 이런 어려움보다 더 많은 혜택이 우리에게 돌아올 것이다.

　나는 강연에서 미래 세대에게 "4차산업혁명 시대 당당한 주인공이 되고 싶다면 창의력과 호기심을 키우라"고 조언했고, 특히 인문계 친구들에게 4차산업혁명이 더욱 중요하다고 강조했다. 문과 학생들은 더러 오해하는 경우가 있다. "4차산업혁명은 이과와 관계된 일 아니야? 나랑 무슨 상관?" 그러나 그렇지 않다. 4차산업혁명의 중요한 키워드를 자신의 관심 분야와 어떻게 연결하고 결합하고 활용할지 분석하는 자세가 꼭 필요하다. 거기에 혁신이 나오고 창업기업이 탄생할 수 있다. 오리건주 포틀랜드에 있는 리드 칼리지 철학과에 잠시 다녔던 문과생 스티브 잡스처럼 말이다.

　혹 페르마의 '마지막 정리'에 대해 들어본 적이 있는가? 페르마의 마지막 정리는 'n>2일 때, $x^n+y^n=z^n$ 방정식을 만족하는 양의 정수 x, y, z는 존재하지 않는다'는 것이다. 1637년 프랑스의 수학자이자 변호사였던 페르마는 "나는 경이적인 방법으로 이 정리를 증명했지만, 이 책의 여백이 너무 좁아, 여기에 풀이를 적지는 않는다"라고 자신의 노트에 기록했다.

페르마는 죽었고 그가 어떤 방법으로 이 문제를 증명했는지는 알려지지 않았다. 물론 정말 페르마가 문제를 풀었는지 아니면 후세대에게 미션을 재치 있게 넘겼는지 알 수 없다. 다만 사람들은 여전히 페르마가 여백으로 남겨두었다는 풀이를 찾아내려고 유쾌한 수학 놀이를 즐긴다.

페르마의 에피소드는 우리에게 인문학적 통찰을 던져준다. 인류의 어떤 위대한 업적도 목적성에 의해서만 만들어지는 것이 아니라 작은 벽돌과 기와를 하나하나 쌓아나가듯이 재미있고 흥미로워야 가능하다는 것이다. 페르마가 여백 속에 감춰둔 수학 놀이처럼 우리의 청소년들과 청년들이 하고 싶은 일을 찾아 그 일을 유쾌하게 즐기길 바란다.

4차산업혁명 시대를 살아가는 우리는 따라잡을 것인가 따라잡힐 것인가? 선택은 우리 손에 달려 있다. 그리고 변화와 풀이를 유쾌하게 즐길 것인가도 우리의 의지에 달려 있다.

국가적 차원에서 미래 사회를 준비하기 위해 4차산업혁명에 모든 역량을 쏟아붓는다면 대한민국이 애플과 구글을 앞서고 IT 강국을 넘어 세계에 우뚝 서게 될 날이 올 것이다. 우리는 4차산업혁명 시대의 주인공임을 스스로 선포해야 미래 세상을 당당하게 살아가게 될 것이다.

Chapter

# 3

# 동북아를 아는 자, 미래를 잡는다

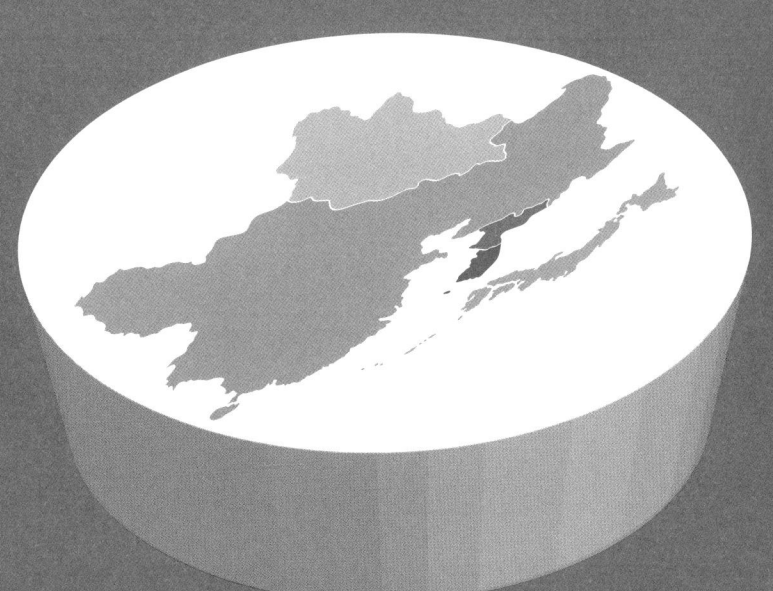

**Chapt.3
동북아를
아는 자,
미래를
잡는다**

# 동양인은 '생각'하지 않는다고?

 1999년 발간된 <타임>지 표지에 "Can Asians Think?"라는 도발적인 제목이 달린 적이 있었다. 세계 최대 규모의 주간지이자 전 세계에서 가장 영향력 있는 잡지인 타임지가 표지에 "아시아인들은 생각할 수 있는가?"를 내건다는 건 당혹스러운 일이었다. 사실 해당 문구는 키쇼르 마흐부바니의 책 리뷰 기사 제목이다. 저자는 유엔 주재 싱가포르 상임대표를 지내고, 유엔 안보리 의장을 역임했던 싱가포르 외교관이자 세계지정학적 분야 컨설턴트였다.

 "Can Asians Think?" 그러니까 이 말은 서양인이 동양인을 무시하거나 폄훼하려는 표현이 아니라, 한 동양인이 '정말 아시아인은 생각할 줄 모를까?'에 대해 스스로 생각하고 분석해 보는 책이라고 할 수 있다. 과연 질문의 답은 어땠을까? 그리고 아시아인은 어떤 '생각의 역사'를 가지고 있는 것일까?

 타임지 기사는 책의 주요 내용을 소개하며 동서양의 문명과 함께해 온 '생각의 발전사'를 다음과 같이 정리한다.

 1,000년 전 송나라 시절의 중국은 세계에서 가장 선진국이었다. 현재

로부터 300년 전에도 청나라의 중국은 비슷한 규모의 국가 중 첫 번째 위치에 있었다. 그러나 상황이 달라졌다. 지난 100년 동안은 중국의 추락이 분명했다. 동양은 한없이 쇠락하고 서양이 월등하게 앞섰다. 아시아와 비교해서 서구의 우월성은 기하급수적으로 확대됐다.

  서구의 우월성은 단순히 경제성장이나 과학과 공학 기술만을 의미하는 건 아니다. '생각의 독창성'과 '인류가 세상을 진보시키는 방식에 미치는 영향력'에 관한 것을 포함한다.
  예를 들어보자. 중국이 스텔스 또는 다른 방법으로 최첨단 핵 기술을 확보했을 수 있다. 또 일본이 세계에서 가장 잘 설계된 반도체를 보유했을 수 있다. 그러나 그것을 창조하는 물리학적 이론과 원자구조의 이론적 원리는 순전히 서양에서 만들었다. 서구 패러다임인 뉴턴 물리학이나 양자 역학이 있었기에 가능한 것이다.
  중국은 서양의 경제학자인 케인스와 프리드먼의 이론을 사용하여 시장경제 시스템을 재구성하려고 시도하고, 동시에 마르크스를 호출하며 심지어 미국계 다국적 투자은행인 골드만 삭스를 재정 자문기관으로 선택해 정치 체제를 구축한다.
  대만은 중국 사상가들보다 고대 그리스 철학자들에서 영향을 받은 민주주의를 채택해 운영하는 대표적인 국가이다. 일본의 경우 지도자들은 서명식을 위해 꼬리가 달린 서양식 정장 연미복을 입는다. 동양의 국가들은 미국의 명문대학들에 입학하려고 애를 쓰고 이들 명문대 학위를 좋아한다.

  타임지는 이렇게 동서양의 현주소를 냉정하게 소개하며, 책의 저자 입을 빌어 다음과 같은 질문을 던진다.

"왜 서구의 사상이 아시아의 현실 세계를 만들고 있는지 돌아보는 것에서 그치고 아시아인이 주목받는 데 관심을 가지지 않는가?", "왜 아시아인은 아시아에서 노벨상을 받기 힘들고, 서구에 온 아시아인들은 많은 노벨상을 받을까?" 이는 곧 아시아인이 생각을 못 하는 게 아니라 생각을 잘할 수 없는 환경에 있다는 걸 의미한다고 지적한다.

타임지는 그런 환경, 즉 '아시아인들이 생각하지 못하게 만드는 문화'에 대해 다양한 원인을 분석하고 있다. 영어 원문을 나름대로 번역하여 이해하기 쉽게 주요 키워드별로 정리해 보면 다음과 같다.

- **연공 서열 문화** 재능 있는 이민자들은 기존 계층이 두뇌보다 연공 서열을 존중했기 때문에 아시아를 떠나야 했다고 말한다.
- **암기 주입식 교육** 생각하는 힘을 키우는 교육이 아니라 암기 위주의 교육을 진행한다. 동양의 학교나 대학은 사회의 기본 가치를 반영한다. 딱 떨어지는 답이 존재하며 그 답은 책이나 권위자가 결정한다는 정신이 아시아에 뿌리내리고 있다. 교사는 진리를 분배하고 부모는 항상 옳으며 정치 지도자는 더 잘 알고 있다는 믿음이 아시아에 있다.
- **권위주의** 동양의 지도자들은 왕처럼 행동하며 종종 도전받지 않는 진부한 말을 한다. 공개적으로 권위에 의문을 제기하는 것은 무례하고 비아시아적이며 유교적이지 않다고 믿는다.
- **민주적인 절차 부재** 지도자들은 규칙이나 법을 정하지만 그들 자신은 거의 규칙을 준수하지 않는다. 일본이 아시아에서 가장 빨리 선진국이 된 것은 1868년 메이지 유신 기간에 기존 가치를 바꾸었기 때문

이다.
- **학습, 공부에 대한 인식** 아시아인은 공부나 학습을 국가시험에 합격하는 것으로 인식한다. 현대에도 그리 다르지 않다. 학습이나 공부는 일자리를 얻는 수단이나 매력적인 수입을 얻는 도구라고 생각한다. 돈이 안 되는 공부는 사치라고 여긴다.
- **창의성의 부재** 여러 세대에 걸쳐 전해 내려온 뒤틀린 질서 중심의 유교 철학이 아시아의 창의적 사고를 훼손하는 데 지독한 역할을 했다. 지식의 모든 중요한 발전에는 기존 체계의 실질적인 수정 또는 거부가 포함된다. 과학자들은 그것을 '패러다임의 전환'이라고 부른다. 질서를 위한 질서는 창조적 사고의 반대다.

그렇다면 아시아의 현실을 극복할 방법은 무엇일까? 타임지는 "세상을 바꾸는 데는 몇 가지 강력한 아이디어만 있으면 된다"고 소개하면서 "아시아의 정신을 틀에 가두는 공산주의, 유교, 카스트 등의 고정관념을 떨쳐버릴 것"을 주문한다. 그렇게 하면 아시아 지역의 재능은 언젠가 노벨상 목록을 지배하고 재산 개발이 아닌 지적 재산을 통해 세계를 풍요롭게 할 수 있다고 내다봤다. 무엇보다 아시아에서 아시아인들이 창의적인 사고를 펼칠 수 있다는 것이다.

키쇼르 마흐부바니는 비록 뼈아픈 충고를 던지지만, 한편으론 동북아의 비전을 꿈꾸는 우리에게 많은 영감을 던져준다. 타임지 리뷰 기사는 비판에만 그치지 않고 미래 아시아의 잠재력은 엄청나게 크다는 가능성을 제시하고 있기 때문이다.

마흐부바니의 생각은 이렇다. 먼저 서양 문명의 접근 방식과 아시아 문명의 접근 방식은 분명 다르다고 보았다. 그동안 서양 문명이 세계를 지배해 왔지만 문제 해결에 대한 시각이 제한적이고 한계가 있다. 서양은 이해관계가 없는 국가들을 배척하는 경향이 있다. 국가분쟁을 겪고 제국주의 시대를 열었던 게 대표적인 예이다. 그에 비해 아시아 문명은 다양한 역사와 문화를 가진 지역들의 합의체로, 문제 해결을 위해 서양보다 균형적이고 융통성 있는 접근 방식을 가지고 있다. 이것이 아시아의 장래가 밝을 것으로 예측한 근거였다.

특히 마흐부바니는 "다양성과 유연성, 열린 마음을 가지고 있는 아시아의 사고방식이 세계적 문제를 해결하는 데 있어 중요한 역할을 할 수 있으며, 세계 평화와 번영을 위한 해법을 제시할 수 있다"고 밝힌다. 또 "이런 아시아 사고는 서양 문화와 상호작용을 거치면서 중요한 역할을 담당하게 될 것이고 세계적 문제를 함께 해결하는 데 필요하다"고 강조한다.

앞서 지적했던 '아시아인의 생각을 죽이는 요소'들을 극복하고, 기존의 고정관념을 깨부수고, 자유로운 창의가 가능한 문화를 만들어간다면 아시아인의 사고력은 훨씬 강력해질 것이다. 우리는 동북아 시대를 열고 앞당겨야 한다. 그러기 위해서는 키쇼르 마흐부바니의 충고와 확신을 되새겨볼 필요가 있다.

**Chapt.3
동북아를
아는 자,
미래를
잡는다**

# 동양이 서양보다 뛰어난 것은 정말 없을까?

동양과 서양은 차이가 크다. 가장 근원이 되는 정신세계부터가 다르다. 서양의 정신사는 헬레니즘과 헤브라이즘 사상을 바탕으로 개인주의 및 합리적 사고를 추구하며 물리적 경험적 철학을 발전시켰다.

헬레니즘이란 그리스의 대서사시 「일리아스」에 나오는 등장인물 헬렌에서 나온 말로, 고대 그리스 문명에서 볼 수 있는 인간 중심으로 생각하는 사상이다. 헬렌은 전설적인 인물이지만 '그리스의 어머니' 정도로 이해하면 된다. 고대 그리스철학이 인간, 사회, 정치, 민주주의 제도의 기본이념이 되었고 그리스신화는 상상력과 문학, 예술에 영감을 주며 많은 영향을 미쳤다.

헤브라이즘은 고대 히브리인의 신화 및 종교, 문화를 그 원류로 형성되어온 사조로 유대교와, 유대교에서 나온 기독교의 사상과 문화를 통칭해서 일컫는다. 구약성경을 근원으로 하는 헤브라이즘은 유일신을 중심으로 하는 신본주의적 관점을 가졌다. 절대적 도덕성을 지닌 신과 인간에 대한 신의 계시와 그 신앙을 바탕으로 하고 있다.

반면 동양 사상은 고대 인도 철학과 중국 철학을 토대로 삼고 있다. 인도 철학은 자연의 섭리에서 깨달음을 얻고 인간 중심의 철학을 발전시켰다. 인간이 곧 우주라고 생각했고 자연과 인간, 인간과 인간의 조화나 중용이 삶의 원리가 됐다. 동양철학은 내면의 성장과 깨달음을 통해 삶의 의미를 발견하고, 인생의 목적과 진리를 깨달을 수 있다고 믿었다.

　인도에서 나온 불교 또한 인간 중심 철학을 기반으로 하고 있다. 중국의 사상가 공자와 맹자, 노자와 장자 역시 인간을 기본으로 삼는다. 유교나 도교는 서양의 신 중심 세계관과는 많은 차이를 보인다. 동양 사상은 현실에서 인간이 자연과 조화로운 삶을 어떻게 추구할 것인가에 대한 궁극적인 답을 찾는 여정이라 할 수 있다.

　동양철학과 서양철학의 가장 큰 차이점은 무얼까? 두 가지를 꼽을 수 있다. 하나는 시간의 개념이고 다른 하나는 집단에 대한 사고이다.

　먼저 시간의 개념에 대한 차이를 알아보자. 서양철학은 시간의 개념을 선형적으로 보지만, 동양철학은 순환적인 것으로 이해한다. 선형적인 시간의 흐름이란 과거-현재-미래 혹은 기-승-전-결을 뜻한다. 말 그대로 한 방향으로 흘러간다는 시간 개념이다. 순환적이라는 말은 회전문처럼 회전한다는 의미를 지니고 있다. 시간이 낮-밤-낮-밤이나 봄-여름-가을-겨울-봄-여름-가을-겨울처럼 일정한 패턴으로 반복된다고 믿는 것이다.

　이번엔 개인과 집단에 대한 인식 차이를 알아보자. 동양철학에서는 개인과 집단 사이의 관계를 조화의 관점에서 보았다. 개인은 집단과 상호의존적인 관계에 있으며, 집단의 이익이 개인의 이익과 결합할 때 진정한 가치를 찾을 수 있다고 생각했다.

　여기에서 개인주의보다는 공동체 의식과 집단문화가 형성됐다. 동양 문화권에서는 '우리'라는 개념이 '나'보다 더 중요하며, 집단을 위해 개인의 이익을 포기하는 것이 순리라고 판단한다.

반면 서양철학은 개인을 독립적인 존재로 여겼다. 이에 따라 개인과 집단의 사이를 경쟁적인 관계로 설정했다. 각자 개인이 최대 이익과 최대 행복을 추구할 때 집단 전체의 이익이 된다는 생각 때문이었다. 이것이 '개인주의'를 강화했다.

물론 여기서 동양철학이 옳냐, 서양철학이 옳냐의 문제를 논하자는 것은 아니다. 지금은 동서양의 철학이 만나 서로의 약점을 보완하고 강점을 융합시켰을 때 지구적 문제를 해결할 수 있다는 걸 누구나 안다. 그러나 과거에는 동서양이 전쟁을 불사하고 대립하고 경쟁하던 시절도 있었다. 대표적인 예가 '아편전쟁'이었다.

1839년부터 1860년까지 중국과 영국이라는 동서양이 맞붙은 전쟁이었다. 영국은 중국으로부터 대량의 차와 명품을 수입한 대가로 아편 수출을 요구했다. 이로 인해 중국 내부에는 아편 중독자 등 사회적 문제가 심각할 지경에 이르렀고 중국은 아편 수입을 전면 금지했다. 영국은 즉각 이에 반발하여 중국과 전쟁을 선포했다. 이 전쟁에서 중국은 영국에 패배했다. 아편전쟁 이후 중국은 영국과 프랑스 등의 열강에 의해 불공정한 조약을 강요당했다. 서양의 문화, 시스템, 기술이 물밀듯이 동양으로 쏟아져 들어왔다. 동양은 서양을 직접 몸으로 경험하게 됐다. 이 전쟁은 그저 단순히 한 차례 겪은 전쟁의 패배가 아니라 서양에 대한 동양의 모든 완패로 평가됐다.

아편전쟁은 동양이 스스로 객관적으로 평가하는 계기가 됐다. 중국은 서양의 영향력이 증가하면서 기술, 문화, 정치, 경제 등에서 서양을 따라가기 위해 다양한 노력을 기울였다. 이른바 '서양 배우기 운동'이며 그중 하나가 '양무운동'(洋務運動)이었다.

양무운동(1861년~1894년)은 19세기 후반, 청나라 말기에 관료들의 주도로 이루어졌던 군사 중심의 근대화 운동이다. 서양 문물을 수용하고 유럽 근대기술의 도입으로 부국강병을 이루겠다는 목표를 설정했다.

 이 시기 일본에서도 서양 배우기 운동이 활발하게 전개됐다. '탈아시아 사상'이 유행하기 시작한 것이다. 이를 통해 일본은 국제적 입지와 서양과의 관계에 영향을 받아 근대화를 이루는 데 큰 힘이 됐다.

 근대적인 동서양의 맞대결에서는 서양의 완승, 동양의 완패를 확인했다. 그리고 많은 세월이 흘렀다. 문명은 돌고 돈다는 말이 있다. 중동의 문명이 유럽으로 이동하고 유럽의 문명이 아메리카 대륙으로 이동했다. 그리고 이제 아메리카 문명이 아시아로 이동하고 있다는 전문가 예측이 쏟아지고 있다. 아시아는 지금까지 개발과 성장이 쉽지 않았다. 그런 상황이었기 때문에 역설적으로 앞으로 폭발적인 개발성장이 가능하다. 중국과 동남아시아, 인도 등 아시아 대륙의 시장은 여전히 크고 넓다.

 동서양이 같은 기술과 원리를 공유한 상태에서 동양적 사상과 철학은 독창성을 발휘할 가능성이 커졌다는 점도 주목할 만하다. 동양은 서양과 다른 직관과 통찰력을 가지고 있다. 서양 학자들은 '양자역학'을 발견하고 논쟁을 벌였다. 이전에 세상의 기본 단위는 원자론 혹은 입자적 사고였다. 그런데 양자역학을 통해 세상의 원리가 때로는 입자이고 때로는 파동이라는 걸 알게 됐다. 어떻게 입자이면서 동시에 파동이기도 하지? 서양은 논쟁과 분란에 빠졌다.

 동양은 애초에 처음부터 양자역학적 사고를 하고 있었다. 어쩌면 동양 사상의 기본은 양자역학이라고 할만하다. 노자는 유연하고 부드러운 것이 강한 것을 이기는 이치를 깨달아 '이유극강'(以柔克剛)을 통찰했다. 여기에 더하여 '명가명비상명'(名可名非常名)으로 이름을 붙이면 이미 그 이름이 아니라는 걸 알았다.

반야심경에는 '색즉시공 공즉시색'(色卽是空空卽是色)이란 말이 등장한다. 색과 공, 즉 있는 것과 없는 것 혹은 입자와 파동이 동시에 존재한다는 의미이다. 서양 과학이 보이는 것에서 보이지 않는 것을 찾은 여정이라면, 동양 사상은 이미 보이지 않는 통찰을 시작했던 것이다.

동양에서는 우주 만물이 음양의 상호작용으로 생성하고 발전한다는 진리를 이미 깨닫고 있었다. 더불어 동양인들은 극단의 모순과 딜레마를 조화와 균형으로 극복하는 것에 가치를 두는 세계관을 뼛속 깊이 각인시켰다. 지금 동서양은 이미 보이는 대부분 과학을 공유하고 있다. 동양은 여전히 서양에 부족한 통찰과 깨달음의 힘이 있다. 직관과 통찰력, 여기에 공동체의 사고와 동북아의 공통적인 문화는 활용하기에 따라 엄청난 힘이 될 것이다.

앞서 소개한 책 『Can Asians Think?』을 쓴 키쇼르 마흐부바니는 아시아의 미래를 낙관적으로 보며 이렇게 말한 적이 있다.

"근면, 효도, 배움에 대한 사랑, 가부장제, 유교적 가족 관계와 같은 아시아인의 가치가 과거에는 잘못된 조언이었을 수 있었지만, 공동체적 유교 사회의 성공으로 판단할 때 21세기 글로벌 성공의 올바른 승리 공식일 수 있다고 믿는다."

나 역시 동서양이 공유한 기술과 동양의 특유한 사상적 토대가 미래 동북아 시대를 열어줄 열쇠가 될 거라고 믿고 있다.

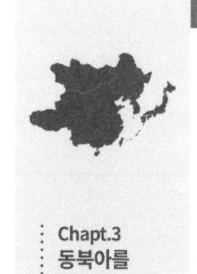

# 왜 세계는 미래 동북아를 주목하는가?

**Chapt.3 동북아를 아는 자, 미래를 잡는다**

'핫스팟'이란 말이 있다. 말 그대로 핫(hot)한 지점으로 전략적 요충지나 혁신의 공간이라는 의미로 자주 사용한다. 핫스팟이 무선통신망이나 경제적 관점에서 다양한 네트워크가 집중되는 장소라면, 전략적 요충지는 군사적인 관점에서 전쟁의 승패를 가를 수 있는 핵심적인 장소를 뜻한다. 또 혁신의 공간은 강력한 성장동력을 바탕으로 세계 경제를 일으켜 세우는 무대로 볼 수 있다.

2010년 이후 현재 한·중·일을 중심으로 한 동북아가 세계의 핫스팟이자 전략적 요충지이자 혁신의 공간이 됐다. 이건 누구도 부인하지 않는 사실이다. 몇 가지 구체적 사례를 살펴보자.

■ 사례 1

통일연구원 <통일+ 2015년> 가을호에는 정성윤 통일연구원 연구위원의 「동아시아의 미래 시나리오와 미국의 대응 전략」이라는 연구보고서가 실렸다. 이 보고서는 국제질서의 안정성 문제와 '패권 질서의 형성'에 대해 분석했다. 먼저 상황분석은 다음과 같이 정리했다.

"미국이 탈냉전 국제질서의 설계자이자 가장 중요한 행위자라는 점과 부상하는 중국이 이에 도전할 것이라는 예상이었다. 현재까지 상황으로 보면 이러한 예측은 정확했다. 중국의 국력 신장과 이를 바탕으로 한 자신감 있는 대외 행보는 전 세계적 차원에서 지도력을 유지하려는 미국의 대전략(Grand Strategy)을 위협하고 있다."
보고서는 이에 따라 현재 추진 중인 미국의 아시아 중시 전략(Pivot to Asia)과 재균형(Rebalancing) 정책은 이러한 현실을 반영한 것이며, 미국의 전략가들은 향후 전개될 미·중 관계가 미국의 미래를 결정할 수 있는 핵심 요소라고 판단했다.

■ 사례 2

한국, 중국, 일본의 총인구는 약 16억 7천만 명 정도이다. 2021년 기준으로, 유럽 연합(EU)의 27개 회원국의 총인구는 약 4억 48만 명이니 4.5배에 달한다. 이 지역은 전 세계의 생산, 수출 및 수입의 중심지 중 하나로 인식되고 있다. 2021년 기준으로, 세계 경제의 총생산량(GDP) 중 약 24%가 동북아시아에서 생산됐다. 중국의 GDP는 전 세계에서 2위를 차지하며, 이로 인해 동북아시아 경제의 비중이 계속 커지고 있다. 또한 중국과 일본은 세계에서 큰 수출국 중 하나이며, 대한민국과 대만도 세계에서 가장 큰 정보통신기술 산업을 보유한 나라이다.

■ 사례 3

글로벌 물류 기업 게브뤼더 바이스사는 지난 2020년 한국지점을 개설하면서 한국은 글로벌 물류 전략의 중요한 '전략적 요충지'라고 밝혔다. 이 기업은 당시 아시아에 32개의 지점을 구성하고 있었다.

게브뤼더 바이스 동아시아 지역 매니저 미카엘 잔켈은 "한국은 아시아에서뿐만 아니라 우리 기업의 글로벌 공급망에서도 중요한 핫스팟"이라고 말했다.

세계는 그동안 미래 동북아를 주목해왔다. 동북아는 미국 중심의 서방 경제와 중국 중심의 동방 경제가 만나는 핫스팟이기 때문이다. 동북아는 현재 미국과 일본 또는 한·미·일의 군사동맹과 중국 및 북·중 군사동맹이 서로 만나는 요충지가 됐다. 동북아는 또 동양철학과 서양철학이 만나는 지점이다. 동북아는 자유민주주의와 사회민주주의가 만나는 국가 체제의 경쟁장이기도 하다. 두 체제의 관계와 모순이 때로는 갈등을 만들지만, 그 경쟁적 갈등이 새로운 창의와 혁신을 낳기도 한다. 따라서 전 세계에서 새로운 경제성장의 동력이 가장 강한 곳이다.

한국과 중국을 보자. 먼저 한국의 성공지표를 살펴보면 우리가 생각하는 것보다 훨씬 대단하다. 한국은 2019년 이미 1인당 국민총소득(GNI)이 3만 달러 이상, 인구 5,000만 명 이상인 국가들인 '30~50클럽'에 가입한 나라다. 유엔무역개발회의(UNCTAD)는 2021년 한국의 지위를 개발도상국에서 '선진국 그룹'으로 변경했다. 이는 1964년 UNCTAD 설립 이래 한 국가를 개발도상국에서 선진국으로 이동시킨 첫 사례였다.

지난 2022년 10월에 미국 뉴스매거진 <US뉴스&월드 리포트>가 발표한 국가별 국력 평가 순위에서는 대한민국이 세계 6위를 차지했다. 게다가 한국은 GDP 순위 10위~12위, 많은 기간산업(반도체, 가전, 조선, 자동차, 석유화학, 철강 등)에서 세계 5위 이내, 수출액에서 세계 5위(한국보다 앞선 나라는 중국, 미국, 독일, 일본), 원자력 산업 6위 등으로 세계

10위 이내 경쟁 분야가 정말 많다.

지난 2022년 미국의 군사력 평가 기관인 GFP(Global Firepower)에서는 세계 142개국의 군사력 순위를 발표했다. 한국은 세계 6위에 올랐다. 방위산업 수출 규모 면에서는 세계 5위권 수준이다.

항공우주산업도 세계 7대 우주 강국에 속한다. 국산 기술로 독자 개발한 한국형 발사체 누리호(KSLV-II) 위성이 2022년 6월 21일 성공적으로 발사됐다. 이로써 한국은 미국, 러시아, 프랑스, 일본, 중국, 인도에 이어 1t 이상 위성을 자체 발사할 수 있는 국가가 됐다.

반도체, 가전, 휴대전화기, 자동차, 석유화학, 철강, 디스플레이 분야도 최상위권이다. 각각 세계 5위권 내에 드는 산업 강국에 올라 있다.

이외에 또 있다. 스위스 국제경영개발대학원(IMD)이 매년 발표하는 '국가별 디지털 경쟁력 순위'에서 2022년에 대한민국은 64개 평가 대상국가 중에서 종합 8위를 차지했다. 영국의 데이터 분석업체인 '토터스 인텔리전스'가 미래 경쟁력의 핵심인 인공지능(AI) 분야 순위로 2022년 발표한 '글로벌 인공지능 분야 AI 지수' 조사에서 한국은 조사 대상 62개국 중에서 종합 순위 7위에 올랐다.

콘텐츠와 문화 분야는 어떤가? 최근 세계적인 주목을 받을 정도로 이른바 '한류'(K-Culture) 열풍이다. <기생충>, <오징어 게임> 같은 영화, '방탄소년단'(BTS)과 같은 아이돌 그룹의 K-POP은 세계적인 문화콘텐츠로 인정받았다.

대한민국의 성장과 함께 동북아의 중심축인 중국의 도전과 발전도 비약적이다. 중국의 신실크로드 사업인 '일대일로 프로젝트'를 다시 한번 생각해 보자. 2021년 말 기준 중국이 추진하는 일대일로 프로젝트에

150개국, 32개 국제기구가 회원국으로 가입돼 있다. 이들 국가 인구수로 따져보면 세계 인구 63%에 해당하는 44억 인구를 대상으로 사업이 펼쳐지는 셈이다. GDP로 보면 세계 GDP의 29%인 21조 달러 규모에 이른다.

물론 동북아의 해결 과제도 있다. 우리나라 경우 다양한 분야에서 위대한 업적을 이뤄냈지만 산적한 문제가 남아 있다. 빈부격차, 저출산·고령화사회 진입, 선진복지 국가 도약의 어려움, 교육제도, 미래 산업, 남북 분단, 북핵 문제 등이 대표적이다.

중국 역시 일대일로 프로젝트의 부작용과 막대한 투자 비용 문제, 빈부격차, 저출산·고령화, 산업 발전의 폐해와 지역 불균형 발전, 산업의 고도화와 품질의 선진화, 사회질서의 시스템과 환경문제, 미국과 서방 국가의 견제, 중국 시대의 국제적 리더십, 세계 평화공존의 역할, 인권 문제 등 과제가 수두룩하다.

동북아 국가들이 안고 있는 이런 문제를 효율적으로 해결할 방법 중 하나가 동북아 모델이기도 하다. 동북아 공동번영의 비전 속에 경제, 군사동맹, 이념, 사상 등 핫스팟 요소의 모든 것을 용광로처럼 녹아내리게 하자는 아이디어이다.

# 한·중 무역량으로 본 동북아 공생·경쟁 관계

Chapt.3
동북아를
아는 자,
미래를
잡는다

  동북아 각 나라는 공생·경쟁 관계에 있다. 벗어나려 해도 벗어날 수 없고 피하려 해도 피할 수 없다. 경제 분야는 특히 더 그렇다. 대한민국의 무역 현황 데이터를 살펴보자.

  우리나라 무역액은 지난 2021년도 기준 한 해 수출액 5,129억 8백만 달러와 수입액 4,762억 8백만 달러였다. 손익지표인 무역수지로 보면 366억 달러의 흑자를 기록했다. 대한민국은 반도체, 자동차, 선박, 철강 등 세계 시장에서 경쟁력 있는 제품을 생산하고 수출한다. 이런 강점 산업들이 무역수지 흑자를 만드는 동력이다.

  세계 모든 나라 중 대한민국 최대 교역국은 어디일까? 해마다 다소 변동이 있을 수 있지만, 꾸준히 최상위 그룹에 포함되는 나라는 중국, 미국, 일본, 호주, 베트남, 싱가포르, 인도 등이다.

  이번엔 어느 대륙과 가장 활발하게 무역하고 있는지 알아보자. 관세청 '대륙별 수출입 실적' 데이터(2023년 3월 기준)를 살펴보면 교역량 대륙 순위로 1위 아시아, 2위 북미, 3위 유럽, 4위 중남미, 5위 오세아니아, 6위 중동, 7위 아프리카이다. 이 순서는 그동안 크게 달라지지 않았다.

이처럼 대한민국은 아시아 지역 국제 무역에서 매우 중요한 위치를 차지하고 있다. 그렇다면 아시아 국가 중에 우리나라와 가장 활발한 무역을 하는 이웃 나라를 살펴보자. 다음은 지난 2022년 기준 대한민국의 아시아 지역 7대 교역 국가들이다.

1위는 어디일까? 당연히 중국이다. 중국은 우리의 가장 큰 무역 교역국이다. 한·중 간의 무역 규모는 해가 갈수록 계속 증가하고 있다. 아시아뿐만 아니라 전 세계 무역국과 비교해서 무역 비중이 가장 높고 특히 전기·전자, 섬유, 철강 등 분야에서 무역 교류가 활발하다.

2위는 일본이다. 우리나라와 일본은 가깝고 상호보완적인 지역 경제력 중심에 있기에 경제적 교류가 매우 활발하다. 대한민국은 일본으로부터 기계 장비, 석유제품과 '소부장' 등을 주로 수입한다. 소부장이란 소재·부품·장비를 뜻하며 반도체 소재와 자동차 부품, 제조를 위한 제조 장비 등 우리나라 산업의 중심인 제조업의 뿌리가 되는 산업을 말한다. 반면 우리는 일본에 반도체 등 전자 제품이나 자동차 등을 수출한다.

3위는 홍콩이다. 홍콩의 경우 중국과는 다른 교역 특수성이 있기에 무역 통계에선 별도로 분류하고 있다. 화물, 전자 제품, 석유제품 등 다양한 분야에서 무역이 이루어지고 있다. 우리나라는 홍콩으로부터 반도체 부품, 섬유 등을 수입하고, IT 제품, 화장품 등을 많이 수출하고 있다.

4위는 베트남이다. 대한민국과 베트남은 경제적인 발전을 추구하고 있는 새로운 수출시장의 파트너로 발전해 나가고 있다. 우리나라는 베트남으로부터 섬유, 가죽 제품 등을 수입하고, 반도체, 전자 제품 등을 수출하고 있다.

5위는 싱가포르이다. 대한민국과 싱가포르는 세계적인 무역 중심지이며 대한민국과 다양한 분야에서 무역이 이루어지고 있다. 우리나라는 싱가포르로부터 석유제품, 기계 장비 등을 수입하고, 반도체, LCD 등을 수출한다.

6위는 태국으로 대한민국과의 무역 규모가 많이 증가하는 추세이다. 섬유, 전자 제품, 자동차 등 다양한 분야에서 무역이 이루어지고 있다.

7위에는 대만이다. 대한민국과 가까운 위치에 있어서 함께 성장하는 분야인 반도체, 디스플레이, IT 제품 분야에서 무역이 활발하게 이루어지고 있다. 우리나라는 대만으로부터 석유제품, 전기·전자 부품 등을 수입하고, 반도체, IT 제품, 자동차 등을 수출한다.

정리하면 우리나라는 전 세계 대륙 중에서 아시아 대륙과 가장 활발한 무역을 하고 있다. 또한 아시아 대륙 중에서는 우리 이웃 나라인 중국과 일본, 홍콩, 대만과 가장 활발한 교역을 하고 있다. 특히 중국은 지난 20여 년간 우리에게 떠오르는 거대시장이자 경제성장을 함께해 온 중요한 무역 상대였다.

1992년 우리나라 대중국 교역은 64억 달러에 불과했다. 그러던 것이 지난 2021년이 되자 3천억 달러가 넘어 무려 47배로 급성장했다. 중국으로서도 미·중 경쟁 속에 한국을 경제 파트너로 삼는 것은 나쁘지 않다고 본다. 중국 역시 앞으로 지속적인 경제 도약을 추구하는 데 한국의 선진 기술과 우수한 인력이 필요할 것이다. 그렇다고 우리나라가 중국 시장에서 계속 유리한 위치를 차지할 것이란 이야기는 아니다. 2022년 기준, 대중국 수출이 162배 늘었지만 교역 수지는 갈수록 악화하는 것으로 나타났다. 중국과 한국의 정치적 관계도 부침을 거듭하고 있으며 중국과는 협력 및 경쟁을 동시에 해야 할 처지다.

동북아 시선에서 보면 한국과 중국은 서로가 원하는 바가 분명히 있다. 서로의 한계와 강점도 있다. 최대한 서로의 이해득실이 맞아떨어졌을 때 동북아의 큰 그림을 그릴 수 있을 것이다.

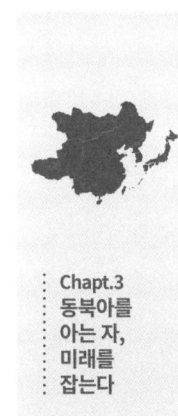

# 가깝고도 먼 이웃 나라, 동북아의 갈등 구조

Chapt.3
동북아를
아는 자,
미래를
잡는다

재미있는 상상을 해보자. 만약에 신이나 외계인이 있어서 상공에서 동북아 국가를 구석구석 내려보고 있다고 가정해 보자. "저기는 이웃 나라끼리 가까이 붙어살면서 왜 저토록 갈등하고 미워하지?" 이런 생각을 충분히 할 수도 있다. 보편적인 현상이라고 무작정 단정할 수 없다. 하지만 적어도 일부 계층이나 특수한 영역에서 한·중·일은 실제로 나라 사이에 다양한 갈등 구조를 형성하고 있다.

동북아의 한·중·일 관계에는 경쟁, 증오, 갈등의 요소들이 다양하게 잠재돼 있다. 특히 경제경쟁 문제, 정치권력 강화 수단화 문제, 안보 문제, 영토 문제, 역사문제, 북핵 문제, 동서양 패권 문제 등이 전 세계에서 가장 복잡하게 얽혀있는 지역이다.

무엇보다 동북아의 역사적인 갈등은 종종 국가 사이의 경쟁, 영토분쟁, 식민, 전쟁, 정치적 갈등 등으로 인해 장기적으로 발생한다. 이런 갈등은 지속적인 적대감과 국민 밑바닥 정서의 불신으로 이어지는 경우가 많다.

정치적 갈등과 경제적 갈등도 서로 밀접하게 연동돼 있어서 풀기 어렵다. 가령 한국과 일본은 역사 갈등과 정치적 해법을 두고 경제적 제재로 비화한 적이 있다. 남·북처럼 정치적 차이는 종종 이념, 정치 체제, 인권 문제 등을 포함한다. 경제적 경쟁은 자원, 무역 및 경제적 이익에 대한 갈등이나 불공정한 거래, 무역 제재, 인종 차별 등으로 이어질 수 있다.

문화적 차이로도 언제든 갈등이 일어날 수 있다. 언어, 종교, 문화적 관습, 서비스 정신, 생활 태도, 여행객들의 매너 등은 종종 국가 간의 강한 불신과 적대감을 불러일으키기도 한다.

동북아의 이런 갈등 구조는 개별적으로도 만만치 않은데 실타래처럼 서로 꼬여 있어서 하나를 건드리면 다른 문제와 연동되고 하나를 풀면 다른 쪽이 꼬이기도 한다.

이번에는 동북아의 갈등 구조를 '남·북 관계', '한·일 관계', '한·중 관계', '중·일 관계', '북·일 관계', '북·중 관계', '한·미·일-북·중 관계' 순으로 세분화해 쟁점들을 간략하게 살펴보자.

먼저 남·북 관계이다. 남·북한은 영토가 분단된 상태에서 서로 다른 이념과 체제를 가지고 있다. 기본적으로 다른 체제는 다양한 갈등을 만든다. 군사적 대치가 대표적이다. 군사적 자위권과 안보를 위한 것이지만, 한반도 긴장을 조성하는 결정적 원인이기도 하다. 오래된 분단 상태는 필연적으로 이산가족 문제로 이어진다. 남·북의 이산가족은 자신의 의지와는 상관없이 서로 만나지 못하고 살아가고 있다. 이는 인간으로서 매우 불행한 일이다.

경제 시스템과 경제력 차이도 다양한 모순을 낳는다. 북한은 국내 자급자족 경제를 추구하고, 남한은 개방적인 시장경제를 추구한다. 경제 협력은커녕 공정한 대결이나 경쟁이 어렵다. 이런 문제에서 출발한 남·

북한 경제적 차이는 통일 한국으로 가는 데도 매우 큰 장벽이 되고 있다. 비슷한 경제력을 가졌을 때 통합이나 공통분모를 찾기가 쉬워지기 때문이다. 남·북 관계에서는 인권 문제에 대한 갈등도 여전하다. 인권 문제를 해결하는 건 쉽지 않다. 내정간섭이라는 주장과 국제사회와 갈등도 연결돼 있어서다.

한·일 관계의 갈등 구조는 어떨까? 표면에서는 일본은 세계에서 잘 나가는 한국제품을 거의 사지 않는다. 일본인이 삼성 스마트폰이나 현대자동차, LG 가전제품을 사용한다는 말을 들어본 적이 없을 정도다. 이런 일본의 태도는 우리에게 일본과 경제적 윈윈(win-win) 전략은커녕 기브앤테이크(give-and-take) 조차 바라기 어려운 나라라는 인식을 각인시킨다.

표면 아래 갈등은 더 심각하다. 역사문제는 더욱 뿌리 깊게 박혀 있다. 일본은 과거에 한국을 식민지로 지배했고 한국은 일본에서 벗어나려는 항쟁의 시대를 거쳤다. 이 과정에서 일본의 위안부 강제 동원 문제, 일본의 독도 영유권 주장, 일본 전범 기업들의 배상금 문제, 일본의 한반도 식민지 정당화 문제, 일본의 역사 교과서 왜곡 문제 등에 대해 일본의 왜곡된 역사 인식과 한국의 사과와 배상 요구가 갈등을 일으켜왔다.

한·일 간의 경제적 갈등은 역사문제와 밀접한 관련이 있다. 최근에는 일본 전범 기업들의 배상금 문제에서 비롯된 일본의 한국 수출 규제와 관련하여 경제적 갈등을 겪기도 했다.

한·일 사이에는 보이지 않는 군사적 긴장감도 있다. 일본은 임진왜란, 정유재란 등 조선 침략과 한반도 식민지화, 러일전쟁, 중일전쟁, 미일전쟁 등 다른 나라의 군사적 침략이 많았기 때문이다. 현재 일본의 자위대를 침략 가능한 군대로 전환하려고 시도하는 것도 한국 사람들은 잘 안다. 또한 북한의 핵 위협과 중국의 군사적 확장 등에 관한 대응 방안도 남한과 일본은 견해 차이를 보인다.

이번엔 한·중 관계의 쟁점들을 살펴보자. 같은 무대에서 오랜 역사를 공유했기 때문에 역사적 갈등 문제가 있다. 중국의 고대 역사를 중심으로 한 역사 교육 교재에서 한국을 언급하지 않는 등 역사 해석에 차이를 보이기도 한다. 경제적 갈등에서도 최근 한·중 무역 규모가 우리나라 기준으로 최고 수준으로 커졌지만, 무역수지 적자가 커지는 등 중국의 불공정한 무역 관행에 갈등 요소가 나타나고 있다. 한국과 중국은 동북아시아 지역에서 경쟁 관계이면서도 지역 안보와 군사적 이슈 등에서는 이견을 보이는 경우가 많다. 또한 북한의 핵 문제에 대한 정치적 갈등 요소도 여전히 존재한다.

그럼 중·일 관계는 어떨까? 썩 좋은 관계는 아니다. 중국과 일본 사이에도 증오나 갈등이 팽배한 편이다. 과거 중일전쟁을 벌였던 만큼 일본과 중국은 역사적으로 여러 차례 갈등을 겪었고, 특히 일본의 난징대학살은 절대로 잊히지 않는 역사로 중국인의 증오가 크다. 일본의 군사 침략과 인신매매, 위안부 등의 문제로 인해 역사적인 갈등은 현재진행형이다. 일본은 여전히 중국의 군사적 확장과 인권 문제에 대해 우려하고 있다. 영토분쟁 문제도 있다. 센카쿠 열도는 현재 일본이 실효적 지배를 하는 곳이다. 하지만 중국과 대만이 각각 영유권을 주장하고 있다. 동아시아 지역의 패권을 둘러싸고 지역 안보와 군사적 이슈 등이 늘 갈등 요소로 잠복해 있다.

북·일 관계 역시 다양한 문제를 안고 있다. 일제강점기에 식민 착취와 억압 등의 역사적 문제는 두 나라 사이에 풀지 못한 숙제로 남아 있다. 일본인 납치 문제는 여전히 정치적 이슈 중 하나이며, 북한의 핵 개발과 미사일 발사 등은 일본이 가장 우려하는 갈등 요소이다.

마지막으로 동북아를 둘러싼 '한·미·일 군사동맹'과 '북·중 관계' 사이의 갈등 요소도 존재한다. 한·미·일은 북한의 핵 문제와 지역 안보 문제에 대한 협력을 강화하고 있다. 특히 북한의 핵 문제를 해결하기 위한 대북 제재 정책을 수립하고 이행하는 과정에서 협력하고 있다.

이에 반해 북·중 관계는 두 나라의 동맹을 바탕으로 삼고 있지만, 북한의 핵 개발과 국제사회의 대북 제재로 인해 갈등이 심해지고 있다. 이런 관계와는 별도로 한·미·중이 북한의 핵 문제와 지역 안보 문제를 중심으로 공동 협력 또는 각각 대립이나 이견 상태를 반복하기도 한다.

동북아의 거미줄처럼 얽힌 복잡한 갈등 구조는 그 자체로 혹은 평면적으로 접근하면 결코 풀기가 쉽지 않다. 국가는 때로는 이웃 나라와 갈등 관계, 경쟁 관계가 자국에 유리한 측면도 있기 때문이다. 또한 국가와 갈등을 해소하고 친해지는 것은 다른 나라와 갈등을 키우는 '시소 작용'이 작동할 수 있다.

사실 일본이 한국에 식민지 지배를 사과하고 배상하는 것이 옳다. 그것은 일본이 일류 국가, 문명국가, 선진 국가로 가기 위한 필수 관문이기 때문이다. 하지만 일본은 그럴만한 용기가 있는 나라가 아니다. 한국에 진정으로 사과하는 것은 단지 거기에 그치는 것이 아니라 동북아의 다른 나라에 줄줄이 사과해야 하고 배상하고 주도권을 내줘야 한다는 사실이 두렵기 때문이다.

그런데도 일본은 용기를 냈어야 했다. 이는 반대로 생각하면 일본에는 미래 일본을 일류 국가, 문명국가, 선진 국가로 이끌 선견지명이 있는 빼어난 지도자가 없다는 걸 의미한다.

그렇다면 동북아는 앞으로 어떤 길을 걸어야 할까? 갈등과 증오에 발목이 잡혀 있어야 할까? 당연히 그래선 안 된다. 동북아가 안고 있는 복잡한 증오의 정서와 갈등을 최대한 빨리 해결하도록 노력하고 상호 협력, 개방적인 대화, 상호 이해, 문화교류 등을 촉진하여 건강한 관계를 유지하는 것이 동북아 전체의 평화와 경제적 공동번영에 더 이익이기 때문이다.

그런 연결을 주도할 수 있는 나라는 동북아에서 우리밖에 없다. 동북아의 중심축에서 모든 나라의 지지를 받으면서 각 나라들의 이익을 실현할 공통적인 비전을 설계할 수 있는 국가가 바로 대한민국이기 때문이다.

# 놀랍도록 다른 정치 체제가 맞선 특이한 지역

Chapt.3
동북아를
아는 자,
미래를
잡는다

　동북아 국가들의 정치 체제는 신기할 정도로 서로 다르다. 조금 다른 게 아니라 각자 독특하다. 이번 기회에 동북아 나라별로 정치 체제와 공직자를 뽑는 방법을 간략하게 알아두자.

　대한민국의 정치는 알다시피 민주주의를 바탕으로 행정부, 입법부, 사법부가 독립적으로 운영되는 정치체제이다. 국가원수는 행정부의 수반인 대통령이다. 또한 입법부와 사법부의 독립이 헌법으로 보장돼 있다. 이러한 기본 원칙은 다른 선진 민주주의 국가들과 별반 다르지 않다.
　그러나 차이점도 보인다. 대통령제의 기본 요소에 의원 내각제의 요소를 가미한 점이 그것이다. 미국과 달리 엄격한 삼권분립이 돼 있지 않고 대통령의 권한이 강한 편이다. 따라서 대한민국 정부는 강력한 '대통령 중심제'라고 할 수 있다.
　대통령이나 국회의원 등 정치 지도자는 당연히 유권자의 국민 투표를 통해 일반 국민이 직접 뽑는다. 우리나라 공직선거는 총 5가지다. 먼저 대통령 선거는 전국 개인 유권자들의 투표로 이루어진다. 대통령 임기는 5년 단임제이다.

다음으로 국회의원 선거가 있다. 일반 국민 유권자가 투표로 뽑으며 임기는 4년이다. 국회의원은 여러 번 출마할 수 있다. 국회의원 유형은 선거구에 따라 지역구 의원과 비례대표 의원으로 나눈다.

지역구 의원은 당해 의원의 선거구를 단위로 1구 1인 선출 소선거구제로 시행한다. 비례대표 의원은 전국을 단위로 하며 비례대표 선거에서 유효투표 총수의 100분의 3 이상을 득표하였거나 지역구선거에서 5석 이상의 의석을 차지한 정당(의석 할당 정당)에 대하여 당해 비례대표 국회의원 선거에서 얻은 득표 비율에 따라 의석을 배분한다.

세 번째는 지방자치단체 선거로 '단체장'과 '지방의회의원' 선거가 있다. 지자체 단체장 임기는 4년제이며 계속 재임은 3기로 제한하고 있다. 지방의회의원 선거는 다소 복잡하다. 지역구 '시·도의원'의 경우 당해 의원 선거구 단위로 1구 1인 선출 소선거구제로 운영한다. 지역구 '구·시·군의회의원'은 당해 의원 선거구 단위로 1구 2~4인 선출 중선거구제로 이루어져 있다.

또 '비례대표 시·도의원'은 당해 시도 단위로, 비례대표 자치구·시·군 의원은 자치구·시·군 단위로 배분한다. 단, 유효투표 총수의 100분의 5 이상을 득표한 각 정당(의석 할당 정당)에 대하여 당해 선거에서 얻은 득표 비율에 배분하며, 3분의 2 이상을 득표한 정당이 있으면, 해당 정당에 3분의 2까지만 우선 배분하고 나머지 의석을 의석 할당 정당의 득표 비율에 따라 배분한다. 한편 의석할당 정당이 없을 때는 기타 정당의 득표 비율에 따라 배분한다.

마지막으로 교육감 선거다. 이 역시 직접 국민이 투표로 선출한다. 교육감 임기는 4년이며 당해 시·도 단위로 1구 1인 선출의 소선거구제로 운영되고 있다. 대한민국에서 선거에 참여할 수 있는 유권자의 나이는

만 18세이다.

북한의 정치 체제는 어떨까? 당연히 우리나라 시스템과 완전히 다르다. 북한은 한마디로 단순하다. 조선시대나 봉건주의 왕조와 비슷하다.

KBS자료실 <한반도 A to Z> 데이터베이스에 따르면 "북한 체제는 조선로동당 1당 지배, 유일 지배, 당 지도자 세습 지배가 가장 큰 특징"이라고 정리하고 있다. 그 특징을 요약하면 이렇다.

북한은 과거 사회주의권 국가들의 보편적인 특징을 보인다. 이데올로기 중심의 집권당이 권력의 최상부에 자리 잡고 있다. 집권당이 사실상 입법, 행정, 사법 3권을 지배하는 체제를 가진다. 북한의 지배 정당은 '조선로동당'이다. 이 당(黨)은 3권은 물론, 모든 사회단체와 인민의 생활까지 이끈다. 그러므로 국가는 곧 '조선로동당이 지배하는 국가'의 성격을 지닌다.

또 북한이 '유일 지배' 사상을 특징으로 한다는 점은 독재 정권의 성향을 지녔다는 의미다. 국가의 권력이 당에 집중돼 있으면서 또한 당내에서 그 권력은 1인 지도자에게 집중돼 있다. 북한이 말하는 '유일'이란 원래 '유일한 사상체계'를 말하는 것이다. 이런 유일사상은 1인 지도자인 수령에게서 나온다. 북한 사회에서의 수령은 절대적 지위와 역할을 지닌다.

특히 북한은 유일 지배에서 한 걸음 더 나아간 자신만의 특징적인 체제를 구축했다. 바로 수령의 '세습 제도'이다. 북한의 권력 세습은 이미 1970년대부터 단계적으로 추진해 왔다. 세습체제는 김일성 사후 김정일이 1997년 10월 당 총비서가 되고, 1998년 9월 김정일 국방위원장 체제가 공식 출범하면서 완성됐다. 지난 수십 년간 1인, 1당 독재 기반의 정치 체제를 유지해 온 북한이지만, 공식적인 선거제도는 존재한다. 최고 인민회의 대의원 선거와 대표선출은 조선노동당의 통제하에 형식적으로 이루어진다.

일본의 정치체제도 독특하다. 일본 하면 떠오르는 것이 바로 '천황'과 '총리'이다. 일본은 민주주의를 채택하면서도 입헌군주제이고 의원내각제가 뒤섞여 있다.

일본은 제2차 세계 대전에서 패하기 전까지는 정치 체제와 국체와 일체가 된 천황이 다스리는 '신권 국가'로 불린 입헌군주제 국가였다. 신권 국가에서 군주가 통치의 주체로 존재할 때는 통치되는 객체는 신민이 된다. 지금의 일본 헌법에서 천황은 국정에 관여하는 권능이 없는 상징으로 규정되어 있다. 국가 상징이자 국민통합의 상징 정도의 역할을 하고 있다고 보면 된다.

일본은 의원 내각제 중심의 정치 시스템이다 보니 정당의 역할이 중요하다. 일본에는 다양한 정당이 있으며 국민 투표를 통해 '중의원'과 '참의원'을 뽑는다. 의원 정수는 몇 차례 변화를 거쳐 현재 중의원이 480석, 참의원이 242석이다. 국회 운영의 중심은 미국이나 유럽의 하원(下院) 격인 중의원이 맡는다. 중의원은 우선적 총리 인선권, 국가 예산 편성권, 조약 비준권을 갖고 있다. 참의원은 이 세 가지를 제외한 다른 모든 법안에 대한 사실상의 '거부권'을 갖고 있다. 즉 중의원에서 통과된 법안을 참의원이 부결시킬 수 있는 것이다. 참의원에서 '참'(參)이라는 글자는 '중의원의 논의에 참가한다'라는 뜻으로 이해하면 쉽다.

만약 중의원이 집권당이 돼도 참의원 수가 확보되지 않으면 많은 어려움을 겪는다. 중의원 임기가 4년인 데 비해, 참의원 임기는 6년이고 중의원은 총리의 해산에 따라 언제든지 임기가 중단될 수 있는 데 반해, 참의원은 임기를 보장받기 때문이다.

총리 선출 방식은 일본국 헌법 조항에 따라 국회의원 중에서 국회 의결로 지명되고, 천황은 이를 임명한다. 총리 자격은 국회의원이지만, 관례상 중의원과 참의원 투표로 중의원 의원 중에서 지명된다. 다수당을 차지한 중의원 중에 총리가 되는 것이 일반적이다. 일본 총리는 일본의 실질적인 최고지도자로서 외교적, 정치적, 군사적인 실권을 갖는다.

중국의 정치 체제는 통치 시스템과 선발제도 측면에서 보면 공화제, 1당제, 사회주의 국가, 공산국가 체제를 중심으로 운영되고 있다.

중국은 공산당이라는 하나의 당이 독재하는 국가이다. 중국공산당은 전국인민대표회의와 각 지역 위원회로 구성되어 있으며 중국공산당이 국가의 모든 정책을 결정한다. 중국의 국가주석은 전국인민대표대회의 최고지도자이자, 중국공산당의 총서기, 중국공산당 중앙정치국 상무위원회 위원장, 당 대표를 겸한다. 현재 중화인민공화국의 현임 주석은 '시진핑'이다.

현재 시진핑 주석은 마오쩌둥(1기), 덩샤오핑(2기), 장쩌민(3기), 후진타오(4기)에 이은 중국의 5세대 지도자다. 주석이 되는 절차는 중국공산당 전국대표대회(전대)에서 공산당 총서기가 되고, 전국인민대표대회(전인대) 투표를 통해 국가주석이 된다. 대체로 물 밑에서 사전에 주석이 결정되는 경향이 강하다고 알려져 있다. 따라서 전대나 전인대 절차는 형식적이라 일반 대기업 차기 회장을 선임하는 방식과 유사하다는 게 전문가들의 설명이다.

대만의 정치체제는 어떨까? 민주주의 체제에 입헌 공화국과 대통령제를 섞어서 운영하고 있다.

1980년대 중반까지 중국국민당 치하의 1당 독재 국가였다. 하지만 대만 국민은 1980년대 후반과 1990년대에 걸치며 민주화를 이루어 냈다. 현재 대만은 동아시아권에서 한국, 일본, 몽골과 함께 민주주의가 정착한 국가로 인정받고 있다. 2021년 민주주의 지수에서 세계 8위를 기록하면서 아시아 국가 중 최고순위를 기록하기도 했다.

국민은 선거, 파면, 국민 발안, 국민 투표권 등을 행사할 수 있고, 정부는 권력을 '정권'(政權)과 '치권'(治權)으로 나누어 운영한다. 정권이란 국민의 권력인 선거권·파면권·창제권(創制權)·복결권(複決權)을 말한다. 정부, 영토 주권, 헌법 개정 등에 해당하는 것은 우리나라의 선거와 같은 국민대회가 행사한다. 치권은 헌법기관인 다섯 원(행정원, 입법원, 사법원, 감찰원, 고시원)이 행사하는데 정부의 권한을 다섯 개로 분리하여 5권 분립이 이루어져 있다. 5권은 서로를 동등하게 견제한다.

대만의 국가원수는 총통이라고 부른다. 총통은 국민대회에서 선출되며 어느 원에도 소속되지 않은 채 5권을 총괄하는 권한을 맡는다. 대만의 총통은 1996년부터는 국민의 직접 선거로 선출되고 있다. 임기는 4년 중임제이다. 직함 명칭은 '총통'이지만 이는 중국어에서 'president'를 번역한 것으로 다른 나라의 대통령과 동의어이다.

우리는 간략하게 동북아 국가들의 정치체제를 살펴보았다. 어떤 느낌이 드는가? "우리 이웃 나라의 정치 시스템이 어쩌면 이렇게 다를까?" 아마 이렇게 생각하는 이들이 많을 것이다. 근현대 동북아는 자기만의 역사적 발전 과정에서 각자 독창적이고 차별적인 정치 시스템을 발전시

커 왔다.

현실에 엄연히 존재하는 각 나라의 특수성과 차이를 인정해야 우리는 한 단계 높은 시선에서 공통분모를 발견할 수 있다. 동북아의 다음 패러다임은 다양성과 차이를 인정하고 통합적으로 바라볼 수 있는 창조적 시선에서 나온다. 동북아 리더에겐 다양한 소재와 재료를 융합하여 창의적인 콘텐츠를 창조하는 연출가이자 매니저의 관점이 필요하다.

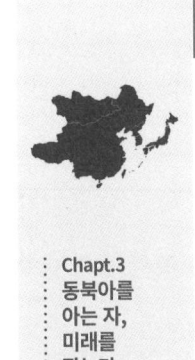

# 우크라이나·러시아 전쟁이 중국에 미칠 영향은?

**Chapt.3
동북아를
아는 자,
미래를
잡는다**

2022년 2월 24일 러시아는 우크라이나에 병력 20만 명을 투입했다. 푸틴 러시아 대통령은 며칠 안에 수도 키이우를 점령해 우크라이나 현 정부를 끌어내릴 수 있다고 생각했다. 러시아가 우크라이나의 행정부를 축출하겠다고 판단한 근원적 원인은 친러시아 정권이 아니기 때문이었다.

전쟁이 일어나기 얼마 전, 푸틴은 우크라이나에 대한 몇 가지 조치를 단행했다. 먼저 2014년부터 친러 반군 세력이 점령한 우크라이나 동부 지역의 독립을 승인했다. 그로부터 얼마 후 '우크라이나의 탈군사화와 탈나치화'를 지원한다는 명분으로 지난 8년간 대량 학살 등 우크라이나 정부가 억압한 이들을 보호하겠다고 선언했다.

푸틴은 또한 북대서양조약기구(NATO)를 경계했다. NATO는 유럽과 북미 지역 30개 회원국 간의 정치 및 군사동맹이어서 안보 및 방위 협력을 모색한다. 이 NATO가 우크라이나에 발판을 마련하지 못하게 하려하자 반러시아 정권의 현 우크라이나가 만약 NATO 회원으로 가입한다면 '턱 밑에 폭탄을 안고 사는 꼴'이라고 판단했다는 것이다.

이런 대내적 배경에서 촉발된 러시아-우크라이나 전쟁은 러시아의 초반 압승으로 손쉽게 끝날 것으로 예측됐다. 그러나 예상은 빗나갔다. 서방세계의 적극적인 지원을 받은 우크라이나는 생각보다 훨씬 강했다. 전쟁은 장기전으로 접어들었다. 전쟁 발발 후 1년간 양측 군인 사망자만 약 30만 명에 달했다. 우크라이나 난민은 약 1,800만 명에 이르렀다. 전쟁 발발 1년이 지나도록 어느 한쪽이 상대방을 압도하기 힘든 상황이 계속됐다.

우크라이나와 러시아 전쟁은 세계와 동북아에 여러 가지 영향을 미쳤다. 우크라이나 전쟁은 2018년 미·중 무역 분쟁과 2020년 코로나19로 인해 삐그덕거리던 글로벌 공급망을 붕괴시켰다.

전문가들은 비교적 세계가 안정적인 힘의 균형으로 평화를 지켜왔는데 군사동맹이 엮인 미국과 유럽 세력과 러·중 세력이 갈등을 다시 시작하는 계기가 될 수 있다고 우려를 표했다. 특히 초기엔 러시아의 영향력이 절대적으로 큰 에너지와 농산물 가격이 폭등하기도 했다.

전쟁은 주변국들의 경제난으로 이어졌다. 당장 우크라이나와 러시아로부터 곡물 수입 의존도가 높았던 중동과 아프리카 국가들은 큰 혼란을 겪어야 했다. 유럽도 천연가스 가격이 폭등했다. 우크라이나 전쟁은 글로벌 인플레이션을 키웠다.

우리나라는 큰 타격은 없었지만 가스 요금이 인상되었고 몇몇 원자재 수급에 어려움을 겪었다. 그러나 러시아와 정치 군사적 관계를 맺고 있는 중국은 사정이 달랐다. 중국이 러시아에 무기를 지원하느냐를 두고 미국과 갈등을 벌이기도, 러·중 관계를 어떻게 조율할지도 쉽지 않은 문제였다. 특히 중국은 러시아와 우호적인 관계를 유지하고 있기에, 중국의 대응 전략에 따라 중국과 러시아 간의 관계가 영향을 받을 수 있었다.

중국은 앞으로가 더 큰 문제다. 러시아 전쟁이 장기간 지속되거나 전쟁의 결과에 따라 중국에 미치는 파장이 매우 클 것이기 때문이다. 우선 에너지 문제로 중국 경제성장에 악영향을 미칠 수 있다. 중국은 러시아에서 에너지를 수입하는 나라 중 하나다. 러시아의 에너지 공급이 원활하지 않게 되면 중국은 공급망을 다각화할 수밖에 없다. 만약 중국이 에너지 수입을 강화하면 동북아 전 지역 국가에도 에너지 확보에 비상이 걸릴 수 있다.

러시아 전쟁이 중국의 위상에 변화를 몰고 올 것이라는 예측도 있다. 미국 시사주간지 <뉴스위크>는 2023년 신년에 "만약 러시아가 전쟁에 패배하면 중국의 힘없는 종속국으로 전락할 것"이라는 기사를 냈다. 이 보도에 따르면 영국의 싱크탱크 '왕립국제문제연구소'의 객원 연구원 티머시 애시는 "푸틴 러시아 대통령과 그의 군대가 우크라이나에 패배하게 될 것이며, 이는 러시아 연방의 붕괴를 가져올 것"이라고 전망했다.

이와 함께 러시아·우크라이나 문제에 정통한 미국 럿거스대 정치학과 알렉산더 모틸 교수도 한 언론 칼럼에서 "러시아가 혼란을 극복하더라도 중국의 힘없는 속국이 될 가능성이 크며, 만일 혼란이 진정되지 않으면 유라시아의 지도는 크게 달라질 수 있다"고 우려했다.

그렇다면 국내 전문가들의 예측은 어떨까? 우러전쟁이 중국과 러시아 관계 변화 및 중국의 세력을 키우는 계기가 될 것이라는 국내 학자의 주장도 주목할 만하다. 한신대 글로벌인재학부 박상남 교수는 우러전쟁을 둘러싼 중·러 관계를 구체적인 데이터로 통찰력 있게 바라볼 것을 주문한다.

박상남 교수는 "러·중 관계의 성격은 견고한 동맹보다는 미국의 독주를 견제하고 각자의 실리 추구를 위한 편의적·잠정적 협력에 가깝다"고 해석했다. 그러면서 우크라이나 전쟁으로 중국이 가장 큰 혜택을 보고 있다며 전쟁은 러시아의 중국 종속화를 키웠다고 보았다. 고립된 러시아는 앞으로 시장과 자원을 중국에 헐값에 넘겨줄 수밖에 없는 상황이라는 것이다.

  정리해 보자. 러시아와 우크라이나의 전쟁은 이미 장기전에 접어들면서 끝내 러시아의 약화로 이어질 가능성이 크다. 러시아가 약해지는 만큼 그 힘은 중국으로 쏠린다. 러·중의 세력균형이 깨지면 중국과 미국이 만들고 있는 국제질서의 불확실성도 확대될 것이다. 중국은 물론 우리 동북아 전체에도 새로운 변화를 가져올 가능성이 커질 것으로 예상된다.
  우리는 이런 러시아와 우크라이나 전쟁 후 다가올 러·중의 힘의 변화는 물론 중국의 이해득실과 의사결정 방향을 냉정하게 통찰하여 읽어야 한다. 그래야 러시아 전쟁을 빨리 종식하고 안정적인 세계 질서를 구축할 수 있을 것이다.

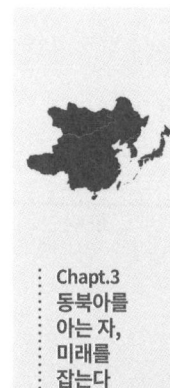

# 북한과 중국의 오묘한 관계, 북·중 관계의 미래

Chapt.3
동북아를
아는 자,
미래를
잡는다

　도대체 북한과 중국은 어떤 관계일까? 우리는 북·중 관계를 잘 아는 듯하면서도 여전히 잘 모른다. 우리는 미래 동북아의 밑그림을 그리기 위해 북한과 중국의 현주소도 어느 정도 이해하고 있어야 한다. 몇 가지 주요 키워드로 북·중 관계의 쟁점들을 알아보자.

■ **사회주의**

　1945년 광복 이후 북한 지역의 항일항쟁 세력, 전통적인 민족주의자, 공산주의자 등은 자본가와 중산층 등에 대한 반대운동을 강하게 펼쳤다. 1948년 전후 공산주의자들이 북한 지역의 주도권을 잡으면서 사회주의 체제를 구현하는 바탕이 됐다. 북한이 사회주의 체제를 채택하는 과정에서, 당시 소련이 적극 지원했다. 이는 북한을 중요한 동맹국으로 보았기 때문이다.

　중국 역시 이때 독자적인 '중국식 사회주의 체제'를 운영하게 됐다. 1949년 중국 내전에서 중국공산당이 전면 승리하며, 중화인민공화국이 세워졌고 사회주의 체제를 운영 중이었다. 중국과 북한은 각자 자기만의 통치 스타일을 개발하면서 공통적인 사회주의 체제를 가지게 됐다.

북한과 중국은 공통점이 매우 많다. 1당제, 1군인제, 1신문 등의 일원화된 제도를 적용하고 있다는 점이 그렇다. 특히 중앙집권적인 계획경제를 운영하고 있으며, 두 나라 모두 국유화 정책을 채택하고 있다. 기업, 자원 등 국가의 중요한 자산은 모두 국가가 소유하고 중앙정부에서 통제하고 운영한다.

무엇보다 양 국가는 모두 강력한 지도자가 국가를 운영한다. 이들 지도자는 국가 전체에 막강한 권한을 가지고 있으며, 국가의 거의 모든 사안을 결정하고 지배하고 있다.

■ 혈맹국

1950년 6.25 전쟁으로 한반도에서는 남쪽 체제와 북쪽 체제가 충돌했다. 북한이 남한을 침략하여 한국전쟁이 일어났다. 이때 중국은 북한을 지원하기 위해 군대를 파견했다. 참여한 중국 군인의 수는 약 2백만 명으로 추산하고 있다.

중국군은 1950년 10월부터 국경을 넘어와서 한국 전선에 투입됐다. 공식적인 중국 정부 발표에 따르면, 중국 군인의 전투 사상자 수는 약 18만 명이지만 실제로는 이보다 훨씬 더 많을 것으로 추산한다.

한국전쟁 당시 중국과 북한은 긴밀한 군사적인 협력을 가졌기에 이후 양국 협력은 경제적, 정치적인 분야로도 확대되었다. 중국과 북한은 지금까지 긴밀한 동맹관계를 유지하고 있다.

■ 경제지원

북·중 관계에도 풀어야 할 숙제들이 산적해 있다. 북핵 문제로 북한이 국제사회로부터 격리되고 제재받으면서, 중국은 북한의 거의 유일한 경제지원국가가 됐다. 하지만 북한의 핵 개발과 미사일 발사 문제로 대북 지원이 쉽지 않아졌다. 중국도 북한의 경제적 붕괴나 중국의 북한 지배력 강화에 대한 국제사회 우려로 정치력이 필요한 상태이다.

■ 북핵 문제

북핵 문제에 대한 중국의 속내는 정확하게 어떤지 모른다. 하지만 중국의 공식적인 입장은 명확하다. 중국은 유엔 안전보장이사회 결의를 포함한 국제사회의 대화와 협상을 통한 비핵화 및 한반도의 평화적 해결방안을 지지한다는 것이다.

중국은 북한이 핵무장을 포기하고 한반도와 동북아지역의 안보와 안정을 유지하는 것이 필요하다고 주장하고 있다. 중국은 북한의 무모한 도발을 경계하고, 한반도에 대한 미국의 군사적 재배치나 대규모 군사훈련을 우려하며 이를 방지하기 위해 노력하고 있다.

■ 대북 제재

북핵에 대한 국제사회의 대응 조치인 '대북 제재'에 대해 중국은 어떤 생각일까? 현재까지 상황적 판단에 따라 다소 달라지기도 했다. 일반적인 북한 문제에 대해서 북한을 지원하면서 미국과는 대립하는 경우가 많았다. 그러나 북한의 핵무기 개발과 미국의 대북 제재에 대해서는 한발 물러선 입장이었다. 미국과는 불필요한 갈등을 피하고 북한과는 정치적 유대를 유지하기 위한 전략으로 풀이된다.

■ **불법 이주자 송환 처리 문제**

중국과 북한은 국경이 맞닿아 있다. 북한은 다양한 이유로 경제난을 겪고 있다. 국경 부근에는 생계나 사업 문제로 국경을 넘어 중국으로 불법 이주하는 경우가 매우 많다. 앞서 언급했듯이 현재 중국 당국은 불법 이주자들을 체포하고, 소속 국가인 북한으로 강제 송환 처리하여 국제사회에서 인권 문제로 비판받기도 했다.

중국의 성장과 함께 빠르게 다가오는 미·중 사이 전략적 경쟁 시대는 우리 동북아에서도 특히 북한과 중국 간 경제·사회·문화 분야에 많은 영향을 줄 것이다. 따라서 북·중 관계는 동북아 모델에 매우 중요한 요소임에 틀림이 없다. 북·중 관계 약화 또는 강화, 북·중 관계와 한미동맹, 북·중 관계와 한반도 평화·통일 문제는 서로 밀접하게 연동돼 있어서다.

동북아 시대를 하루빨리 열자면 북·중 관계의 현재와 변화방향을 이해하고 한반도와 중국의 관계에서 발전적인 관계를 끊임없이 고민해야 한다.

# 미움·갈등에서 상생·공존으로 가는 동북아 패러다임

Chapt.3
동북아를
아는 자,
미래를
잡는다

　동북아의 꼬인 갈등과 이해관계를 풀어내는 데 '게임이론'(Game Theory)은 우리에게 많은 영감을 준다. 게임이론이란 복잡한 상황에서 어떻게 가장 최선의 의사결정을 할 것인가에 대한 답을 찾아가는 응용수학의 한 분야다.

　만약 개인이 어떤 목표를 달성하려면 어떻게 하면 될까? 열심히 노력하면 목표가 달성될까? 노력한 만큼 목표가 달성되면 참 좋은 데 현실은 그렇지 않다. 게임의 결과는 자신의 선택과 기회뿐 아니라 함께 게임에 참여하는 다른 사람들, 파트너나 경쟁자들과 복잡하게 연결돼 있다.

　"네가 생각하는 것을 내가 생각하고 있다고 네가 생각하고 있다는 것을 나는 생각한다." 이것이 게임이론을 표현하는 대표적 구호다.

　이제 좀 더 깊이 게임이론으로 들어가 보자. 게임 안에서는 각자 상호의존적인 판단을 내린다. 당연히 각 참가자의 선택에 따라 다른 참가자들이 얻는 보상이 달라진다.

　게임이론을 쉽게 이해할 수 있는 예가 바로 '죄수의 딜레마' 이야기다. 경찰이 공범 두 명을 잡아 각각 따로 방에서 취조한다고 생각해 보자. 각각 방에서 경찰은 범인에게 다음과 같이 말한다.

"너희 둘은 서로 사전에 입을 맞춰 묵비권을 행사한 걸 다 알고 있다. 그런데 누구든 자백하면 자백한 사람은 석방되지만, 상대편 공범은 20년의 징역을 받는다. 그러나 두 공범이 모두 자백하면 각각 징역 5년을 받으며, 둘 다 자백하지 않고 묵비권을 행사하면 증거 불충분으로 각각 징역 1년을 받게 된다."

이 상황을 한눈에 파악할 수 있는 표로 정리하면 이렇다.

| 범인 A | 범인 B |
|---|---|
| 묵비권 1년 | 묵비권 1년 |
| 묵비권 20년 | 자백 무죄 |
| 자백 5년 | 자백 5년 |
| 자백 무죄 | 묵비권 20년 |

강도는 다른 강도의 묵비권과 자백에 따라 형량이 바뀐다. 이때 각각 강도는 어떤 의사결정을 내려야 가장 자신에게 유리할까? 자백해서 무죄나 5년 형을 받는 게 좋을까? 묵비권을 행사해서 20년이나 1년 형을 받는 게 좋을까? 딜레마에 빠지는 것이다.

만약 '최대 다수의 최대 행복'이라는 공리주의 사상을 적용하면 둘 다 묵비권을 행사하는 것이 가장 최선의 의사결정이다. 문제는 상대방이 있고 상대방의 판단을 내가 통제할 수 없다는 사실이다. 나는 약속대로 묵비권을 행사했는데, 동료가 자백하는 상황이 되면 나만 20년의 형을 살아야 한다. 또 각자의 이익에 충실해 같이 자백하면 모두 묵비권을 행사했을 때 받을 1년 형에서 5년 형으로 늘어난다. 각자에게 이익이 되도록 최선을 다한 결과가 전체에게도 이익은 아닐 수 있다는 게 게임이론의 핵심이다.

그런데 게임이론을 두고 이런 생각을 하는 독자도 있을 것이다. "사전에 죄수가 미리 혈서까지 쓰며 절대 자백하지 않기로 맹세하며 협의했다면 어떨까?" 혈서까지 쓰고 맹세했다는 사실이 현실에선 의사결정의 새로운 데이터값이 되어 딜레마에 빠지게 만든다. 혈서까지 쓴 상대가 자백하지 않을 테니 자신이 자백하면 무죄가 되는 논리가 만들어지는 것이다. 오히려 서로의 맹세가 강하면 강할수록 자신이 자백해야 할 당위성을 강화하는 요인이 되는 것이다.

또한 현실 세계에선 죄수의 딜레마 상황이 계속 반복되는 경우가 많다는 점도 기억해야 한다. 서로 불신과 신뢰를 쌓아가는 과정이 계속 이어지기 때문이다. 게임이 반복되면 이번에는 앞서 결정한 의사결정이 뒤에 이어질 의사결정에 영향을 끼친다.

예를 들어보자. 지난번에 상대 죄수가 저 혼자 자백해서 자신만 독박을 썼다면 어떨까? 당연히 이번에는 무조건 자신도 자백할 것이다. 신뢰가 깨진 것으로 판단하기 때문이다. 만약 상대가 계속 의리를 지키는 결정을 계속한다면 어떨까? 신뢰가 점점 구축되면서 자신도 의리를 지킬 확률이 커진다. 신뢰가 쌓이면 둘은 징역 1년으로 끝낼 수 있다.

결국 죄수의 딜레마 상황이 단판으로 끝나면 '자백'을 선택하는 것이 가장 유리하다. 그러나 게임이 계속되는 반복적인 경우라면 상대방의 의사결정을 지켜보면서 의리를 지키거나 응징하는 것이 최선의 전략이 된다.

물론 죄수의 딜레마 상황은 현실 세상에선 더 복잡하다. 죄수의 유형이 너무나 다양하기 때문이다. 1979년 미국의 사회이론가 로버트 엑셀로드는 죄수 딜레마 문제를 하나의 게임으로 생각하고, 이 문제를 풀기 위한 컴퓨터 프로그램들을 이용하여 '롤 플레이 게임'을 진행한 적이 있다. 이 게임 내용과 결과를 간략하게 소개하면 이렇다.

세상에는 다양한 게임 참가자가 존재한다. 우선 항상 협조파와 항상 배반파가 있다. 또 우선 협조하되 상대방의 선택을 보고 협조파나 배반파로 의사결정을 내리는 전술파도 있다. 또 어떤 부류는 전술파로 행동하다가 막판에 뒤통수치는 빌런파도 있다.

물론 일단 협력하고 자신에게 유리하면 유지하고 불리하면 패를 바꾸는 타짜파도 있다. 일단 협력은 하되 상대방이 한 번 배신하면 나도 끝까지 배신하는 복수파도 있고, 약한 협조파에는 배반하고 강한 배반파에게는 무조건 협조하는 막가파도 있다.

여기에다 기분 내키는 대로 아무 생각 없이 선택하는 단순무식 막가파도 있다. 이런 다양한 유형이 짝을 지어 월드컵 축구 경기를 하는 것처럼 반복적인 게임대결로 펼쳐본 엑셀로드는 상위권 우승자의 공통점을 발견했다. 장기적이고 반복적인 죄수의 딜레마 상황에서 가장 좋은 결과를 얻는 부류의 의사결정 원칙은 다음과 같았다.

**제1원칙** 먼저 배반하지 말고, 교활하게 머리 굴리지 말고, 선량하게 굴어라.

**제2원칙** 상대방이 선제배반을 하더라도 곧 관대하게 용서하는 대인적 면모를 가져라.

**제3원칙** 자신의 의사결정 패턴을 상대방이 알기 쉽게 자신의 전략을 공개하라.

이런 게임이론을 국가 정치 외교에 활용한 예는 정말 많다. 냉전 시대의 미국과 소련의 핵 군비 경쟁을 설명할 때 죄수의 딜레마가 주로 사용된다. 상대방이 핵을 비축할지 안 할지 정보가 불확실한 상황에서 미국과 소련 각 나라 입장에서는 자신이 핵을 보유하는 것이 최고의 선택이 되기 때문이다. 미국과 소련의 딜레마 상황을 표로 정리해 살펴보자.

|  | 소련 핵 비축 O | 소련 핵 비축 X |
| --- | --- | --- |
| 미국 핵 비축 O | 핵 군비 균형 | 미국이 핵 군비 압도 |
| 미국 핵 비축 X | 소련이 핵 군비 압도 | 핵 없는 평화 |

소련이 핵을 비축하는지 안 하는지 모르는 상황에서 미국은 선택의 딜레마에 빠지게 된다. 그러나 게임이론에 따르면 핵을 비축하지 않는 것보다는 핵을 비축하는 것이 더 합리적인 선택이다.

미국이 핵을 비축하지 않았을 때 소련도 핵을 비축하지 않는다면 핵 없는 평화가 오면서 인류 전체적으로 좋은 선택이 된다. 하지만 소련이 핵을 비축하는 날에는 미국이 최악의 상황으로 치달을 수 있기 때문이다. 하지만 미국이 핵을 비축한다면 못 해도 소련과 핵 군비는 균형을 이룰 수 있고, 소련이 핵을 비축하지 않는다면 핵 군비를 압도함으로써 최선의 상황으로 이끌 수 있다.

물론 가장 이상적이고 도덕적인 선택지는 양쪽 다 핵무기를 보유하지 않는 것이다. 이에 대한 협력 체제를 구축하는 전략이 다각적으로 필요할 것이다. 실제로 미·소 양국은 핵 군비 경쟁을 억제하기 위해 각자의 나라를 연결하는 핫라인 개설, 핵확산금지조약 체결 등 큰 노력을 기울였다.

게임이론에는 '내시균형'(Nash Equilibrium)이라는 용어도 있다. 내시 균형이란 게임이론에서 경쟁자 대응에 따라 각자 최선의 선택지를 확정한 후 서로가 자기 선택을 바꾸지 않는 균형상태를 말한다. 각 게임자가 자신의 전략을 고수하고 더 이상 아무도 전략을 바꾸지 않는다면 현재의 전략적 선택은 내시균형에 부합하는 결과를 갖게 된다.

김관옥 계명대 정치외교학과 교수의 책『갈등과 협력의 동아시아와 양면게임이론』(리북)에서는 "동북아 정세에 대해 중국의 급부상으로 인한 중국위협론은 미·중 관계는 물론 동아시아 국제 관계의 핵심적 갈등 요인으로 등장했다"고 분석한다. 그러면서 이 책은 다음과 같이 딜레마 상황을 정리하고 있다.

"북한의 핵 개발은 갈등 상황을 매우 복잡하게 만들고 있다. 이러한 갈등적 관계는 기존 동맹국들 사이에서도 나타나 미국과 일본 그리고 미국과 한국의 무역 갈등도 첨예하게 발생한 바 있다. 그러나 반대로 중국은 현 미국 중심의 세계화 질서의 최대 수혜자로 세계무역기구(WTO)에 가입했고, 북핵 문제와 테러와의 전쟁 등에서 미국과 협력하고 있다. 미국도 경제위기 상황에서 중국의 협력을 요청하고 있다. 이런 협력관계는 한·미 및 미·일 간의 경제 관계, 상하이 협력기구(SCO)를 통한 러·중 관계 등에서도 다양하게 나타나고 있다."

양면게임이론을 채택한 이 책에서는 국내 정치와 국제 정치가 실질적으로 분리되지 않는다고 주장한다. 국제 관계에서 국제체제적 요인들과 국내적 요인들은 '상호작용적' 또는 '상호규정적' 관계, 즉 상호 독립적인 동시에 상호 의존적인 관계라고 강조한 것이다.

동북아 리더가 되기 위해 우리는 게임이론을 충분히 이해할 필요가 있다. 복잡한 동북아 국가들이 모순 상황에서 최대한 공통이익을 추구하기 위해서는 이 게임이론이 매우 중요한 길잡이가 돼 줄 것이기 때문이다.

대한민국이 가야 할 길은 분명하게 정해져 있다. 한반도 비핵화 및 평화공존과 동북아 경제번영이 대전제이자 기본 상수이다. 현재에서 미래로 가는 길을 내기 위해 우리는 지금 무엇을 해야 할 것인가? 가장 먼저 우리는 동북아 무대를 매니징하는 주체가 돼야 한다. 그리고 현실을 정확하게 직시해야 한다. 현실은 게임이론이 작동될 가능성이 크다.

물론 게임이론만으로 동북아의 비전을 달성하기는 쉽지 않다. 냉혹한 현실 너머의 상상력 또한 필요하다. 수평적 시선이 머무는 증오, 갈등, 현재 상황의 데이터보다 한 차원 위 정상에 서서 바라보아야 한다. 그리고 '동북아'라는 한 차원 높은 새로운 패러다임을 제시하고 동북아의 리더십을 함께 만들어가야 한다.

그러면 경제적 상생 관점에서 정치 갈등 문제를 풀고 문화와 체육 화합의 관점에서 역사문제를 해결할 수 있다. 시간의 문제를 공간의 연결로 풀고 공간의 문제를 시간의 단계적 신뢰 관계로 구축해 나갈 수 있다. 한 차원 아래의 꼬인 다양한 갈등은 저절로 용해되어 해결될 것이다.

Chapter

# 4

# 동북아 2030 패러다임과 새로운 리더십

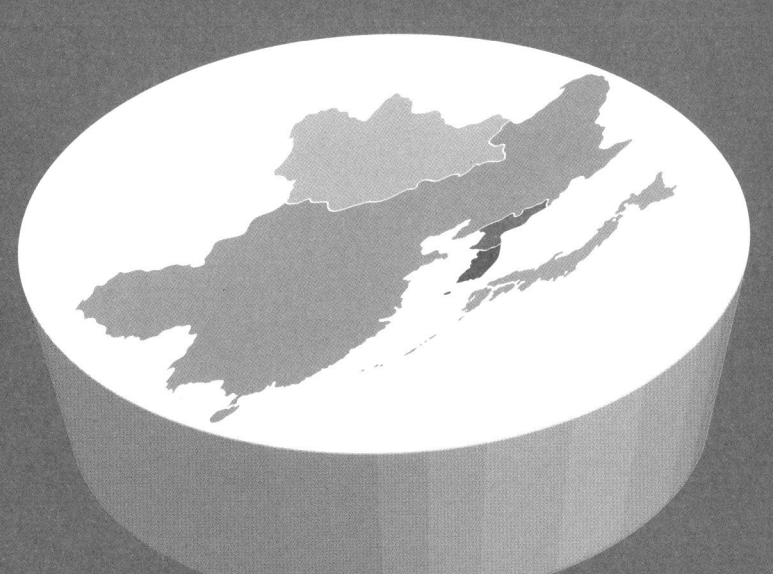

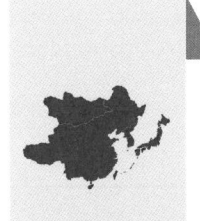

# EU모델에서 동북아 모델로, EU시대에서 동북아 시대로

**Chapt.4
동북아 2030
패러다임과
새로운 리더십**

유럽연합인 EU는 동북아 꿈에 큰 동기가 되었다. 물론 EU모델이 완벽한 것은 아니다. 영국 탈퇴처럼 갈등 요인도 있었다. 여기에다 유럽의 지역 상황은 동북아의 사정과 차이도 많다. 유럽은 국가 정치 특성이나 경제력은 물론 문화와 제도, 국민 의식 등에 동질감이 크지만 동아시아는 그렇지 않다.

한·중·일과 남·북은 앞서 살펴본 바와 같이 여전히 불신과 갈등으로 경계하며 눈치 게임을 벌이는 형국이다. 동북아는 여전히 미국이나 러시아 등 주변 강대국들의 영향을 많이 받는다.

그렇다고 EU와 유사한 동북아 모델이 영 불가능한 건 아니다. 긍정적인 요소도 많기 때문이다. 이미 먼저 시도해 성공한 EU모델이 있다는 점은 엄청난 자산이다. 또한 동북아는 현재 성장동력과 자체적인 소비시장을 갖추고 있다. 이런 성공사례와 현재 여건으로 동북아만의 창의적인 길을 찾을 수 있다.

우리는 우선 성공사례를 참고하여 동북아 시대를 열 독창적인 동북아 모델을 구상해야 한다. 그러기 위해 우리는 유럽에서 구축한 EU모델의 탄생 과정을 분석해 볼 필요가 있다.

EU는 어떻게 탄생했을까? 그 과정을 추적해 보자. 19세기까지 유럽의 국가 간에는 수많은 전쟁이 있었다. 20세기 전반기에는 1차 및 2차 세계 대전을 경험했다. 유럽의 역사는 동북아보다 더한 갈등도 거쳤다.

영국과 프랑스의 '백년전쟁'과 전 유럽을 공포로 몰아넣은 히틀러의 '나치즘'은 도드라진 몇 가지 사례에 불과하다. 전쟁은 언제나 증오를 낳는다. 또 인간에 대한 불신을 키운다. 증오와 불신이 뿌린 씨앗은 자기 나라 중심의 사고와 자민족 이기주의로 자란다.

EU는 그런 증오와 갈등이 극단적으로 표출된 제2차 세계 대전 이후 유럽 국가 간 협력과 통합을 촉진하기 위해 만들어졌다. 그 출발은 1948년 유럽연합 회의가 열렸을 때였다. 유럽 지도자들은 이 자리에서 이전부터 있던 유럽연합 조직인 '유럽연합 동맹'(UEO)의 창설을 본격적으로 논의했다.

1952년에는 프랑스, 독일, 이탈리아, 벨기에, 네덜란드, 룩셈부르크 등 6개 국가가 참여한 유럽 석탄 철강 공동체(ECSC)가 창설된다. 이 참여국은 이어서 '유럽 원자력 공동체'(Euratom)와 '유럽 경제 공동체'(EEC)를 창설했다. 이후 1957년 로마조약에 따라 ECSC, Euratom 및 EEC가 모두 합쳐져 드디어 '유럽연합'(EU)으로 통합되었다.

EU는 이후 지속적으로 확대되어 현재 27개국이 회원으로 참여하고 있다. EU의 특징은 회원국끼리 단일시장, 공동 무역 정책, 통화 연합, 공동 외교정책, 법적 제도 등의 다양한 분야에서 협력을 진행하고 있다는 점이다.

EU 탄생 과정의 핵심을 다시 한번 순서대로 간략하게 정리해 보자.

❶ 제2차 세계 대전을 겪은 후 유럽 국가 간 협력과 통합이 필요했다.
❷ 프랑스는 프랑스와 독일 간 전쟁을 막기 위해 '유럽 석탄 및 철강 공동체'(ECSC)를 제안했다.
❸ 프랑스와 독일 등 유럽 6개 국가가 참여해 ECSC가 창설되었다.
❹ 이들 국가는 서로 유럽 원자력 공동체(Euratom)와 유럽 경제 공동체(EEC)까지 창설한다.
❺ 이런 여러 가지 공동체를 유럽연합(EU)으로 통합한다.
❻ 유럽연합(EU)에 유럽 국가들이 대거 참여한다.
❼ 회원국끼리 단일시장, 공동 무역 정책, 통화 연합, 공동 외교정책, 법적 제도 등을 협력한다.

탄생 과정을 한눈에 파악해 보면 시작은 이거다. 유럽연합의 탄생 이전에 피비린내 나는 전쟁이 있었고 갈등과 증오가 있었다. 그리고 지도자들과 유럽 시민들은 서로 싸우지 않을 방법을 찾아 나섰다. 유럽인들은 가장 먼저 '경제협력'에서 그 답을 찾았다. 시작은 미약했다. 하지만 그것이 전쟁을 막고 함께 살아갈 수 있는 답이라는 것을 알아차렸다. 그러자 이웃 국가들이 대거 동참했다. 그 결과 하나의 시장을 만들고 함께 성장하고 같이 번영하며 평화롭게 공존할 수 있는 모델을 만들어 성공했다는 사실이 중요하다. "어제까지 전쟁과 불신과 증오로 가득 찼던 인간이, 그리고 국가가 이런 걸 해낼 수도 있구나!" 이런 시사점을 준다. 그러니 우리 역시 믿음과 자신감을 얻어야 한다.

또 하나 우리가 주목해야 할 요소가 있다. 유럽연합이 탄생한 것은 그것을 처음 상상한 리더들이 있었기 때문이다. 그들에 대해 알아보자.

장 모네는 유럽통합의 아버지라 불리는 프랑스의 정치가이자 유럽통합 운동가이다. 1951년 유럽 석탄 및 철강공동체 창설에 중요한 역할을 하였다. 이후에도 유럽 경제 공동체 및 유럽 원자력 공동체 창설에도 큰 역할을 담당했다. 장 모네는 "유럽 국가들이 상호 의존성과 협력을 바탕으로 평화와 번영을 이루는 것이 중요하다"고 강조했다.

그는 유럽통합의 수단으로 '기능주의'라는 이념을 제시했다. 기능주의란 유럽 국가들이 서로 협력하여 경제적 이익을 추구하고, 이를 통해 점진적으로 통합되어 가는 과정이 중요하다는 방법론이다. 장 모네의 비전, 방향성, 구체적인 수단이 유럽연합의 길을 닦았던 것이다.

프랑스의 정치가 로베르트 슈망은 1949년 당시 전후 파탄상태에 놓인 유럽을 생각하면서 국가 간 협력을 기반으로 한 평화와 번영을 이루는 것이 중요하다고 주창했다. 그는 1950년 5월 9일 '슈만 선언'을 발표했다. 이를 통해 유럽 국가들이 공동으로 석탄과 철강 생산을 조정하고 이를 공유하는 유럽 석탄 철강 공동체를 창설하는 계획을 제안했다. 이후 1951년 ECSC 조약이 체결되어 유럽 통합시대를 여는 출발점이 됐다. 슈만은 유럽 경제 공동체의 창설에도 중요한 역할을 담당했다.

아데나워와 드골은 서유럽의 협력을 통해 유럽통합을 현실로 만들어 낸 리더들이다. 아데나워는 1949년 서독 총리로 취임하면서 유럽통합 운동을 주도했다. 드골은 1958년 프랑스 대통령으로 취임하면서 유럽통합을 실현했다. 그는 "유럽의 독자성과 자주성을 유지하는 것이 중요하다"는 점을 강조하며 유럽 경제 공동체(EEC)를 지지했다. 이후에는 유럽 경제 공동체와 함께 유럽 원자력 공동체와 유럽 경제 협력 기구

(OEEC)의 창설에도 공헌했다.

빌리 브란트도 동·서독의 화해와 유럽통합을 위해 노력한 대표적인 지도자 중 한 명이다. 1969년 서독의 총리로 취임한 브란트는 동유럽과의 관계 개선을 주도하여, 1970년에는 서독과 폴란드 간의 '바르샤바 조약'을 체결했다. 특히 브란트는 동독과의 관계 개선을 위해 '동방 정책'을 발표했다. 이는 동독과 대화와 상호 이해를 추진하는 것을 내용으로 한다. 그는 이러한 노력으로 1971년 노벨 평화상을 수상하기도 했다.

이처럼 다양한 지도자들의 노력이 유럽연합을 만들었다. 그러나 우리가 절대 잊지 말아야 할 것이 있다. 유럽연합은 전쟁의 공포와 갈등과 증오를 경제적 협력과 평화공존으로 바꾼다는 '발상의 전환'에서 출발했다는 사실이다.

유럽연합은 1, 2차 세계대전과 냉전을 거치며 근대 현실정치를 설명하던 주요 이론 중 하나였던 '안보 딜레마'의 현실적 인식을 극복하고, '안보 공동체'라는 개념을 새롭게 창출해 낸 인류의 집단지성이 창조한 혁신적 솔루션이었다. 이런 발상의 전환을 토대로 상상력과 추진력을 발휘한 지도자들이 새로운 길을 낸 것이다.

이제 다시 동북아로 눈을 돌려보자. 돌아보면 우리에게도 그런 상상력을 가졌던 사람들과 동북아의 비전을 현실로 만들려고 노력한 지도자들이 있었다. 이들은 수십 년 전부터 유럽연합을 지켜보며 한·중·일을 중심으로 한 동북아 시대를 구상했다. 기본적인 경제협력이 군사적 신뢰, 정치통합을 이룰 수 있다는 믿음도 있었다.

일찍이 동북아 시대에 한국의 역할이 중요하다는 걸 깨달았던 대표적인 우리의 지도자가 바로 노무현 대통령이다. 우리는 참여정부 시절 노무현 대통령이 그린 동북아 모델을 기억해야 한다. 그때 고민했던 데이터와 아이디어를 창고에서 다시 꺼내 닦고 손질하고 발전시켜야 한다. 그리고 동북아 비전을 현실로 완성해낼 리더 대한민국 넥스트 노무현, 중국의 노무현, 일본의 노무현, 북한의 노무현을 발굴해야 한다. 그런 의미에서 우리는 다음 글에서 노무현 대통령의 동북아 구상을 다시 돌아보려 한다.

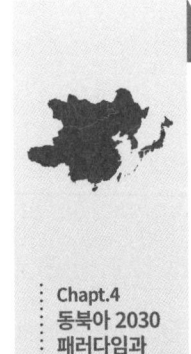

Chapt.4
동북아 2030
패러다임과
새로운 리더십

# 노무현 대통령이 상상한 동북아 모델

   노무현 대통령은 임기 마지막 해인 2007년 외교통상부 산하 비영리 재단법인인 동아시아재단 영문 저널인 <글로벌아시아>에 자신의 동북아 모델에 대해 글을 특별 기고한 적이 있다. 노 대통령은 이 글에서 "동북아가 아무리 경제적으로 발전하더라도 EU와 같은 평화공존 체제를 구축하지 못하면 '문명의 중심'이 되기는 어려울 것"이라며 "유럽이 이미 반세기 전에 공동의 미래를 위한 목표를 세우고 씨앗을 뿌렸듯이, 동북아 국가들도 협력과 통합의 새로운 질서를 구축하기 위해 갈등을 해소하고 미래 불안 요인을 극복해 나가는 동반자가 되어야 할 것"이라고 밝혔다.

   노무현 대통령이 당시 머릿속에 상상하고 그린 동북아는 어떤 모습이었을까? 기고문에 나와 있는 핵심 내용 중 동북아의 현실을 다음 3가지 키워드로 다시 정리해 보자.

■ **동북아 현주소**
   동북아의 평화 정착을 위해 다자안보협력에 대한 구상을 제시했다.

경제, 사회, 문화 부문에 대한 협력 방안들도 모색해왔다. 그러나 아직 큰 진전을 보지 못하고 있다. 북한 핵 문제가 큰 걸림돌이 되어 왔다.

역사문제도 장애가 되어 왔다. 특히 일본은 야스쿠니 신사 참배, 역사 교과서 왜곡, 독도 영유권 주장, 위안부 관련 강제성 부인 등 과거 침략의 역사를 정당화하는 일련의 행동을 보여 왔다. 역사 왜곡은 반목과 불신의 악순환을 가져와 우리 모두를 불행하게 만든다.

■ 역사 인식

진정한 화해는 역사적 진실의 토대 위에서만 가능하다. 역사에 대한 인식은 우리 미래, 우리 운명과 직결되어 있기 때문이다. 과거사에 대한 반성 없는 역사의 왜곡은 배타적 민족주의와 국수주의를 가져오고 나라와 지역을 분쟁의 소용돌이로 몰아갈 수 있다. 역사에 대한 바른 이해는 열린 민족주의를 가능케 하고 주변 국가들과 화합과 협력의 공감대를 만들어 준다.

■ EU의 교훈

동북아에서는 민족주의, 영토분쟁, 군비 경쟁 등 과거의 망령들이 되살아날 수 있다. 협력과 통합의 제도화를 통해 동북아 공동체를 만들어야 하는 시대적 당위가 있다.

참여정부는 동북아의 역사적 갈등 위에 놓인 현실을 냉정하게 바라보고 미래로 나아가기 위해 유럽연합의 성공과 교훈을 활용하자는 생각이었다. 2000년대 초 출범한 참여정부는 미래가 동북아 시대임을 예견했다. 그리고 노무현 대통령은 이런 동북아의 현실적 상황에서 평화와 번영의 동북아 공동체를 만들기 위해 여러 가지 해결과제와 방안을 제안했다. 노 대통령의 생각을 다음 5가지 요소로 요약할 수 있다.

❶ **경제적 협력** 동북아의 핵심 국가인 한·중·일 3국은 경제적 상호의존이 급속히 심화하고 있다. 그러나 아직 자유무역협정(FTA)도 체결하지 못했다(한·중·일 3국 간의 자유무역협정은 2012년 11월 20일부터 2013년 현재까지 협상 중이다).
동북아의 잠재력을 극대화하고 첨예한 경쟁 관계를 완화하는 동시에 새로운 분업 질서를 모색하기 위해 제도화된 협력과 통합의 노력이 필요하다. 통화금융, FTA, 에너지, 교통물류, 환경 등 다방면에서 협력을 더욱 강화해야 한다.

❷ **다자안보협력** 동북아에 다자안보협력 체제를 구축해 나가야 한다. 나는 냉전 시대 불신의 벽을 허물고 유럽통합의 기초를 닦은 '유럽안보협력기구'(OSCE)의 성공사례가 동북아 다자안보협력의 귀중한 교훈이 된다고 생각한다. 각국의 공동 이해를 기초로 다자안보협력 구축에 대한 장기적 비전을 제시하는 정치적 리더십과 실천 의지가 필요하다.

❸ **미국 역할** 동북아 공동체 형성에 있어서 미국의 역할이 강조되어야 한다. 지역 공동체 구성을 위해서는 지리적 근접성 못지않게 그 지역에 대한 실제적 소속감이 중요하다. 이런 점에서 미국은 동북아 지역에 대한 전통적 이해관계를 가지고 있을 뿐만 아니라 이 지역

에 강한 소속감을 가지고 있다. 따라서 미국이 동북아 다자협력 질서와 구조를 창출하는 과정에 핵심적으로 참여하는 것은 매우 중요하다. 동북아지역의 안정과 번영에 크게 도움이 되기 때문이다.

❹ **역사 인식** 과거의 역사를 직시하고 역사 인식에 대한 공통의 토대를 마련해야 한다. 2차대전 이후 독일의 과거사 청산과 철저한 반성은 유럽 역사의 응어리를 풀어 유럽통합의 기초를 다지게 했다. 독일과 프랑스, 독일과 폴란드의 공동 역사교재는 새로운 세대에게 바른 역사 인식을 심어주고 있다. 이것은 분열된 역사가 통합의 미래로 발전할 수 있다는 것을 잘 보여주는 대목이다.

공동 역사 연구와 공동의 역사 교육이 이루어지면 특정 국가의 정체성이 아닌 동북아지역의 정체성을 확보하는 데 도움이 될 것이다. 우리 정부는 이를 위해 2006년 동북아역사재단을 설립하고 동아시아사를 역사 교육 과정의 하나로 채택했다.

이러한 공동역사교육은 동북아 정체성 형성을 촉진할 뿐만 아니라 갈등의 근원이 되는 배타적 민족주의를 상호 신뢰와 이해를 도모할 수 있는 열린 민족주의로 전환할 수 있을 것으로 본다.

❺ **문명의 중심** 동북아가 미래 문명의 중심으로 부상하리라는 전망도 있다. 그러나 동북아가 아무리 경제적으로 발전하더라도 EU와 같은 평화공존 체제를 구축하지 못하면 '문명의 중심'이 되기는 어려울 것이다. 자국만의 이익, 소아(小我)의 울타리를 넘어서 공동 이해에 기초한 새 역사를 일구어 나가야 한다.

사실 동북아는 나라별 제도나 정치 시스템 차이가 크지만 유럽 국가들처럼 나라가 많지 않다. 동북아 핵심 국가는 남·북한과 중국, 일본 정도이다. 여기에 러시아와 연계해도 4개 나라 정도라 단순하다.

앞으로 남은 과제는 동북아 국가를 하나로 묶어서 동북아연합 같은 새로운 모델을 창조해 나가는 일이다. 강력한 주변국들을 대화의 장으로 이끌고 중재하며 동북아 공동번영이라는 미래 비전으로 나아가게 만드는 것이 우리 대한민국의 몫이다.

"역사는 완결된 구도를 가지고 꾸며가는 것이 아니라 많은 사람이 '함께 가자'고 마음먹고 가는 데서 이루어지는 것이다. 많은 사람이 신념을 가지고 가면 그것이 곧 길이 된다. 평화, 번영, 민주주의, 공동체를 향해 함께 나아가는 것, 그것이 바로 역사의 진보라고 생각한다."

역사는 많은 사람이 마음먹는 대로 이루어진다는 의미이다. 2007년 어느 날 노 대통령이 던진 이 말씀은 오늘 우리에게 던지는 말이자 죽비처럼 머리를 내리친다. 더 많은 사람이 동북아의 꿈을 생각할 때 동북아 모델은 언젠가 실현될 것이다.

# 김구의 문화강국론, 김대중의 햇볕정책론, 노무현의 동북아 균형자론

Chapt.4
동북아 2030
패러다임과
새로운 리더십

현실의 문제를 해결하는 유능한 지도자는 많다. 그러나 미래를 앞서 고민하고 내일의 길을 제시하는 통찰력을 갖춘 지도자는 많지 않다. 대한민국의 미래, 우리의 아이들과 후세대가 어떻게 한반도와 세계 무대 위에서 주체적 삶을 살 것인지를 치열하게 고민한 사상가 면모를 갖춘 지도자를 꼽는다면 김구 선생, 김대중 대통령, 노무현 대통령을 들 수 있다.

우리는 동북아 모델로 향해 가기 위해 의미 있는 징검다리를 놓았던 지도자가 있었다는 사실을 기억해야 한다. 그리고 그들이 제시한 이정표를 언제나 참고해야 한다.

김구 선생이 그렸던 우리나라는 어떤 모습이었을까? 김구 선생의 '문화강국론'은 너무나 유명하다. 그는 일제 치하에 고통받고 목숨을 걸고 항쟁해 온 우리 민족에게 미래에 강한 나라가 될 수 있다는 비전을 주었다. 김구 선생의 글을 직접 읽어보자.

"나는 우리나라가 세계에서 가장 아름다운 나라가 되기를 원한다. 가장 부강한 나라가 되기를 원하는 것은 아니다. 내가 남의 침략에 가슴이 아팠으니, 내 나라가 남을 침략하는 것을 원치 아니한다. 우리의 부력(富力)은 우리의 생활을 풍족히 할 만하고 우리의 강력(强力)은 남의 침략을 막을 만하면 족하다. 오직 한없이 가지고 싶은 것은 높은 문화의 힘이다. 문화의 힘은 우리 자신을 행복하게 하고, 나아가서 남에게 행복을 주기 때문이다."

- 김구의 「나의 소원」 중에서

김구 선생의 소원은 대한민국이 높은 문화의 힘을 가지는 것이었다. 미래를 꿈꾼 그의 소원은 현재 속속 이루어지고 있다. 우리의 문화콘텐츠는 한반도를 벗어나 세계적인 수준에 오른 지 오래다.

한국의 BTS 노래는 세계에서 인정받는 음악 콘텐츠였다. 빌보드앨범 차트에서 1위를 하고 세계 곳곳에 많은 팬이 생기면서 글로벌 스타가 됐다. 덩달아 K-POP의 인기가 날로 높아지고 있다. 다른 분야도 승승장구하고 있다. 봉준호 감독의 <기생충>이 전 세계의 여러 영화제에서 수많은 상을 휩쓸면서 한국의 영화가 세계적으로 주목을 받았던 추억을 여전히 어제 일처럼 기억하고 있다.

넷플릭스 같은 글로벌 콘텐츠 플랫폼에서도 한국 드라마나 영화가 세계인에게 큰 사랑을 받고 있다. 해외 여행자들이나 해외 유학생들은 K-컬처 또는 한류(韓流)와 인연을 맺고 난 후 한글을 배우고 한국을 찾는다.

백범 김구 선생은 말했다. "나는 우리나라가 남의 것을 모방하는 나라가 되지 말고, 이러한 높고 새로운 문화의 근원이 되고, 목표가 되고, 모범이 되기를 원한다. 그래서 진정한 세계의 평화가 우리나라에서, 우리나라로 말미암아 세계에 실현되기를 원한다."

나는 김구 선생에게 나라 사이의 이해와 갈등을 극복하고 종교나 차이도 이겨낼 한 차원 높은 시선이 있었다고 믿었다. 그것이 바로 문화가 가진 힘이다. 김구 선생은 문화의 힘으로 개인이나 국가의 차별은 물론 좌우 이념 갈등, 증오와 다름을 극복할 수 있다는 사실을 알고 있었다.

한반도에는 6.25전쟁 후 남·북으로 분단된 비극적 상황에서 상대방에 대한 대결, 경쟁, 증오, 반목, 두려움만 남아 있었다. 남·북의 정치 지도자나 국민은 서로를 상대로 더 대결하고, 더 경쟁하고, 더 증오하고, 더 반목하고, 더 공포감을 조장하는 선택지밖에 없다고 믿었다.

이런 상황이 지속되는 과정에서 새로운 발상의 전환으로 미래 한반도의 평화공존을 설계한 이가 있었다. 그가 바로 김대중 대통령이다. 김 대통령이 북한과 협력하고 인도적으로 지원함으로써 평화적인 통일을 이루어나가겠다는 기존과 다른 남·북 관계의 정책을 발표했다. '햇볕정책'이었다.

햇볕정책은 비유법으로 사용된 상징어로 '대북화해정책', '대북포용정책' 또는 '포용정책'을 말한다. 남·북이 대결과 단절을 극복하고 서로 개방하며, 협력한다는 의미를 내포하고 있다. 햇볕정책은 그동안 남·북 간의 대립과 경쟁관계를 화해, 협력을 강조한 포용 관계로 전환하는 데 기여했다. '햇볕'은 바람이 벗기지 못한 사람의 외투를 따스함으로 벗긴 태양에 관한 『이솝 우화』의 '북풍과 태양' 편에서 따왔다. 이 햇볕정책의 모델은 1970년대 화해와 협력으로 통일을 이룰 수 있었던 서독의 동방정책에서 착안했다.

김대중 정부 초기인 2000년 3월 10일, 햇볕정책을 바탕으로 남·북 화해 협력을 강조한 '베를린 선언'이 나왔다. 이때부터 화해 협력 사업이 본격 추진되기 시작했다. 2000년 6월 13일에서 6월 15일까지 최초로 남·북한의 지도자인 김대중 대통령과 김정일 국방위원장이 평양에서 남북정상회담을 개최했다. 이를 통해 '6.15 남북공동선언'을 발표했다.

1998년 11월, 분단 이후 처음으로 남한 사람들은 금강산 관광에 나서게 되었다. 당시 남·북 교류 지표에 따르면 김대중 정부 출범 이후 2000년 5월 말까지 1만 667명이 북한을 방문했다. 이는 1989년 방북 허용 이후 전체 방북 인원의 80.5%에 해당한다. 연간 교역 규모도 3억 달러를 넘어섰다.

이후 연평해전과 같은 북한의 무력 도발이나 핵 실험 등으로 남·북 관계가 진전하지 못한 상황이 많았다. 하지만 햇볕정책은 당시에 대결 중심의 남·북 관계를 화해와 협력 중심의 남·북 관계로 전환할 수 있다는 가능성을 확인하는 역사적 계기가 됐다는 점은 분명한 사실이다.

김대중 정부의 바통을 이어받은 참여정부에서는 한반도 평화를 이루면서 한·중·일의 경제번영을 함께 꿈꾸는 한 차원 높은 새로운 관점이 나왔다. 이 새로운 사상이 노무현 대통령이 제안한 '동북아 균형자론'(東北亞均衡者論)이다.

지난 2003년 2월, 노무현 대통령은 취임과 동시에 '참여민주주의', '균형발전사회'와 함께 '평화와 번영의 동북아 시대'라는 3대 국정 목표를 제시했는데, 동북아 균형자론은 외교정책 분야의 핵심적인 기조였던 '평화와 번영의 동북아 시대' 정책의 사상적 근거가 되었다. 그러니까 대한민국이 동북아에서 균형추 역할을 담당해야 한다는 담론이었다.

현실직으로 동북아에는 강력한 힘을 지닌 일본과 중국이 있다. 동북아 외곽에는 미국과 러시아가 있으며 이 국가는 동북아에 엄청난 영향력을 발휘하기도 한다. 대한민국은 지정학적으로 동북아 무대에서 주변 강대국에 휘둘리기 쉬운 위치에 있다. 이른바 '한반도 새우론'이다.

근대사를 돌아보면 우리는 주체적으로 서지 못하고 스스로 국가의 운명을 선택하지 못했다. 우리의 운명을 우리가 주도적으로, 주체적으로 선택할 수 있는 현실적인 대안이 필요했다. 이것이 동북아 균형자론이 탄생한 배경이다.

노무현 정부는 당시 '동북아 균형자론'을 두고 "무력이나 힘의 사용에 의존하지 않고, 동북아 내에서 중견 국가의 위상에 맞는 대한민국의 역할을 하고자 하는 것"이라면서 "우리의 국익을 위해, 변화하는 국제사회에서 존경받는 협력 국가가 되기 위해, 과거 우리가 종속 변수였던 상황에서 벗어나 적극적으로 동북아 국가들을 협상테이블에 앉히고, 조율하고, 방향을 제시하는 우리의 역할을 찾아 나가자는 것이다"라고 밝혔다.

물론 동북아 균형자론에는 대한민국의 역할이 핵심이었다. 그러나 우리의 역할을 수행하는 데에는 현실적 한계가 있었다. 동북아 현실에서 균형추 역할에 대한 주변 국가들의 인식과 한미동맹 문제, 현실적인 역사 갈등의 벽은 높았기 때문이다.

지금까지 김구 선생의 '문화강국론'과 김대중 대통령의 '햇볕정책', 노무현 대통령의 '동북아 균형자론'을 살펴보았다. 우리의 지도자들은 앞서 대한민국 미래를 치열하게 꿈꾸었다. 대한민국이 당당하게 세계 속에 우뚝 설 수 있는 방법을 찾아 아이디어를 던졌다. 물론 그것을 실현하는 데에는 현실적인 한계도 있었다.

그러나 그들의 아이디어가 오늘날 퇴색되거나 의미가 사라진 건 결코 아니다. 아이디어는 여전히 지금 우리에게 유효하다. 세계에서 존중받는 선진문화강국의 도전을 멈추지 말아야 한다. 남·북 화해와 평화, 비핵화의 길을 뚜벅뚜벅 걸어가야 한다. 동북아 상생 번영의 모델을 정교하게 설계해 나가야 한다. 남은 자의 몫이다.

# 총알 하나가 세계 대전을 만든 사라예보 사건의 교훈

Chapt.4
동북아 2030
패러다임과
새로운 리더십

평화를 지키는 건 생각보다 훨씬 어렵다. 평화는 미리미리 지켜내야 한다. 사전에 화해의 무대를 잘 마련해 두고 평소에 꾸준히 안정적으로 상황을 관리하고 있어야 한다. 평화를 지키는 것은 간단한 문제가 아니다.

세계 대전을 총알 한 방이 일으켰다고 한다. 진짜 그랬을까? 진짜일 수도 있고 그렇지 않을 수도 있다. 세계 1차 대전으로 이어진 '사라예보 사건'에서 진위를 가릴 수 있다.

때는 1914년 6월 28일이었다. 오스트리아-헝가리 제국의 지배를 받던 현재의 보스니아 헤르체고비나의 수도인 사라예보에서 강렬한 총소리가 들렸다. 오스트리아-헝가리 제국의 황위 계승자인 프란츠 페르디난트 폰 외스터라이히에스테 대공과 조피 초테크 폰 호엔베르크 여공작 부부가 이 총성과 함께 쓰러졌다. 총을 쏜 이는 보스니아 출신의 한 청년, 가브릴로 프린치프였다. 그는 겨우 18세의 대학생이었다. 보스니아 민족주의자이기도 했던 이 젊은 청년이 쏜 총알은 결국 제1차 세계 대전의 도화선이 됐다.

이 사건을 계기로 오스트리아-헝가리 제국은 세르비아와 전쟁을 하기 위해서 동맹국 독일 제국에 협조를 요청했다. 이것은 한 나라의 전쟁 시

무조건 지원해야 한다는 조항이 있는 '독일-오스트리아 동맹'에 따른 것이었다.

오스트리아는 독일을 믿고 1914년 7월 23일 세르비아에 다음과 같은 내용의 '최후통첩'을 보낸다. 그것은 세르비아 내 모든 반(反)오스트리아 단체를 해산할 것, 암살에 관련된 모든 자를 처벌할 것, 반(反)오스트리아 단체와 관련된 모든 관리를 파면할 것, 오스트리아 관리가 세르비아로 들어가 관련 조사를 도울 수 있게 허용할 것 등이었다. 답변 시한은 48시간이었다. 물론 이 최후통첩은 세르비아가 들어주기 힘든 요구사항이었고 결국 세르비아는 이 최후통첩을 거부했다.

오스트리아는 7월 28일, 결국 세르비아에 전쟁을 선포했다. 다음날에는 세르비아의 뒤를 봐주던 러시아가 7월 29일 총동원령을 내렸다. 한 청년이 쏘아 올린 총성에 여러 나라들이 이합집산하며 즉각 세계 대전의 소용돌이로 빠졌다. 세계 1차 대전이 시작된 것이다. 당시 상황을 국가별로 다시 정리해 보자.

- **오스트리아-헝가리 제국** 오스트리아 제국의 지배를 받던 보스니아 출신의 한 민족주의자 청년의 총기 암살 사건을 계기로 세르비아에 대한 보복을 준비하고, 이로 인해 제1차 세계 대전이 시작되는 계기가 되었다.
- **세르비아 왕국** 세르비아 왕국은 어쩌면 직접적으로 이 암살 사건과는 무관할 수도 있다. 그러나 암살 사건의 배후 국가로 지목되어 오스트리아-헝가리 제국과의 대립 상황에 빠지게 되면서 전쟁의 당사자 국가가 된다.
- **독일 제국** 동맹국으로 오스트리아-헝가리 제국의 지원을 약속하며

세계 대전에 사동으로 참전하게 된다.

- **러시아 제국** 세르비아 왕국의 동맹국으로서 오스트리아-헝가리 제국과의 대립 상황에 부닥치게 되고 세르비아를 돕기 위해 전쟁에 참전한다.
- **프랑스 제국** 프랑스는 러시아와 동맹이었다. 그로 인해 러시아와 독일과의 전쟁에 동맹국으로 참전한다.
- **영국 제국** 영국은 프랑스와의 동맹이었다. 전쟁에 참전하는 프랑스를 돕기 위해 영국은 독일과의 전쟁에 참전하게 된다.
- **이탈리아 왕국** 처음에는 독일과 오스트리아-헝가리 제국과의 동맹국이었다. 하지만 중립을 유지하다가 후에 동맹 변경을 통해 독일 제국에 대항해 전쟁에 참전하게 된다.
- **미국** 처음에는 중립을 유지하다가 후에 독일 제국에 맞서 전쟁에 참전하게 된다.

전쟁 참여와 확산은 마치 도미노 게임처럼 작동했다. 도대체 암살 사건 이면에 어떤 상황이 있었던 것일까. 사건 당사자 국가는 세르비아 왕국과 오스트리아-헝가리 제국이다. 당시 총에 맞은 프란츠 페르디난트는 오스트리아-헝가리 제국의 차기 주자였다. 그는 제국 내에서 게르만인과 슬라브인이 평등하게 잘 지내게 하려는 계획을 세우고 있었다. 그러나 세르비아 민족주의 단체는 이러한 그의 온건한 유화 정책을 우려했다. 그의 평화 정책이 세르비아인의 독립운동과 결집 의지를 약하게 만들지도 모른다고 여겼기 때문이다.

지도상 오스트리아-헝가리 제국 아래 국경을 두고 있던 세르비아 왕국은 러시아 제국의 지원을 받으면서 오스트리아-헝가리 제국의 지배를 받고 있던 남슬라브계의 보스니아 독립(남슬라브 운동)을 은근히 부추겨 왔다. 오스트리아-헝가리 제국은 이런 세르비아를 눈엣가시처럼 생각하던 차였다.

권총 테러를 벌인 청년도 세르비아계 보스니아인으로 '남슬라브 운동' 세력 중 한 명이었다. 이 청년 역시 보스니아가 오스트리아-헝가리 제국으로부터 완전하게 독립하여 독립국인 세르비아와 합치길 원했다. 그러니까 남슬라브인들이 단일 민족 국가로써 통일을 꿈꾼 것이다.

오스트리아-헝가리 제국 입장에서는 당연히 이런 남슬라브 운동이 확산하는 걸 원하지 않았다. 결국 오스트리아-헝가리 제국은 사라예보 암살 사건을 구실로 삼아 세르비아 왕국과 전쟁을 결심하게 된다. 이것이 세계 제1차 대전이 발생하게 된 물밑의 진짜 배경이다.

따져보면 실제 세계 대전이 일어난 이유는 그저 그날 우연히 울린 총성 때문은 아니다. 국가와 국가 사이에 얽혀있던 수많은 민족적 모순이 있었다.

평화를 지키는 것은 물밑에 잠재된 숱한 갈등 요소들과 불확실성을 안정적으로 관리하는 일과 같다. 단순히 정의롭냐, 정의롭지 않냐, 혹은 옳으냐, 그르냐를 떠나 다양한 개인, 집단, 민족, 국가 사이에 이해충돌이 있고 그 이해충돌이 점차 첨예해지려는 순간, 언제든 전쟁과 같은 비극이 찾아올 수 있다는 점을 우리는 기억해야 한다. 한 차원 높은 곳에서 보이는 것과 보이지 않는 물밑의 에너지까지 통찰할 때 비로소 전쟁을 막고 평화를 유지할 수 있다.

Chapt.4
동북아 2030
패러다임과
새로운 리더십

# '삼발이 균형 전략'으로 미래의 동북아를 상상하라

동북아의 핵심 국가는 한·중·일이다. 예부터 한·중·일은 '삼발이'로 비유되었다. 삼발이는 다리가 세 개 있는 것들을 지칭하는 용어다. 영어로는 'tripod'라고 한다. 물건 중에서는 세 발 받침대가 유독 많다. 왜일까? 무언가를 받치려면 최소한 다리가 세 개는 있어야 안정된다. 특히 3은 서로가 독립적이면서 의지하는 형태이기 때문이다. 이런 이유로 3은 안정과 균형을 상징한다.

3이 안정적인 이유를 구조적 원리로 정리하면 다음과 같다. 우선 세 발 구조는 두 발 구조보다 더 안정적이다. 그 이유는 삼발이가 지면과의 접촉점이 더 많아서다. 삼발이는 두 개의 발과는 달리 세 개의 발로 지면에 닿게 되므로 지면과의 마찰력이 더 크고 균등하게 분포되어 안정성이 높아진다. 둘째, 세 발 구조는 중앙의 발과 양쪽의 발이 조화를 이루어 중심축이 더 안정적으로 유지되도록 한다. 이는 두 발 구조나 네 발 구조에서 발생할 수 있는 불균형한 중심축 문제를 줄여준다. 셋째, 세 발 구조는 지형의 변화나 기울기 등에 더 적응하기 쉽다. 환경 변화에 대응하기 쉽고, 변화 상황에서도 평형을 잡는 데 더 유리하여 안정성을 높일 수 있다.

또한 3이 균형과 밀접한 관계가 있는 건 가위바위보 게임에서 쉽게 이해할 수 있다. 서로 물고 물리는 관계를 맺고 있다. 가위는 보자기를 이기고, 보자기는 주먹을 이기고, 주먹은 가위를 이긴다.

특히 3을 활용한 균형의 대표적인 사례는 '천하삼분지계' 이야기다. 천하가 삼분되면 서로의 힘이 비슷비슷한 세 세력이 서로가 견제하기에 어느 하나가 특별하게 강해지기도 힘들어져서 불안하면서도 안정적인 상황이 만들어진다. 설령 어느 하나가 강해지더라도 다른 둘이 연합하여 1:2로 전체의 균형을 맞출 수 있기 때문이다.

중국 역사에는 이 천하삼분지계가 두 번 등장한다. 하나는 '삼국지', 또 하나는 '초한지'이다.

먼저 삼국지에서 제갈량이 제시한 천하삼분지계는 2세기 말~3세기 말 중국의 후한 말기와 삼국시대를 배경으로 한다. 당대의 천하를 조조-손권-유비의 축으로 중국대륙을 삼분(三分)하여 균형을 추구하겠다는 전략이었다. 제갈량은 유비에게 삼분지계에 대해 다음과 같이 설명했다.

"형주는 아주 좋은 땅입니다. 북쪽에 한수와 면수가 있어 경제적 이익이 남해에 이르고 동쪽은 오군과 회계에 잇닿아 있으며 서쪽으로는 사천과 닿아 있어 충분히 무력으로 지킬 만합니다. 그런데 이 땅의 주인인 유표는 어리석어 이를 간수하지 못할 것입니다.

또한 서쪽으로 눈을 돌리면 익주가 있사온데, 그곳은 천하의 요지로 기름진 들판이 천 리에 이르고 인구가 많고 부유한 땅입니다. 더구나 한 고조가 그 땅에서 일어나 천하를 얻지 않았습니까? 하지만 그 땅의 주인인 유장은 어리석고 유약하며 한중의 장로가 북쪽에서 위협하고 있음에도 제대로 대처하지 못합니다. 바로 이때 장군께서는 황실의 후예이신 데다가 신의는 천하에 빛나고 영웅들은 널리 따르니 이들을 잘 활용한다면 얼마든지 기회가 있습니다. 만일 형주와 익주를 점거하여 그 요충지를 지키고 서쪽으로는 오랑캐와 조화를 이루고, 남쪽으로는 이월을 위로하고 밖으로 손권과 맹약을 맺으면 천하에 변화를 만날 수 있을 겁니다.

그때 상장 한 명으로 형주의 군을 허창과 낙양으로 진군하게 하고, 장군 자신은 익주의 병력을 이끌고 진천의 관중 지역으로 출격한다면 천하가 목전에 있을 것입니다. 그렇게 되면 10년 이내에 대업을 이루실 것이고 20년이면 천하가 안정될 것입니다.".

결국 제갈량의 전략대로 유비는 형주, 익주, 한중을 모두 제패했고, 이로써 천하삼분지계가 구현된 삼국의 초기 형세가 일시적으로 성립되었다.

천하삼분지계는 삼국지보다 앞선 시대의 역사적 배경을 가진 초한지에서도 등장한다. 초한지는 진나라 말기를 배경으로 초나라 항우와 한나라 유방의 기나긴 대립과 전쟁을 그리고 있다. 초와 한의 싸움에 승자는 한나라의 유방이 된다. 항우와 유방의 전쟁에서 성패를 가린 결정적 인물이 있었다. 최고의 지휘관을 논할 때 빠지지 않는 불세출의 명장(名將), 바로 한신이다. 백전백승의 전략가로 무수한 전공을 세워 유방에게 천하를 안겨준 한신은 추후 제(齊)왕과 초(楚)왕의 자리까지 오른 입지전적인 인물이다.

원래 한신은 항우 밑에 있다가 유방 쪽에 합류했다. 한신은 유방의 총애를 받으며 승승장구했고 한나라의 대장군(大將軍)에 오른다. 이 한신에게 천하삼분지계 이야기가 있다. 어느 날 한신에게 그의 참모였던 괴철이라는 자가 말한다.

"장군은 위(魏), 대(代), 조(趙) 등 옛 삼진(三晉) 지역을 평정하고 제나라, 연나라 등도 평정하여 당대의 하북 지방을 거의 점령해 이미 유방이나 항우와 맞먹거나 능가하는 세력을 자랑하고 있습니다. 그러니 유방의 휘하를 떠나 독립을 선언하고 한과 초의 대결에서는 중립을 선언하면 중원은 거의 대등한 세력을 가진 3국으로 갈려 균형이 유지될 것입니다. 유방의 한나라와 항우의 초나라가 서로를 공격하느라고 한신을 제압할 역량이 되지 못했으므로 한신이 중립으로서 양측의 균형을 조율하려 한다면 천하를 삼분하여 정족지세(鼎足之勢)를 이루어 안정적인 삼국의 형세가 유지될 수 있을 것입니다."

다시 말해 괴철은 한신에게 훗날의 천하삼분과 비슷한 계책을 제시한 셈이다. 그러나 한신은 이 제안을 거절했다고 알려져 있다. 참모였던 괴철은 한신의 미래를 예견했다. 역사를 돌아보면 전쟁에서 승리한 장수는 전쟁이 끝난 후 평화의 나라에선 살아남지 못한다는 사실을 알았던 것이다. 당시 괴철의 말에 따르지 않은 한신은 결국 훗날 유방에게 숙청당하고 만다. 한신은 죽기 전 "괴철의 조언을 따라 삼분지계를 받아들이지 않아 이리 죽게 되었구나!"하고 후회했다는 이야기가 전해진다.

역사와 허구가 섞인 삼국지나 초한지의 이야기가 어디까지 사실인지는 알 수 없다. 하지만 우리는 지금 역사적 사실을 알아보려는 건 아니다. 숫자 3이 만드는 견제와 균형 감각에 관한 이야기를 하려는 것이다. 동북아의 특징 중 하나는 핵심 국가인 한·중·일 세 나라가 이미 절묘하게 서로 간의 균형을 만들고 있다는 점이다. 우리는 이 사실을 기억해야 한다.

기원전 8세기 이탈리아 중부의 작은 도시국가로 출발한 로마는 2000년에 걸쳐 북쪽으로 지금의 영국과 독일, 남쪽으로 사하라사막에 이르는 그야말로 지중해를 에워싼 대제국으로 발전했다. 메리 비어드가 쓴 『로마는 왜 위대해졌는가』(다른)에 보면 로마 제국 성공 비결을 '견제와 균형의 정치 시스템'에서 찾는다.

로마 제국의 정치 시스템은 집정관, 원로원, 민회 등 3개의 견제와 균형의 구조로 이루어진 공화정이었다. 로마 공화정은 정치가 독재로 변질하는 것을 막는 견제와 균형의 시스템이었으며 로마 황제 역시 원로원과 시민의 승인으로 통치권을 위임받은 존재였다. 무엇보다 이런 견제와 균형의 정치체계는 이민족과 수많은 이해관계로 얽힌 정치세력을 규합하는 유연함을 발휘할 수 있었다.

3은 물리적으로 가장 안정된 구조를 상징한다. 그것이 바로 복잡한 갈등이 생기거나 난세일수록 '삼분지계'가 주목되는 이유일 것이다. 삼발이 동북아 모델은 힘의 균형 위에 구축할 수 있다. 우리가 꿈꾸는 동북아 모델은 동북아 국가들이 견제와 균형으로 작동하는 효율적 시스템을 갖는 것이다.

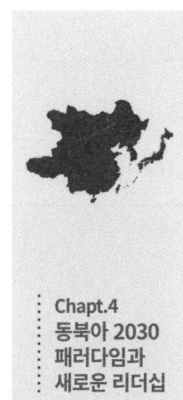

# 환경문제
# 동북아 공동 대응 전략

Chapt.4
동북아 2030
패러다임과
새로운 리더십

기후 온난화, 오존층 파괴, 미세먼지, 쓰레기, 탄소 배출, 산림 훼손, 바다 오염, 화석연료 사용에 의한 $CO_2$ 발생, 물 부족…….

환경문제는 전 세계 인류가 풀어야 할 숙제가 되고 있다. 산업화와 도시발전, 인구 증가, 산림파괴로 시작된 범지구적인 환경문제는 결국 인류를 위협하고 급기야는 지구를 멸망에 이르게 할 것이라는 비관적인 전망까지 나온다.

일찍이 1972년 로마클럽이 발간한 『성장의 한계』라는 책에서는 미래 환경문제가 지구에 미칠 영향을 제시하며 인류에게 경고 메시지를 던졌다. 당시 컴퓨터 시뮬레이션 기법으로 인구, 자원, 에너지, 쓰레기 등의 몇 가지 요인들을 분석했는데 그 결과는 "21세기의 중반기에 이르면 전 세계 인류의 장래가 심각한 위협에 직면하게 될 것"이라는 전망이었다. 실제로 최근 2040년과 2050년 사이에 환경문제는 인류 생존의 중대한 변곡점을 맞이할 것이라는 다양한 보고서가 쏟아지고 있다.

지난 2022년 환경보호에 전념하는 유엔 기관 중 하나인 '유엔환경프로그램'(UNEP)이 소음공해로 인한 보건 문제, 점점 심해지는 산불, 기후 위기로 무너지는 식물과 동물 생태계 균형을 집중 조명한「프론티어 보고서」를 발간한 바 있다. 이 보고서의 핵심 내용을 살펴보자.

■ 산불

기후변화에 따른 전 세계의 산불 피해도 계속 늘고 있다. 보고서에 따르면 2002년부터 2016년까지 매년 토지 약 423만㎢가 산불 피해를 입었다. 특히 건조한 아프리카 대륙에 67%가 집중됐다. 기후 위기가 심화하면서 산불은 빈번하고 강해질 것으로 예상되며, 화재는 번개를 더 촉발하고 번개는 또 다른 산불을 발생시키는 악순환을 유발할 전망이다.

산불 증가 원인으로는 기후 위기로 인한 기온 상승, 토지 건조화가 꼽힌다. 또 기존 자연환경이 벌목되고 농장으로 변하거나 가축 방목지로 변하면서 산불 위협도 커지고 있다.

산불은 인간과 동물 건강에도 영향을 미친다. 산불 연기에는 유해 물질 입자가 포함되며, 바람을 타고 이동하면서 인근 지역 거주민 건강에 장기적 악영향을 미칠 수 있다. 때로 산불 연기는 수천 ㎞ 떨어진 곳까지 이동하기도 한다.

유해 물질에 노출된 사람들은 기존에 가지고 있던 질환이 악화할 수 있다. 특히 어린이와 노인에게 영향이 크다. 산불은 생물다양성도 감소시킨다. 산불로 위협에 처한 생물은 4,400종으로 집계됐다.

산불은 국지적이지 않고 전 지구적으로 영향을 미친다. 산불이 발생하고 나면 '블랙카본'이라는 탄소 생성물이 생기고 블랙카본은 수원을 오염시킨다. 또 빙하가 녹는 것을 촉진하고 바다에 유기물을 퍼뜨려 대규모 조류 번성을 유발한다.

### ■ 생태계 파괴

기후 위기에 무너지는 생태계 파괴는 치명적이다. 예를 들어 1200년 동안 벚꽃 개화 시기를 분석해 보면 평균 개화 시기는 800년대부터 4월 10일과 15일 사이를 오갔다. 하지만, 기상 관측으로 기온 상승이 처음 포착된 1830년대 이후 벚꽃 평균 개화 시기는 점점 빨라지더니, 2022년 개화 예상 시기는 4월 4일까지 앞당겨졌다.

보고서는 작물도 기후 위기에 영향을 받으면서 인류는 식량 생산 위기에 직면할 것이라고 경고했다. 또 해양생물과 먹이 생태가 근본적으로 변하면서 인간이 상업적으로 활용하는 종들이 중대한 영향을 받아 어업 생산성도 떨어질 것이라 지적했다.

2000년대 초 과학자들은 지상에 서식하는 생물 종과 해양에 서식하는 생물 종의 번식, 부화, 개화 등 변화한 삶의 주기를 기록해 기후 위기로 불일치가 나타나고 있다고 보고한 바 있다. 이처럼 생물 주기가 변화하면 열매가 맺히는 시기, 새가 부화하는 시기, 동물이 겨울잠에서 깨어나는 시기 등이 엇갈리면서 번식이나 생존에 문제가 발생한다.

이런 다양한 지구 환경문제는 개인, 기업, 국가, 동북아를 떠나 전 지구적 과제이자 인류 모두가 함께 머리를 맞대고 풀어야 할 숙제이다. '기후변화협약'과 같은 국제적인 환경규제는 매우 중요하다.

탄소중립이 대표적이다. 각국은 온실가스를 감축해 지구의 평균온도 상승을 제한하려는 노력을 기울이고 있는데, 바로 탄소중립은 기후 위기 대응의 핵심 의제이다.

온실가스 성분 중 하나가 바로 탄소다. 탄소중립은 인간이 활동하면서 생성되는 이산화탄소를 다시 흡수하거나 제거해 실질적인 탄소 배출량을 0으로 만드는 프로젝트이다. 역사적으로 보면, 지난 1997년 선진국들은 온실가스 감축 의무를 2020년까지 부여하는 교토의정서를 채택했다. 2015년에는 다시 2021년부터 시행할 온실가스 감축 의무를 위해 파리협정을 맺었다.

파리협정에선 선진국뿐만 아니라 개발도상국까지 참여해 온실가스 배출량을 단계적으로 감축하기로 합의했다. 파리협정의 목표는 온실가스 감축을 통해 산업화 이전 대비 지구 평균온도 상승을 2°C보다 아래로 유지하면서 1.5°C로 억제하는 것이었다. 이는 통상 지구 온도가 2°C 이상 상승하면 폭염과 한파 등 자연재해가 발생하기 때문이다.

동북아지역도 환경 대응에 대한 공동노력을 다양하게 시도한 적이 있다. 그중 하나가 바로 한국과 중국의 '미세먼지' 공동전략이었다. 반기문 전 유엔 사무총장은 2018년 5월 한·중 환경장관회담에서 미세먼지 문제를 협의하고 이에 대한 대책을 마련한 바 있다. 이어 2019년 2월에는 환경 협력 협의서를 체결하여 미세먼지와 같은 환경문제에 대한 협력을 계속할 것을 합의했다.

사실 중국의 경우 지구적 환경문제의 중심에 서 있다. 환경문제의 주요 원인 국가로 꼽히고 있기 때문이다. 2020년 기준, 세계에서 이산화탄소를 가장 많이 배출한 나라는 중국이다. 중국의 이산화탄소 배출량은 106억 6,788만 톤으로 전 세계 배출량(348억 725만 톤)의 30.6%를 차지할 정도다.

중국 전체 에너지 소비의 56%는 여전히 석탄이 차지하고 있다. 미국(13.5%), 유럽연합(7.5%), 인도(7%), 러시아(4.5%), 일본(3%), 한국

(1.7%) 등과 비교하면 엄청나게 높은 비율이다.

다행히 중국은 이를 해결하기 위해 뜻을 같이하고 다양한 환경정책을 발표해왔다. 2021년 9월 열린 제76차 유엔 총회 기조연설에서 중국 시진핑 주석은 "2030년 전까지 탄소 배출량 정점을 찍고 2060년 전까지 탄소중립을 실천하겠다"라고 밝히며 "해외에 석탄을 사용하는 화력발전소를 신규로 건설하지 않겠다"라고 선언했다.

중국 정부의 정책 방향을 제시하는 국가발전개혁위원회 등 관련 부처는 '공업 녹색성장 추진정책'을 발표했다. 철강, 코크스, 석유화학 분야에서 100개 기업을 선정해 청정생산 개조 공정을 구축하고 이를 위해 금융을 지원한다는 내용이다. 특히 국가자산감독관리위원회가 국영기업들에 통지문을 보내 2025년까지 2020년에 비해 생산 규모 1만 위안(약 194만 원) 당 에너지 소비 15%, 탄소 배출 18%씩 감축하라고 압박했다.

현재 동북아지역에서는 미세먼지와 같은 환경문제가 공통적으로 대두되고 있다. 동북아 국가들도 당연히 지구 환경문제에 책임 의식을 가져야 한다. 동북아 환경 공동 대응과 규제도 마련해야 한다. 앞으로 환경문제 협력과 과제도 많다. 지금 당장이라도 시행할 수 있는 아이디어들이 있다.

첫째, 재생에너지 기술, 저탄소 에너지 기술 등 친환경 에너지로 전환하는 것이 필요하다. 중국은 에너지 전환을 통해 온실가스 배출을 줄이기 위해 전력 생산의 60% 이상을 재생에너지로 전환하는 계획을 발표했다. 한국은 최근 태양광 발전 및 풍력 발전의 보급을 강화하고 있다.

둘째, 환경 기술을 개발하고 공유하는 것이다. 환경 기술이란 대기 오염, 수질 오염, 폐기물 처리 등의 문제에 대응하기 위한 대기 청정기술,

폐기물 재활용 및 처리기술, 수질 오염 방지 및 대처 기술, 대기 오염 모니터링 기술, 대기 오염 예보 및 경보 시스템 등이 있다.

셋째, 동북아 공동 환경규제와 표준을 마련하는 것이다. 동북아 친환경 인증제도를 마련해 동북아가 인정한 인증기관이 인증을 수행하는 방법이다.

넷째, 환경문제에 대한 인식개선을 위해 환경교육을 강화하는 것이다. 나라별로 환경 기술 분야의 전문가를 양성하여 지속 가능한 환경정책과 기술을 발전시키고 교육하며 환경문제를 해결해 나가야 한다.

한국, 중국, 일본에서는 환경에 대한 공동 시민교육 프로그램을 운영하고 환경단체를 지원할 수 있다. 환경 기술 공유, 환경교육, 환경전문가 양성 활동에 북한이 참여할 수 있도록 하는 방법도 좋을 것이다.

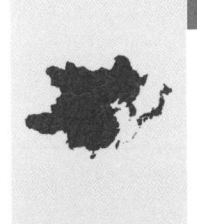

# 동북아 매니지먼트로 중국을 관리하라

Chapt.4
동북아 2030
패러다임과
새로운 리더십

대한민국의 이웃 나라인 중국의 부상을 보는 시각은 다양하다. 중국의 경제성장과 글로벌 파워는 우리에게 도움이 될까, 아니면 고통이나 어려움만 안겨줄까?

먼저 도움이 된다는 시너지효과파 의견들을 정리하면 다음과 같다. 현재도 한국과 중국은 엄청난 무역을 하는 경제 파트너이다. 중국은 세계에서 가장 큰 경제주체로 자리 잡았으며, 대한민국은 중국의 인근 국가이기 때문에 두 나라 간 경제적 협력은 미래 공동시장을 구축한다면 큰 잠재력을 가지게 된다. 두 나라 간의 자유무역협정(FTA) 체결은 두 나라의 경제적 교류를 촉진하고 상호보완적인 역할을 맡아 더 많은 경제적 기회를 창출할 것이다.

중국이 성장을 지속하고 경제성장 지역이 확산하면 중국은 대한민국의 큰 수출시장 중 하나가 된다. 무엇보다 중국의 경제적 성장은 대한민국 제조업체에 많은 기회를 제공하고 있다. 또한 중국에서 인기 있는 한류 문화 제품들도 대한민국의 수출 증가에 기여할 것이다.

한국이 중국과 경제적 파트너로 협력이 강화되면 국제사회에서 안정적인 신뢰도를 높일 수 있다. 이는 경제적인 면뿐만 아니라 한반도 평화와 안보 측면에서도 매우 긍정적일 것이다.

중국이 부상하면 대한민국이 도움이 될 수 있는 분야가 또 있다. 바로 인프라 개발과 참여이다. 중국은 국가 전체의 기간산업과 금융 시스템, 정보통신망 등 여전히 산적한 인프라 구축 과제가 남아있다. 대한민국은 중국과 지리적으로 가까운 위치에 있기에 중국의 인프라 개발에 참여하고 협력함으로써 대한민국도 지역 경제의 발전을 촉진할 수 있다.

이와 함께 중국의 경제성장은 대한민국이 물류와 운송의 전초기지가 될 수 있다는 것을 의미하기도 한다. 중국은 세계 최대의 수출국이며, 대량의 제품을 생산하고 수출하는 데 필요한 물류 및 운송 인프라가 필요하다. 대한민국은 중국과 서해를 끼고 인접한 위치에 있으며, 이는 지리적으로 중요한 위치이다.

대한민국은 이미 중국과의 무역과 운송에 있어서 중요한 역할을 하고 있다. 대한민국과 중국의 경제 파트너십이 강화되면 서해 사이의 배와 항공, 한반도 평화 시 육로와 철도 네트워크도 함께 발전하고 큰 역할을 할 수 있다.

이번에는 부정적 견해, 그러니까 중국의 부상이 대한민국에 위협이 될 것이라는 쪽의 목소리를 정리해 보자. 이른바 위협파가 보는 가장 큰 우려는 역시 양국 간의 무역 경쟁이다. 냉정하게 중국은 대한민국의 강력한 경제적 경쟁 상대이다. 수출시장에서 일부는 중국산 제품에 비해 가격, 규모 경제, 다품종 소량 생산, 특수 분야 등의 경쟁력이 떨어질 수 있다.

중국과 무역 규모도 점점 늘고 있다. 이를 다르게 해석하면 중국 시장에 대한 경제 의존도가 높아진다는 걸 의미한다. 이런 경제 의존도를 경제제재 수단 등 정치적 목적으로 활용한다면 큰 어려움에 직면할 수 있다.

대한민국이 중국과 경제 파트너십이 강화되면 중국의 부정적 이미지가 대한민국으로 이어질 가능성도 있다. 국제사회에서는 여전히 중국의 외적 이미지가 좋지 않은 편이다. 중국의 국제적인 부상과 함께, 중국의 국내적인 인권 침해와 자유 제한 등의 문제가 동양인의 이미지로 확산할 수 있기 때문이다.

중국의 부상은 지역 안보에도 변화를 몰고 올 수 있다. 그동안 중국이 이웃 국가나 국경을 접하는 나라들과 많은 갈등을 일으켰다는 것을 앞서 말한 바 있다. 비단 한·중 관계의 갈등의 원인이 아니라고 하더라도 미국과 러시아 등 군사적 강대국과 연동돼 있어 견제나 편 먹기 전술에 따라 안보 긴장감을 높일 수 있다.

이렇게 우리는 중국의 부상을 바라보는 양쪽의 시각을 살펴보았다. 생각은 상반되지만, 실제 앞으로 어떻게 전개될지 예측하기란 쉽지 않다. 두 요소가 동시에 공존할 가능성이 커 보인다. 따라서 우리는 다른 시각을 고려한 다양한 시나리오를 준비해야 한다.

중국의 부상이 대한민국에 도움이 될 때는 어떻게 대응하고 대한민국에 고통이나 어려움을 안겨줄 경우 어떻게 대응할 것인지 충분히 고민하고 대비하는 것이 필요하다.

그러나 무엇보다 우리는 기존에 생각하지 못했던 더 창의적이고 혁신적인 해법을 찾아내야 한다. 핵심은 이거다. 중국의 부상에 따라 대한민국의 긍정적인 영향과 부정적인 영향에 '대응'하는 것이 아니라 사전에 공동의 비전을 설계하는 '주도적인 매니징'(initiative managing)으로 접근해야 한다는 것이다.

대응의 관점과 매니징의 관점은 다르다. 대응은 주도권이 상대에 있다는 걸 의미한다. 선후와 주종관계, 인과관계에서 후(後), 종(從), 과(果)의 역할을 떠맡는 것이다. 그러나 내가 말하고자 하는 '매니징'은 선후와 주종관계, 인과관계가 아니라 함께 조화롭게 관리하는 개념이다. 매니징은 일종의 공동 성장의 발판을 마련하는 역할이다.

매니징은 '스타 매니지먼트'에 가까운 개념이다. 스타 매니지먼트는 연예인들의 경력과 이미지를 관리하는 일종의 경영학적 접근이다. 인기를 유지하고 브랜드 가치를 높이며 광고모델로서의 가치를 극대화하기 위해 스타 매니저는 연예인의 스케줄 관리, 캐스팅 및 마케팅, 이미지 메이킹, 커뮤니케이션, 계약 및 협상 등 다양한 업무를 담당한다. 연예인의 활동을 체계적으로 계획하고, 그들의 성공적인 경력을 위해 최선을 다한다.

스타 매니지먼트를 동북아 매니지먼트에 적용해 보자. 한국이라는 스타 플레이어와 북한, 중국, 일본이라는 스타 플레이어가 있다고 생각해 보자. 이 네 스타 플레이어가 우리 동북아 소속사에 계약되어 관리를 받고 있다면, 동북아 소속사는 한국과 북한, 중국과 일본이라는 스타를 세계적인 스타로 육성하는 동북아 매니지먼트가 비전이 된다.

동북아 소속사의 투자 지분은 한국과 북한, 중국, 일본이 고르게 나누고 동북아 매니지먼트사는 창의적이고 혁신적인 전문경영 리더에게 맡기는 것이다.

그렇다면 동북아 매니지먼트사는 어떤 비전이 필요할까? 강진석 한국외대 중국외교통상학부 교수 겸 국제지역대학원 중국학과 주임교수의 <중앙일보> 칼럼(2022.06.17) '조화의 시대, 한국과 중국이 함께 웃을 이야기를 짜자'라는 글에서 힌트를 얻을 수 있다. 여기서 중국의 부상에 대해 "혹자는 중국 모델이 쇠락한 미국과 패망한 소련을 대체할 제3의 대안이 될 것으로 믿었다. 혹자는 세계자본주의와 미국 패권주의를 극복하는 전제를 지닌 아시아 국가들의 새로운 연맹체를 구상했다. 또 다른 학자는 유럽 EU가 수립된 것처럼 오늘날 동아시아도 공동정부가 출범할 때가 무르익었다고 주장했다"라고 소개했다.

그러면서 냉정하게 우리의 현실은 "동북아를 아우를 수 있는 공동의 연대 의식은 찾아보기 어렵다. 반대로 이념과 국익의 차이로 곳곳에 파열음이 들린다"고 진단하고 있다. 강 교수는 동북아시아의 상호 신뢰 회복을 통한 '평화지대'를 구축하기 위해 4가지 키워드를 제시한다.

- **공통분모 찾기** 동북아를 넉넉히 덮을 수 있는 '문화'의 복원이 필요하다. 수천 년간 동북아가 동아시아를 주도할 수 있었던 것은 문화가 종족과 국가보다 상위에 있었기 때문이다.
- **독립공간** 독립공간이란 '소도'(蘇塗: 신성불가침 종교 성역)라는 독특한 공간을 말한다. 예를 들어 한국의 명동성당으로 보면 된다. 동아시아 각국이 어떠한 정치적 영향력도 배제된 현대판 소도를 승인한다면, 동아시아에 새로운 의미의 '평화지대'를 제공할 수 있을 것이다.
- **중립지대** '영구평화'에 목적을 둔 중립지대라는 이상의 언덕에 올라서야 한다.
- **서사지대** 각국의 화자(話者)가 모두 참여하여 만드는 이야기(敍事)에 관한 것이다. 서로의 이야기를 나누면 공감하고 이해하고 친화될 것이다.

나는 강진석 교수가 제시한 키워드가 미래 동북아 모델에 매우 중요한 의미가 있다고 생각한다. '매니징'이라는 개념이라면 이 모든 키워드를 한 줄에 꿸 수 있다. 동북아에서 매니징을 잘 이해하고 잘 해낼 수 있는 전문 경영자는 역시 대한민국이 될 것이다.

다가오는 중국의 부상, 동북아 시대, 대한민국은 대응이 아닌 '동북아 매니지먼트'를 준비하라! 그것이 대한민국과 동북아가 성공으로 가는 답이다.

# 동북아 중심관리국가가 돼야 대한민국의 미래가 있다

Chapt.4
동북아 2030
패러다임과
새로운 리더십

"고래 싸움에 새우 등 터진다"는 속담이 있다. 큰 존재들의 대결에 상관없는 작은 존재가 피해를 입는 것을 비유한 것이다. 지정학적 위치로 우리나라는 동아시아에 뻗은 한반도의 남쪽에 있는 나라다. 북쪽으로는 북한, 동쪽으로는 일본과 경계를 이루며, 서쪽과 남쪽은 서해 및 동해와 접하고 있다. 주변에 북·중·미·일·러가 팽팽하게 대립하여 힘의 균형을 이루고 있어 실제 고래 싸움에 낀 새우의 신세를 닮았다.

고래 싸움에 낀 새우의 신세라는 고정된 시각에서 보면, 한국은 분명 답이 없는 나라다. 북·중·미·일·러에 따라 언제든 상대적으로 흔들릴 수 있는 위치에 있기 때문이다. 우리는 원하지 않았지만 중국과 일본 사이에 있었다는 이유로 냉전 시기에 분단이 일어났다. 게다가 미국의 반강제적 조치로 한반도를 침탈한 일본과 수교할 수밖에 없었다.

이렇게 지정학적 불안정성에서 나온 상대적 대응이 오늘날 북핵 문제를 탄생시켰다. 남북 분단은 또다시 내부의 분단을 만들었다. 친북과 반북을 낳았고 한·일 관계에서 친일과 반일을 낳았으며, 한·중 관계에서 친중과 반중을 낳았다. 그러니까 대한민국에 양분된 친북, 반북, 친일, 반일, 친중, 반중은 고래인 북·중·미·일·러 사이에 낀 새우, 대한민국의 비명인 셈이다.

우리는 때로는 지금까지와 완전히 다르게 생각을 뒤집어야 한다. 주어진 지정학적 위치가 옥죄고 있는 고정관념을 넘어서야 한다. 편을 갈라 싸우는 시선 저 너머를 바라볼 수 있어야 하고 내부 분단을 극복하고 한반도의 분단을 해결해야 한다.

그러자면 대한민국이 동북아 매니징 국가가 돼야 한다. 어떻게 동북아에서 인정받는 매니징 국가가 될 수 있을까? 나는 앞에서 동북아 매니징 개념이 스타 매니지먼트에서 왔다고 말한 바 있다. 그렇다면 스타 매니지먼트의 성공사례에서 동북아 매니징의 성공모델을 창조해 낼 수 있지 않을까? 그래서 지금부터 방탄소년단(BTS) 이야기를 해보려고 한다.

방탄소년단은 한 이름 없는 매니지먼트 기업에 의해 세계적 스타로 성장한 아이돌 그룹이다. 어떻게 이렇게 놀라운 일을 해낼 수 있었을까? BTS가 그동안 이뤘던 글로벌 성과는 어마어마하다. 그룹이 결성된 후 몇 해가 지난 2017년부터 유튜브나 빌보드, 아이튠즈, UK 차트, 오리콘 등 해외 인기 관련 기록들에서 K-POP 최대의 아웃풋을 내고 있다.

2018년에 '건국 이래 최초로 대중문화계 한 부문 세계 1위에 오른 한국인'이라는 기사가 나왔으며, 2019에는 미국, 영국을 포함한 서구권에서 먼저 '21세기 비틀즈'라는 찬사가 쏟아졌다. 2020년에 미국 시사주간지 타임에서 '올해의 연예인'에 선정되었고 국내, 해외를 통틀어 K-POP 관련 기록 경신에 선두를 달리고 있으며 세대가 지나면 비틀즈처럼 클래식의 반열로 올라갈 것이고 인생의 희망 아이콘이 되었다는 기사도 있다.

2021년, '해외 아티스트 최초'로 일본 오리콘 차트 세일즈 부문 토탈 랭킹에서 연간 1위를 차지했으며, '해외 그룹'으로는 최초이자 '해외 가수'로는 마이클 잭슨의 '스릴러' 이후 37년 만에 오리콘 앨범 판매량 연간 1위를 차지했다. 국제음반산업협회에서 '전 세계 음악 시장 매출 1위가 방탄소년단'이라는 글로벌 뮤직 보고서를 발표했다.

BTS는 2013년 7인조 보이그룹으로 데뷔했다. 국내·외 신인상을 휩쓴 BTS는 명실상부 한국을 대표하는 최정상 보이그룹으로 성장했다. 전 세계적으로 BTS 열풍을 일으키며 '21세기 팝 아이콘'으로 성장했다. 솔로 활동 후에도 그 인기는 여전하다. 지민이 2023년 3월 발매한 솔로 앨범 '페이스'의 타이틀곡 '라이크 크레이지'가 메인 싱글차트 '핫 100'에서 1위를 차지했고 정국의 '세븐'도 8월 빌보드 '글로벌 200'(미국 제외)에서 3주 연속 1위를 차지했다.

이쯤 되자 BTS의 성공 배경을 분석하는 전문가들이 많았다. BTS는 사회관계망(SNS) 계정 운영과 인터넷 개인 방송을 활용해 팬들과 잘 소통하는 그룹으로 유명하다. 주기적으로 방대한 양의 미디어 콘텐츠를 유튜브, 브이 라이브, 트위터 등을 통해 제공한다.

김정섭 성신여대 문화산업예술대학원 교수는 자신의 책『케이컬쳐 시대의 뮤직 비즈니스』(한울아카데미)에서 "BTS가 '자율형 아이돌'로 육성돼 기존의 미디어에 의존하지 않고 소셜 마케팅으로 돌파해 성공하게 됐다"고 분석했다. 저자는 "신세대의 정서를 대변하는 노랫말, 세계 음악 흐름을 관통하는 통속성과 한국 문화라는 고유성이 가미된 멜로디와 안무, 참여 유도형 소셜 미디어 전략에 따른 글로벌 팬덤 네트워크 '아미'를 구축한 것이 성공전략"이라고 밝혔다.

BTS는 10대와 20대 청춘들의 생각과 고민, 삶과 사랑, 꿈과 역경을 주요 주제로 하는 노래들을 통해 자신들만의 세계관을 구축하고 있다. 특히 연계되는 이야기를 다양한 뮤직비디오들을 통해 유기적으로 풀어나가는 모습을 보여준다. 본격적으로 세계에 알리게 해준 정규 2집 앨범 '윙스'는 발전한 음악성과 더불어 성장하면서 겪는 고통과 유혹 그리고 성숙에 관해서 이야기하고 있다.

　물론 K-POP 혹은 K-콘텐츠 세계화에 가장 핵심적인 역할을 한 BTS 뒤에는 매니지먼트 사와 매니저가 있었다. 바로 빅히트 엔터테인먼트(현 하이브)와 방시혁 대표이다. 이들은 이름도 잘 알려지지 않은 '중소 기획사'에 유명하지 않았던 매니저였다. 이 매니지먼트와 매니저에게는 어떤 특별한 점이 있었던 것일까?
　보통 엔터테인먼트 기획사는 가수를 육성하고 음원을 기획하는 일을 한다. 방시혁 대표가 BTS를 글로벌 성공으로 이끈 이유는 다양하겠지만 가장 눈에 띄는 건 역시 새로운 관점이다. 그는 음원을 기획하고 가수를 키우는 엔터테인먼트 사업의 관점을 다르게 바꾸어 대중에게 힐링을 주는 콘텐츠 플랫폼 기업으로 발상의 전환을 했다.
　콘텐츠 플랫폼 기업이라면 모든 것이 달라진다. 가수를 넘어 아티스트가 필요하다. 아티스트가 창조하는 최고의 콘텐츠가 필요하다. 그리고 최고의 아티스트와 콘텐츠는 전 세계 모든 대중과 소셜 미디어를 통해 소통할 수 있다. 글로벌 대중이 최고의 아티스트와 콘텐츠에 공감한다면 글로벌 팬덤이 만들어진다. 핵심 팬들과 모든 삶과 이야기를 공유한다. 스타가 아니라 공감과 위로를 나누는 친구이다. 즉 기존 매니지먼트를 창조적으로 재해석한 것이다.

방시혁 대표가 가졌던 창조적 관점과 BTS 글로벌 성공과정은 동북아 모델을 구상하는 우리에게도 몇 가지 중요한 영감을 던져준다.

■ 새로운 관점 선택

기존 방식의 아이돌 스타를 기획하는 접근법에서 벗어나 최고의 아티스트를 창조하는 관점을 선택했다. 최고의 아티스트에게는 무엇이 필요하고 대중과 어떻게 소통하는가?

■ 새로운 무대 설계

음원을 기획하고 아이돌 가수를 육성하는 기업이 아니라 아티스트와 수준 높은 예술 콘텐츠를 창조하는 콘텐츠 플랫폼 기업을 상상했다. 콘텐츠 플랫폼 기업에는 무엇이 필요하고 대중과 어떻게 소통하는가? 업그레이드 콘텐츠 창조, 새로운 시스템이 필요했을 것이다.

■ 새로운 소통 구축

대중과 아티스트가 새로운 방식으로 소통하기 위해 사회관계망(SNS) 계정 운영과 인터넷 개인 방송을 잘 활용했다. 팬을 그저 아이돌 스타의 팬이 아니라 아티스트와 함께 성장하고 고민하고 미래를 모색하는 동반자로 삼았다.

■ 새로운 문화 공유

언제든 생길 수 있는 갈등과 모순 관계를 넘어 연결, 친화 관계 패턴을 창조했다. 팬들과 모든 삶과 이야기를 나눈다는 것은 문화를 공유한다는 의미이다.

'대한민국 동북아 매니징'이라는 비전을 구현하려면 새로운 소통을 구축하고 새로운 문화를 공유해야 한다. 남·북·중·일 모든 스타를 글로벌 스타로 육성해야 하고 친한 하나의 팀이라는 새로운 패러다임이 필요하다.

　대한민국은 글로벌 기준을 추구하며 세계 모든 나라들의 존경을 받는 문화강국을 꿈꾼다. 그리고 지금까지 우리의 생각과 우리가 창조한 문화콘텐츠가 세계에 통할 수 있다는 사실을 확인했다. 게다가 우리는 세계의 다양한 문화를 수용하고 다문화인들과 함께 미래를 건설할 수 있다는 자신감도 얻었다. 그것이 바로 대한민국이 '동북아 중심관리국가'가 될 수 있는 이유이다.

Chapter

5

# 미래 동북아 매니징 10가지 키워드

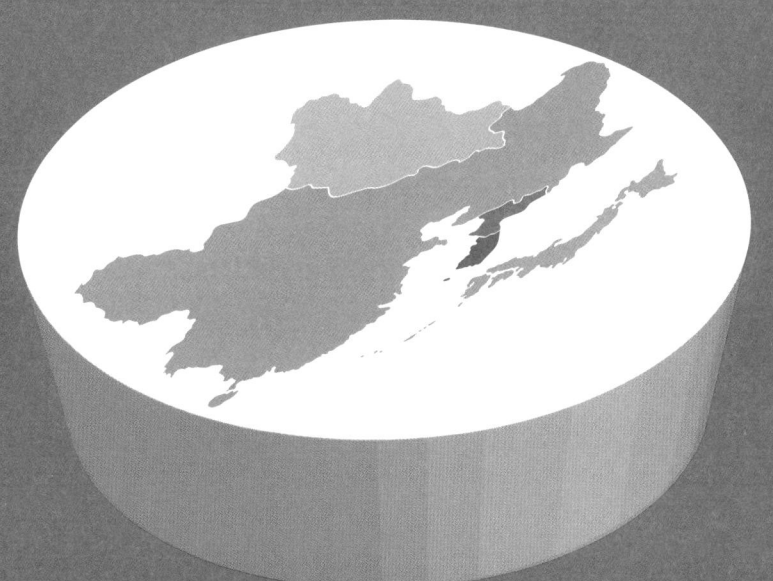

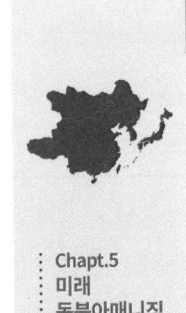

# 한자·유교문화권 매니징
## : 공존 무대를 활용하라

Chapt.5
미래
동북아매니징
10가지
키워드

나는 이번 장에서 미래 동북아를 매니징할 수 있는 새로운 무대를 발견하고 다양한 아이디어를 탐색해 볼 것이다. 탐험의 출발점은 동북아 국가들의 차이점은 무엇이고 공통점은 무엇인지 아는 것이다. 차이점은 이해를 돕고 공통점은 아이디어를 준다.

첫 번째 탐험 주제는 동북아의 공통점 중 하나인 '한자·유교문화권 매니징'에 관한 이야기다.

우리 동북아는 한자·유교문화권이라는 공통의 무대를 가지고 있다. 한자는 중국에서 유래한 문자 체계다. 중국과 함께 한국, 북한, 일본 등의 동북아 문화권에서 오랜 세월 사용했고 여전히 사용하고 있다. 조선 시대까지 지배계층은 중국의 한자를 사용했기 때문에 한국 현대 문자에도 한자어 표현이 매우 많다. 일본 또한 가타카나, 히라가나, 한자를 사용한 칸지 등 세 가지 문자를 함께 사용한다.

각국의 언어는 다르지만 같은 문자를 공유하면 당연히 지식을 교류하고 문화를 이해하는 데 도움이 된다. 한자는 동북아 국가의 문화적 유대를 형성하는 데 도움이 됐다. 문학, 예술, 철학 등의 분야에서도 큰 영향력을 끼쳐왔다. 한자를 배우고 읽는 것은 다양한 출판물을 통해 학문적인 지식을 습득하고 문학 작품을 감상하는 데 도움을 주었기 때문이다.

한자와 함께 동북아지역이 유교문화권이라는 점도 중요한 공통점이다. 중국과 남·북한, 일본은 유교문화권에 속한다. 이에 따라 한·중·일 국민의 정서 측면에서도 공감대가 넓다. 유교는 중국 춘추시대 말기에 공자가 체계화한 사상을 계승한 철학 혹은 종교이다. 공자는 인과 덕에 의해 천명에 따르는 이상세계를 인간의 힘으로 실현할 수 있다고 보았다.

이 사상은 유교 경전인 『사서삼경』에 잘 녹아 있다. 공자의 사상은 삼국시대 이전부터 우리나라에 전파되었는데 국가지도자들은 주로 유학을 국가 운영 원리로 활용했다. 종교적 체계를 갖추는 것은 고려 말 조선 초에 이르러서였다. 문묘를 세우고 공자와 성현의 위패를 모셔 제사를 지내기 시작했다. 민간에서도 유교 사상에 따른 제사 풍습 등이 체계적으로 자리 잡았다.

유학과 이를 바탕에 둔 학문인 '성리학'(性理學)이 조선 운영 시스템의 원리였다. 유교가 유학이 바탕이 된 통치이념이라면 성리학은 유학의 한 흐름으로서 조선 건국의 학문적 배경이 되었다.

유교는 동북아 국가의 인간관계, 도덕, 교육 등 다양한 분야에서 큰 영향력을 발휘했다. 이것이 한·중·일 국민의 가치관과 생각 속에 공통으로 흐른다. 이 문화적 동질성을 적극 활용하면 여러 갈등을 넘어설 수 있을 것이다. 동북아는 서로의 문화적 가치를 존중하며 평화적인 협력과 교류를 추구해 나갈 수 있다.

지난 2019년 문재인 대통령이 시진핑 중국 국가주석과 만나 정상회담을 갖고 양국 간 협력 방안을 논의한 적이 있다. 문 대통령은 시진핑 주석에게 "맹자는 '천시는 지리만 못하고, 지리는 인화만 못 하다'고 했다"고 서두를 열며 "한국과 중국은 공동 번영할 수 있는 천시와 지리를 갖췄으니 인화만 더해진다면 함께 새로운 시대를 열 수 있다"고 메시지를 전했다.

천시, 지리, 인화의 경구는 맹자의『공손추』하편을 인용한 말로, 때와 지리적 이점보다 사람 간의 화합이 더 중요하다는 의미다. 한중정상회담에서 맹자를 인용한 문 대통령의 모두발언은 큰 화제가 됐다. 한자·유교문화권의 공통분모를 활용해 한·중 관계가 공동운명체임을 강조했기 때문이다.

기성세대들은 중국의 영화 장이머우의 <붉은 수수밭>(1988)과 <홍등>(1991)을 보고 자랐다. 소림사나 당나라를 무대로 한 홍콩무술 영화를 보며 성장했을 것이며 중국의 시인 이태백이나 두보의 시를 외는 이들도 많을 것이다.

중국 소설 마니아들도 많다. 1921년에 루쉰이 발표한 대표적인 중편소설『아Q정전』은 국내에 번역 소개된 후 50여 종이 넘게 출간됐다. 앞선 조선시대에 퇴계 이황 선생은 중국의 주자(朱子) 서신을 취사선택하여『주자서절요』로 편집했다. 이 책은 나중에 일본의 유학에도 큰 영향을 미쳤다고 한다.

이제 한자·유교문화권이라는 공통분모를 동북아 매니징이라는 관점에서 생각해 보자. 우리는 대한민국의 영화나 대중문화 외에 우수한 문학 작품이나 우수 도서들, 국내 최신 우수논문을 한자로 번역해 중국에 출판할 수 있다. 동북아 시대를 고민하는 우리의 고민과 아이디어를 담은 이 책을 중국 국민에게 소개할 수도 있다.

우리의 콘텐츠를 한자로 번역하는 일을 국가적 차원에서 진행할 수 있다. 초·중·고의 학습 서적이나 EBS방송 '뽀로로' 등 우리나라의 우수한 영상물이나 교육프로그램을 중국어로 번역 소개하는 일도 중요하다. 문학 서적이나 도서는 물론 영상이나 교육프로그램뿐만 아니라 우수한 웹툰이나 웹소설 같은 콘텐츠 역시 중국어 번역을 지원할 수 있다. 우리가 한자·유교문화권이라는 점을 가장 잘 활용할 수 있는 분야이기 때문이다.

한자와 유교문화를 기반으로 한 동북아의 평화와 경제공동체 구축을 위한 아이디어는 계속 발굴해야 하고 이를 실현해 내야 한다.

Chapt.5
미래
동북아매니징
10가지
키워드

# 동북아 음식문화 매니징
## : 푸드로 소통하라

함께 밥을 먹는 사람을 '식구'라고 한다. 친구 집에 놀러 가면 밥 한 공기에 숟가락 하나 더 놓고 함께 먹는다. 그러면 친구 부모가 내 부모가 되고 내 부모가 친구 부모가 된다.

음식문화는 그 나라를 이해하는 데 큰 도움이 된다. 동북아의 음식문화는 닮은 듯 다르다. 개성도 있고 특수성도 있다. 하지만 내가 말하는 음식문화는 단순히 '음식'에 대한 이야기가 아니다. 음식 혹은 음식문화에 깃들어 있는 그 나라 사람들의 '정서'에 관해 이야기해보자는 것이다. 음식문화에 스며있는 동북아 사람들은 어떤 모습일까?

한국인들은 어디에도 뒤지지 않을 만큼 음식에 대해 '진심'인 사람들이다. 여기서 진심이라고 표현한 것은 음식을 좋아하고 음식이 문화에 많은 영향력을 가진다는 뜻이다. 맛집 소개, 맛집 탐방은 기본이요, 여행을 떠나면 음식 코스가 뼈대를 차지할 정도다.

한국의 음식은 밥과 국을 바탕으로 한다. 뜨거운 국물이 있는 각종 탕 음식이 발달해 있는데 대표적인 탕으로는 갈비탕, 설렁탕, 곰탕, 감자탕, 대구탕, 매운탕, 삼계탕, 추어탕, 해물탕이 있다. 산과 들, 바다에서 나는 제철 식재료를 활용한 각종 반찬을 곁들인다.

한국의 음식에는 창조와 조화에 대한 사상이 깃들어 있다는 점이 재미있다. 고체인 밥과 액체인 국, 싱거운 밥과 짭조름한 국이 만나 음양의 조화를 이룬다. 여기에 반찬이 다양함을 연출한다. 밥과 국에 김치, 밥과 국에 멸치볶음, 밥과 국에 생선구이가 결합하는 식이다. 자신이 직접 음식 콘텐츠를 순간순간 다르게 창조해 내는 것이 바로 한식의 매력이다. 이는 서양의 이미 완성된 메인 요리 중심의 세계관과 매우 차이가 난다.

비빔밥도 마찬가지다. 식재료를 다르게 조합해 전혀 다른 종류의 비빔밥을 만들어낼 수 있다. 산나물비빔밥, 불고기비빔밥, 육회비빔밥, 콩나물비빔밥, 꼬막비빔밥 등 개인의 취향에 맞게 무수한 비빔밥 메뉴를 창조할 수 있다. 김밥은 또 어떤가? 김밥도 김과 밥, 다양한 재료를 넣어 새로운 조합의 김밥을 만들어낼 수 있다.

<아시아리뷰>에 소개한 정혜경(호서대학교 바이오산업학부) 씨의 논문 '한국 음식문화의 의미와 표상'에서는 "한국 음식문화의 중요한 특징 중 하나는 섞음과 조화다. 이는 섞이기 좋아하고 무리 짓기 좋아하는 한국인의 특성이 음식에 잘 드러나 있기 때문"이라고 분석하며 "대표적으로 비빔밥과 탕평채, 잡채, 구절판, 신선로 등이 있다"고 소개했다.

이처럼 한국인의 음식에는 대칭과 조화가 있다. 밥과 국, 날것과 발효음식, 탄수화물과 단백질과 지방, 싱거운 밥과 짠 반찬, 냉수와 숭늉, 숟가락과 젓가락의 관계가 절묘하다. 이런 음식문화는 한국 사람들이 조화롭게 어울리는 것을 즐기고 다양한 아이디어를 실행시키면서 각자 개성을 존중한다는 것을 드러낸다.

그렇다면 중국인은 어떤 음식문화를 가지고 있을까? 많이 알려진 대로 중국인은 찬 음식을 잘 먹지 않는다. 물론 최근에는 중국도 카페문화가 발전하다 보니 '아이스 아메리카노'를 즐긴다지만 원래는 생수, 아이스크림, 얼음 음료를 선호하지 않았다. 심지어 맥주조차 찬 것 대신 미지근한 걸 마실 정도다. 이런 취향은 중국인이 사랑하는 '차'(茶) 문화와도 통한다. 중국이 찬물 대신 차를 마시기 시작한 건 역사적으로 오래됐고, 중국의 전통 의학에서는 "차가운 물은 만병의 근원, 따뜻한 물은 만병통치약"으로 여기고 있다.

중국은 물이 적고 사막의 모래바람 때문에 물 속에 석회질과 중금속이 많이 함유되어 있어서 끓이지 않은 물은 배탈을 일으키기 일쑤였다. 중국인이 찬물을 그대로 마시지 않는 또 다른 이유 중 하나는 콜레라 같은 전염병 때문이었다. 중국은 역사적으로 전염병이 많이 발생했고 그 피해도 컸다. 19세기 말 태평천국의 난으로 중국 전역의 전쟁을 피해 사람들이 한 지역에 몰리자 전염병이 창궐하기 시작했다. 전염병이 돌자 수많은 사람이 죽었다. 이때마다 끓인 물을 마시라는 범국가적 캠페인이 있었다.

이런 경험과 캠페인 인식 과정을 거치며 탈이 나지 않기 위해 물을 끓여 마시는 습관이 뿌리내리게 된 것이다. 그래서 지금도 많은 중국인이 한여름에도, 몸이 안 좋을 때도, 기분이 안 좋을 때도 뜨거운 물이나 따뜻한 차를 마신다.

중국인은 국물도 잘 먹지 않는다. 중국 쓰촨(四川)성에서 유래한 중국 음식 '마라탕'(麻辣汤)은 한국에서도 유명하다. 물론 중국인들은 마라탕의 국물은 먹지 않고 건더기만 건져 먹는다. 심지어 국물을 마시는 것 자체를 어리석게 여길 정도다. 중국에서는 '마라탕 국물도 마실 놈'이라는 말이 있다. 이는 경제적 어려움을 가진 이에 대한 비하 표현이다.

　마라탕과 비슷한 샤브샤브 방식의 '훠궈'의 국물도 역시 마찬가지다. 중국인은 짜고 매운 국물이 건강에 안 좋다고 생각하기 때문에 건더기만 건져 먹고 훠궈 국물을 직접 마시는 경우는 거의 없다.

　중국인은 날것도 잘 먹지 않는다. 대표적인 날 음식은 육회나 생선회이다. 한국인이 사랑하는 이런 날음식을 중국인은 매우 싫어한다. 심지어 채소를 생으로 먹는 경우도 드물다. 중국 식당에서 모든 나물은 식용유에 익혀서 나온다. 볶음(炒), 찜(蒸), 튀김(炸)이 중국 요리에 주로 활용되는 이유는 모두 물을 적게 쓰는 조리법이라는 공통점이 있다. 중국인이 날생선, 육회, 날채소 등 날것을 잘 먹지 않는 이유는 찬 생수를 마시지 않는 이유와 비슷하다. 전염병이나 찬 음식에 대한 거부감 때문이다. 또 중국에는 아직 음식물 위생에 대한 인식이 부족한 곳이 많다. 날음식을 관리하는 게 어렵기에 쉽게 상할 수 있다.

　"중국 사람들은 다리 4개 달린 건 책상과 의자 빼고 다 먹고, 다리 둘 달린 건 사람 빼고 다 먹으며, 하늘의 전투기, 땅 위의 탱크, 바닷속 잠수함 빼고 다 먹는다"는 말이 있을 정도로 드넓은 땅에서 나오는 다양한 재료를 음식에 사용한다. 그런데 막상 알고 보면 여러 이유로 중국인들은 가리는 음식이 너무 많다. 중국인이 믿을 만한 사람과 거래하려고 조심하는 성향이 음식문화와 닮았다.

　일본의 요리문화도 우리에게 잘 알려진 편이다. 섬나라 일본 요리의 특징은 소박하다는 점이다. 한식처럼 다양하거나 푸짐하거나 여러 아이디어가 접목되는 경우는 많지 않다. 밥과 맑은 국, 날것, 구이, 조림, 이렇게 반찬 세 가지가 일본인의 일반적인 상차림이다. 일본인은 음식재료의 자연적인 형태와 맛을 살려서 조리하는 편이다. 그래서 음식 자체에 조미료를 강하게 쓰지 않는다. 식기는 1인분씩 따로 쓰고 소식을 한다. 음식을 먹을 때 젓가락만 사용하는 편이다. 대체로 소박한 식단을 구하는데 이는 섬나라에서 식재료가 넉넉하지 않았기 때문일 것이다.

일본인은 전통적으로 육고기를 자의든 타의든 많이 먹지 않았다. 대신 콩을 활용한 음식이 많으며 두부, 유부, 미소(일본 된장), 간장, 낫토 등이 대표적인 단백질 섭취원이다.

<외국학연구 25집> 허곤 씨의 '음식을 통해 본 일본 문화'(食を通じて見た日本文化) 논문에서 "일본인은 음식에 심미적인 요소도 중요하게 생각한다. 일본에서는 '음식을 입으로 먹기 이전에 눈과 코로 먼저 먹는다'라고 할 정도로 시각적, 미적 감각을 중요시한다"라고 소개하고 있다. 일본의 이런 음식문화는 부품, 소재를 중요하게 생각하는 경제 분야나 간결하고 심미적인 상품디자인과 매우 연관성 있어 보인다.

각 나라의 음식문화를 이해하고 그 음식을 창조해 나가는 사람들을 알아가는 것은 미래 동북아 시대에 함께 창조해 나갈 하나의 테마가 될 수 있다. 앞으로 동북아에서 음식문화 교류가 더 활발해졌으면 좋겠다. 동북아 국가들의 음식문화가 서로 연결돼 동북아를 대표하는 퓨전 음식, 창조적인 음식문화가 나왔으면 좋겠다. 서구나 동남아와는 다른 동북아만의 독창적인 음식문화를 창조해 나가길 희망한다. 음식문화를 잘 매니징하면 미래 동북아가 보인다.

Chapt.5
미래
동북아매니징
10가지
키워드

# 한류 매니징
## : 중국에 부는 한류와 한한령 바로 알기

　한한령(限韓令)은 대한민국 한류 문화와 상품 수입을 중단하겠다는 중국 차원의 국가적 제한 지시다. 지난 2016년 한국에 '사드'(THAAD)가 배치된다는 결정이 내려지자 중국은 2017년부터 한한령으로 보복했다.
　그런데 "중국이 한한령으로 보복했다"는 표현은 한국 입장에서 결과가 그렇다는 의미이다. 왜냐하면 중국 정부가 공식적으로 "지금부터 한한령을 내리겠다"고 선포한 건 아니기 때문이다. 중국 외교부 대변인이 내놓은 공식적인 이야기는 이렇다.

　"나는 소위 말하는 한한령을 들어본 적이 없다. 중국 측은 줄곧 한·중 간 인문교류(人文交流)에 대한 적극적 지지 견해를 취하고 있다. 하지만 모든 이들이 알고 있듯이 양국 간 인문교류는 국민의 뜻(民意)이 그 기초가 되어야 한다. 중국은 줄곧 미국이 한국에 배치하고자 하는 사드 미사일 체계를 반대해 왔다. 이러한 입장은 누구나 알고 있는 사실이다. 중국 민중 역시 한국 내 사드 배치 문제에 불만을 품고 있다. 이와 관련하여 (한국) 관계자들 모두 이러한 중국 내 불만 정서를 인지할 필요가 있을 것이다."

정부 관계자의 공식 답변을 해석하면 이렇다.

첫째, 중국 정부는 한한령에 대해 모른다. 둘째, 우리는 한국의 사드 배치를 반대했다. 셋째, 중국 민중은 이 사실을 잘 안다. 넷째, 중국 내 한국 결정에 대한 불만 정서는 정부도 어쩔 수 없다.

어쨌든 사드 문제에서 촉발된 한한령은 한국에 몇 가지 상처를 남겼다. 특히 중국에서 불타오르기 시작한 한류에 큰 타격을 주었다. 한국 연예인이 참여했던 주요 기업들의 광고는 중국 혹은 영미권 유명 모델로 전격 교체되었고, 한·중 합작영화가 사라졌다. 또 중국 드라마의 한국인 남녀 주인공이 줄줄이 교체됐고, TV 예능프로그램에 단골로 출연하던 스타들도 바뀌었다. 한국산 의류, 뷰티, 관광 등 한류와 함께 성장하던 산업들도 큰 타격을 받았다.

특히 관광산업은 큰 변화를 겪었다. 한류 열풍으로 2010년 이후 급증하던 중국인 관광객 규모가 중국 정부의 한한령이 시작된 2016년 7월 이후 급감하여 관광업계의 피해가 컸다.

산업연구원(KIET)이 한한령 후 10개월여가 지난 2017년 5월 발표한 「중국 정부의 한국 여행 제한 조치가 국내 소비재산업에 미치는 영향 분석」보고서에 따르면 한국 여행상품 판매금지 조치가 국내 경제에 미치는 직·간접 피해 규모는 최소 5.6조 원에서 최대 15.2조 원에 이를 것으로 예측했다. 보고서는 한한령으로 화장품과 의류의 피해가 가장 크며 식품, 신발, 가방 순이라고 밝혔다.

보고서의 저자인 이임자 연구위원은 "관광, 소비재 등에서 대중의존도가 높아 사드와 같은 정치적 갈등에 의한 단기 충격이 우리 경제를 압박하는 수위가 상대적으로 높은 결과를 초래하므로 중장기적 관점에서 대응이 필요하다"고 지적했다.

 사드와 한한령을 경험한 후 우리가 얻은 교훈은 무엇인가? 군사 혹은 정치적 문제가 곧바로 경제와 문화교류에 영향을 미치며 타격을 가할 수 있다는 점이다. 우리는 정치적 갈등을 경제협력과 문화교류로 풀어내기도 하지만 언제든 군사 안보 혹은 정치적 문제는 모든 관계를 빨아들이는 블랙홀이 될 수 있다는 점을 직시해야 한다.
 중국의 한한령은 언젠가 완전하게 풀릴 것이다. 그러나 지난 한한령이 작동하는 오랜 기간 한국과 중국은 모두 많은 것을 잃었다. 그중 가장 중요한 것이 미래 세대의 상대국에 대한 신뢰를 떨어뜨린 마음의 문제라고 생각한다. 이것은 '손해냐, 이익이냐'로 가치를 매길 수 없다.
 이욱연 서강대 중국문화학과 교수는 한 언론과의 인터뷰에서 한한령을 둘러싸고 꼬인 한·중 관계에 대해 다음과 같이 우려했다.
 "한국과 중국의 미래 세대가 서로를 부정적으로 인식하는 것은 곧 양국 관계를 지탱할 버팀목이 사라진다는 뜻이다. 정치 체제가 다른 한국과 중국을 유지해 준 것은 문화·정서적 유대감인데 양국 간 연결고리가 사라지고 있다는 것은 위험신호이다. 장기적으로 국익에 도움이 되지 않을 것이다."

 지난 2016년 사드 사태 이후 무려 7년간 중국에서는 우리나라 영화 상영이 금지됐다. 그 기간 중국 내 유일한 극장 개봉작은 농촌을 배경으로 한 가족 드라마인 <오! 문희>뿐이었다. 2023년 봄, 영화진흥위원회가 베이징 한국문화원에 극장시설을 갖춘 한국 영화 전용관을 직접 설치했다. 한한령으로 중국에 선보이지 못한 한국 영화 15편을 개봉하자 금세 예매가 마감됐다. 박기용 영화진흥위원회 위원장은 한국 영화 전용관을 오픈하기까지 "최소한 문화교류만큼은 재개하는 것이 필요하다"고 중국을 적극적으로 설득했다고 한다.

미래 세대에게 문화·정서적 유대감을 심어줘야 할 기성세대의 의무는 국가와 국경을 초월해야 한다. 적어도 문화적 소통이나 스포츠 교류, 교육과 청년 세대들의 네트워크를 제한하는 일은 그 어떤 경우라도 일어나선 안 된다. 동북아 시대를 열 미래 세대들에게 친밀감과 신뢰보다 더 중요한 것은 없기 때문이다.

한한령은 역설적으로 '동북아 매니징'이 왜 중요한가를 보여준 사례이기도 하다. 동북아 국가들이 자신들의 단기적 이익을 위해 장기적 손해를 초래하는 것을 줄이기 위해서는 안보와 정치적 갈등 이외에 '노 터치'(no touch) 하는 한 차원 위의 매니징이 필요하다는 점을 새삼 상기시켜 준다.

한국 문화산업과 중국 문화산업 간의 경쟁은 점점 더 치열해질 것이다. 때로는 자국의 경쟁력을 키우기 위해 가이드라인을 제시할 수 있고 정정당당하게 경쟁하거나 때로는 협력으로 상생 전략을 사용할 수 있다.

그러나 전제조건은 필요하다. 미래 동북아의 길로 함께 가야 한다면 적어도 문화콘텐츠, 스포츠 교류, 미래 세대들의 협력은 어떤 상황에서도 자유의 장으로 남겨두길 기대해 본다.

# 혐한정서 매니징
## : 한국에 대한 두려움을 간파하라

Chapt.5
미래
동북아매니징
10가지
키워드

『혐한류』는 2005년에 나온 일본 만화책이다. 제목에서 짐작할 수 있듯이 이 만화에는 한·일 관계의 주요 이슈인 독도, 강제 병합 또는 무력에 의한 침탈인 '병탄'(倂呑), 역사 교과서 문제 등에 대해 일본 극우들의 왜곡된 주장을 그대로 받아 '혐한'(嫌韓)을 목표로 그렸다.

내용은 '사실 확인'조차 필요 없을 정도다. 예를 들어 강제 병합이었던 일본의 합병 조약이 합법적이라는 둥, 일제강점기에는 일본인과 조선인이 평화롭게 공존했다는 둥, 전후 일본인이 한반도에 남겨놓은 자산과 한일기본협정 당시 배상 문제가 끝났기 때문에 일본은 더 이상 한국에게 사죄와 보상을 할 필요가 없다는 둥 하는 왜곡된 주장이 담겨있다.

만화에는 한국이 독도를 국제법상 부당하게 점유하고 있다는 왜곡된 주장을 내세우는가 하면, 대한민국의 2002년 월드컵 4강 진출이 심판의 오심 때문이었다며 한국 깎아내리기에 혈안이 돼 있다.

책의 저자는 "한국인이 한·일 관계와 역사에 대한 거짓을 꾸며내고 있고 일본 언론은 이를 들춰내는 것을 꺼리고 있으며, 많은 사람이 이를 알아야 한다"고 적반하장(賊反荷杖)의 주장을 펼친다. 이 만화책은 대표적인 '혐한 서적'으로 분류된다.

일본 내 혐한은 한국 문화·한국인 등을 싫어하는 반한감정(反韓感情) 중 가장 과격한 형태다. 도대체 이 혐한의 뿌리는 어디일까? 그 뿌리를 찾기 전에 우선 우리의 감정을 살펴보자.

분명 한국인에게도 반일 감정이 있다. 한국인이 일본 정치세력에 대해 반일 감정을 갖는 것은 논리적으로 이해할 수 있다. 왜냐하면 일본은 침략국이고, 이웃 국가인 우리를 침탈해 강제로 식민지화한 것은 분명한 사실이기 때문이다. 그런데도 일본의 중심 지배권력은 여전히 반성하고 사과하기보다 침략을 정당화하고 있다. 한국인의 반일 감정은 일본의 극우 성향을 보이는 일본 정치세력이나 일부 왜곡된 정보를 가진 사람에 대한 감정이라고 할 수 있다.

반대로 일본 내에서도 일부 일본인은 '반한감정'이 있을 수 있다. 서로의 전통과 문화가 다르거나 생활 습관이 달라 생기는 오해에서 생길 수 있고, 특수한 경험에서 비롯됐을 수 있고, 왜곡된 정보나 사실에 장기간 노출되어 생겼을 수도 있다. 왜곡된 정보나 날조된 사실은 대개 일본의 혐한 세력들이 퍼트렸다.

일본에서는 1990년대부터 혐한이라는 용어가 반한감정의 대표적인 용어로 쓰이기 시작했다. 이전까지 일본의 보편적인 정서는 "한국은 일본 군국주의의 희생자이며 피해자"라고 보았다. 지극히 상식적인 인식이었다. 그러나 1990년대 이후 정반대의 감정, 즉 한국에 대한 강한 반감, 경멸을 내포한 극우적 사고의 일본인이 생겨나기 시작했다. 이런 감정에 기름을 부은 것은 1987년 대한항공 858기 폭파범 김현희에 의해 알려진 북한의 일본인 납치 사건 의혹이었다.

이후 극우세력은 '일본은 아무런 잘못이 없다'는 대전제를 깔아놓고 자신에게 유리하게 논리를 만들기 시작했다. 한민족(남·북한)을 가해자, 일본인을 피해자로 프레임을 바꾸었고, 이 새로운 프레임을 더욱 강화하기 위해서는 강력한 자기 신념이 필요했다. 어느덧 '방어적 혐한'에서 점차 '공격적인 혐한'으로 변하기 시작했다. 공격적인 혐한파는 한 걸음 더 나아가 우익단체와 우익지식인을 중심으로 그 프레임에 맞는 세부 논리를 끼워 맞춰 개발했다.

위안부나 일제 노동자들이 스스로 자처해서 왔으며 정당하게 고용하여 임금을 제대로 지급했다든지, 독도는 원래부터 쭉 일본영토였는데 한국이 불법으로 차지하고 있다든지, 일본이 한반도를 병합한 것은 강제가 아니고 합법적이고 한반도를 발전시키기 위해서라든지, 한국인은 도와주어도 은혜를 모른다든지 하는 수많은 역사 왜곡, 사실 왜곡을 만들어 일본 내 우익단체를 중심으로 혐한 분위기를 조성해 왔다.

이런 우익단체나 우익인사들이 만든 왜곡된 정보는 온라인 시대가 되면서 대량 생산과 유통이 가능해졌기 때문에 폭발적으로 퍼졌다. 반한감정의 관심층이 늘어나자 일본에서 혐한은 하나의 상품이 되기도 했다. 앞서 소개한 『혐한류』와 같은 만화나 서적, 심지어 방송의 프로그램도 등장하기에 이른다. 또한 우익단체나 우익인사의 인기를 높이는 수단이 되기도 했다.

그렇다면 1990년대 왜 일본에는 우익단체나 우익인사의 혐한 작업이 본격적으로 싹이 트기 시작했을까? 그 마음에 무엇이 있었을까? 그 답을 짐작해 볼 수 있는 흥미로운 기사가 있다. 일본에서 『혐한류』가 출간된 후 <뉴욕타임즈>에서는 흥미로운 분석 기사를 게재한 적이 있었다. 기사는 "만화 『혐한류』가 서양에 대한 일본인들의 '열등감'과 한국에 대한

'경계심리'를 보여주는 것"이라고 분석했다. <뉴욕타임즈>는 먼저 메이지 유신 시절의 사상가인 후쿠자와 유키치의 '탈아입구(脫亞入歐)론'이 혐한 감정 속에 들어있다고 본다.

탈아입구론 사상이란 '동아시아 국가들과 차별성을 만들고 서양을 닮자는 생각'이다. 기사는 이 만화의 일본인 캐릭터들이 실제로 서양인의 외모를 닮았다는 점을 지적한다.

기사 분석대로라면 1990년대 일본 내에 잠재해 있던 한국에 대한 '경계심리'는 과연 무엇이었을까? 누구나 알다시피 일본은 1980년대까지 경제적 최고 전성기를 누렸다. 그에 비해 한국은 한반도 전쟁 후 세계에서 가장 못 사는 나라였다. 그런데 1990년대부터 상황이 달라지기 시작했다. 일본의 침체와 한국의 폭발적 성장 이후 두 나라는 어느덧 경제적으로 경쟁 관계를 이루기 시작했다.

특히 IT, 자동차, 반도체 등의 산업에서 두 나라의 경쟁이 치열하게 벌어졌다. 이러한 경쟁에서 일부 일본인들은 한국의 경제적 성장과 성공을 인정하고 싶지 않았고, 그만큼 한국에 대한 반감을 품는 경우가 많아졌다.

일본을 두고 '잃어버린 20년'이란 말이 있었다. 일본에서 발생한 장기 불황을 일컫는 용어다. 일본은 1980년대 후반, 1990년대 초반부터 약 20년간 장기 디플레이션을 경험했다. 당시 부동산 시장의 버블이 터지고, 이에 따른 은행 부실이 기업과 가계의 부도로 연결돼 경제가 장기 침체 국면에 접어들었다. 이때부터 일본의 경기 전반이 침체의 늪에 빠지면서 불황이 이어지는 악순환에 빠졌다.

일본 정부는 경제에 활력을 넣기 위해 다양한 통화정책과 재정정책을 도입했지만, 이후부터 지난 2001년까지 평균 경제성장률이 1.1%에 그치며 장기 불황을 탈피하지 못했다.

반면 한국은 1990년대 전후 일본과는 정반대의 길을 걸었다. 6%에서 12%로 평균 9%에 이르는 경제 고도성장 시대를 맞이한 것이다. 당시 우리나라의 경제성장률을 보자.

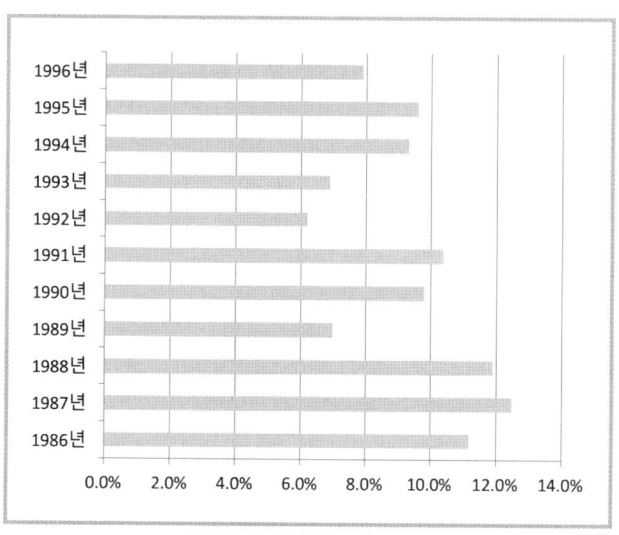

**대한민국 경제성장률** (통계청, 국가지표체계)

그러니까 서구를 동경하고 세계를 주름잡던 일본이 침체의 길을 걷고 오히려 일본 입장에서 안중에도 없었던 한국의 경제성장이 폭발적으로 이루어지던 1990년대에 혐한이 본격화됐다는 것은 결코 우연이 아닐 것이다. 나는 서양에 대한 '열등감'과 한국에 대한 '경계심리'가 혐한의 뿌리라는 <뉴욕타임즈>의 분석이 일리가 있다고 판단한다.

일본의 혐한이 일본 국민 전체의 보편적인 정서라고 생각하지는 않는다. 극우세력과 우익인사들의 상품과 그 상품을 소비하는 일부 국민, 그런 혐한 감정을 정치적 목적으로 활용하는 일본의 정치세력이 만들고 유지하는 합작품 정도일 것이다.

　대한민국이 국가나 민간차원에서 일본의 혐한 세력에 대해 효과적으로 강력하게 대응하는 것은 반드시 필요하다. 역사나 사실 왜곡을 바로잡고 진실을 알리기 위해 노력을 게을리하지 말아야 한다. 광고든, 책이든, 언론 칼럼이든, SNS나 유튜브 채널이든 다양한 미디어를 통해 대다수 일본인에게 올바른 정보를 제공하며 올바른 역사 인식을 공유할 소통 기회를 늘려야 한다.

　한편으로 동북아 매니징이라는 관점에서 일본의 혐한을 바라볼 필요도 있다. 우리는 혐한에 대응해 혐일로 대응하기보다 극우세력과 우익인사들에게 동북아 전체의 경제번영과 비전을 제시하고 설득해 나가야 한다.
　집단 밖의 존재를 뒷담하고 욕하고 폄훼하는 것이 내부의 응집력을 키우는 수단이 될 수는 있다. 하지만 그런 사람들이 자신들의 비전을 제시하거나 더 큰 세계의 리더로 성장할 수는 없다. 반대나 폄훼, 안티 등으로 현재를 혁신하거나 미래를 창조할 수 없다.
　일본 극우세력과 우익인사들, 혐한 세력들의 마음속에 똬리를 틀고 있는 '서구에 대한 열등감'과 '한국에 대한 경계심리'는 어쩌면 치료해야 할 대상이다.
　언젠가는 그들도 동북아로 가는 배에 함께 탑승했으면 좋겠다. 선장은 끝까지 포기하지 않는다. 동북아 대항해의 선장이라면 고독하나 혐오를 없애고 한·중·일을 친밀하게 결합할 수 있는 북극성과 같은 미래 비전에 시선이 머물러 있어야 한다. 동북아 매니징은 곧 동북아 대항해에 나서는 선장의 만능열쇠다.

Chapt.5
미래
동북아매니징
10가지
키워드

# 이웃사촌 매니징
## : 이웃 나라 갈등 '포컬 포인트'로 다루기

이웃 나라 간의 갈등은 왜 생길까? 무수한 요인이 있을 것이다. 영토문제, 역사문제, 정치문제, 경제문제, 안보문제, 힘의 우위문제, 문화문제, 민족이나 사람문제 등 이루 다 셀 수 없다. 오해에서 생긴 갈등은 오해를 풀어 해결하면 된다. 정보가 부족하면 정보를 주고 이해가 충돌하면 국제법이나 제도적 매뉴얼을 통해 합의점을 찾아가면 된다.

일본의 한국 수출 규제 조치를 생각해 보자. 발단은 분명하다. 지난 2018년 10월 한국 대법원은 일제강점기 강제 동원 피해자들이 일본 기업인 닛코, 미쓰비시 등을 상대로 제기한 소송에서 일본기업에 배상 판결을 내렸다. 이러한 판결에 일본 정부는 "강제징용 문제는 이미 1965년 체결된 한일청구권협정으로 해결되었다"라며 "한국 정부가 직접 처리해야 한다"고 주장했다. 이에 따라 일본은 2019년 7월 한국을 대상으로 수출 규제 조치를 시작했다.

이 규제 조치는 일본에서 한국으로의 규제 대상 품목을 대폭 축소하거나 수출 허가 절차를 더 복잡하게 만들어 한국 기업들이 일본산 부품을 수입하기 어렵게 만드는 것이었다. 이에 따라 한국 내 일부 산업체에서는 일시적으로 생산에 큰 어려움을 겪기도 했다.

그러나 문재인 정부는 일본의 수출 규제 조치에 대응하여 즉각 다양한 전략을 마련해 실행에 옮겼다. 가장 먼저 일본의 수출 규제 조치의 부당함에 대해 국제사회와 협력하여 대응하겠다는 입장을 밝혔다. 또한 일본에 대한 불공정 무역 관행에 대한 조사를 펼치면서 대응 대책을 마련해 나갔다. 한국 정부는 일본의 수출 규제 조치가 세계무역기구(WTO) 규정을 위반한다고 판단했다. 이에 WTO 분쟁 해결 절차를 이용하여 일본의 무역 제한 조치를 불공정 무역 관행으로 규정하고 일본이 제한 조치를 철회할 것을 촉구했다.

이와 별도로 한국 정부는 일본의 수출 규제 조치를 장기적 전략 측면에서 한국경제에 전화위복으로 활용했다. 그동안 지나치게 일본산 부품에 의존해 왔다는 판단에 따라 오히려 중국, 독일, 미국 등으로 주요 부품 수입국가를 다각화하는 기회로 삼았다. 여기에 국내 우수 부품 중소기업을 적극 지원하여 국산 부품이 경쟁력을 갖출 수 있는 토대를 마련했다. 이러한 대응 덕분에 한국은 일본의 수출 규제 조치로부터 경제적인 타격을 크게 입지 않고, 국제사회의 지지를 받으면서도 일본의 불공정 무역 관행에 대처하는 데 성공했다. 이 갈등은 오히려 일본 부품기업들이 한국 수출길이 막히는 결과를 낳아 일본 내부에서도 많은 비판을 받았다. 일본 정부는 공식적으로 2020년 1월 이러한 규제 조치를 자진 철회했다.

이처럼 문제가 명확한 갈등은 대응, 협상, 조정 등을 통해 언젠가는 타협점을 찾아낼 수 있다. 무엇보다 갈등을 매니징하는 리더에게 토머스 셸링의 '갈등의 전략론'은 참고할 만하다. 토머스 셸링은 세계적인 석학이자 2005년 노벨경제학상 수상자이면서 갈등과 협상에 관한 게임이론의 대가이다. 그의 책 『갈등의 전략』은 커뮤니케이션이 원활히 이루어지지 않거나 전혀 이루어지지 않는 상황에서의 갈등 해결 전략을 제시한다. 토머스 셸링 박사는 갈등 상황을 어떻게 해석하고 있을까? 그는 일단 갈등을 당연한 것으로 여긴다. 셸링 박사가 보는 갈등의 특성을 정리해 보자.

우리는 누구나 언제든 갈등에 말려들 수 있다. 또한 갈등은 당사자들이 각자 승리하려는 일종의 경합이다. 그런데 갈등은 대립만 있는 것이 아니다. 상호 의존적인 측면이 있다. 적대적인 두 당사자의 이해가 완전히 상반되는 갈등은 특별한 경우다. 이런 갈등은 결국 파탄에 이르고 만다. 그러나 대부분의 갈등에는 타협과 협상의 가능성이 숨어있다. 이것은 갈등을 일으키는 요소만큼이나 중요하고 극적인 요소다. 여기서 말하는 타협과 협상, 이는 갈등 당사자 사이에 존재하는 공통의 관심사와 상호 의존성과 관련이 있다.

"다양한 갈등 양상을 어떻게 타협과 협상으로 변화시킬 수 있는가는 매우 중요한 문제"라고 생각했던 그는 해법으로 '상호조정'과 '포컬 포인트'(focal-point)를 소개한다. 포컬 포인트란 상대가 자기 행동에 가지고 있는 기대와 자신이 상대의 행동에 가지고 있는 기대가 한 점에서 수렴하기 위한 단서가 되는 것을 말한다. 표현이 조금 어렵게 느껴질 수 있는데, 예를 들어보자.

당신이 누군가를 만나러 가는 중이다. 그런데 아직 장소가 정해지지 않은 상황이다. 당신과 상대방이 만날 장소를 결정하기 위해 서로 연락을 주고받을 것이다. 이때 당신과 상대가 모두 "6시 정각에 만나자"는 메시지를 보낸다면, 당신들은 서로 다른 '장소'를 떠올릴 수 있다. 하지만 만약 당신과 상대방 모두 "공원에서"라는 메시지를 추가로 주고받았다면 서로의 생각이 거의 일치했다고 볼 수 있다. 이때 '공원'이 포컬 포인트가 된다.

이처럼 공통의 기대치를 수렴하는 포컬 포인트를 찾으면 서로 간에 커뮤니케이션이 원활히 이루어지지 않거나 전혀 이루어지지 않는 갈등 상황을 타협과 협상으로 변화시킬 수 있다는 이야기다.

토머스 셸링 박사의 충고처럼 현재 우리가 안고 있는 다양한 갈등 요소들을 있는 그대로 받아들이고 상호조정을 통해 어떻게 타협하고 협상하여 변화시킬 것인가를 고민해야 한다. 어쩌면 동북아의 '포컬 포인트 찾기'가 지금 눈에 보이지 않는 동북아 모델일지도 모른다.

Chapt.5
미래
동북아매니징
10가지
키워드

# 군주론 매니징
## : 동북아를 위한 정치적 이상과 현실 관리

알쓸신잡 프로그램에서 대한민국의 건축가이자 대한민국의 여성 정치인 김진애 박사는 "20대 때 이 책을 읽고서 시야가 완전히 확 달라졌다"며 "이 책은 나라면 어떻게 할까? 이런 생각을 만드는, 끓어오르게 만드는 책"이라고 소개했다.

이 말을 듣고 유시민 작가는 이렇게 물었다. "20대는 사람이나 세상을 많이 겪어보지 않은 순수한 상태일 텐데, 그 나이에 이 책을 읽었다면 '어떻게 이런 말을 할 수 있지? 근데 아니라고 말 못 하겠네!' 이런 느낌이 들었을 것 같다."

이탈리아 피렌체의 정치가 니콜로 마키아벨리가 집필한 책『군주론』을 두고 한 대화다. 마키아벨리는 이 책을 1513년에 썼다. 책 내용은 책 제목에서 유추할 수 있듯 '군주가 성공하는 법' 혹은 '군주의 통치술' 정도로 이해하면 된다.

마키아벨리가 이 책을 쓰게 된 동기는 이렇다. 군주론이 집필될 당시 이탈리아는 여러 소국으로 분열되어 있었다. 반면 이탈리아 주변 국가들은 강력한 중앙집권체제를 갖추고 이탈리아를 자주 침략했다. 마키아벨리는 하루빨리 이탈리아가 주변 야만인들의 지배에서 벗어나야 하고 그러기 위해 율리우스 2세, 카이사르와 같은 영웅이 필요하다고 생각했다.

마키아벨리는 서른 살도 안 된 젊은 나이에 도시국가 중 하나인 피렌체의 제2장관직에 임명된다. 이후 그는 약 14년 동안 피렌체의 내무, 병무, 외교 등을 두루 맡았다. 거의 10년 동안 외교 대사로 활동하며 유럽 정세를 분석했으며 많은 지도자를 만났다. 이 과정에서 마키아벨리는 인간, 백성, 리더십을 바탕으로 군주의 통치술을 고민했다.

그러다 스페인이 피렌체를 침략해 점령하게 된다. 스페인은 피렌체의 옛 지배자였던 메디치 가문을 복귀시켜 다스리게 했다. 이 와중에 마키아벨리 역시 해임된다. 그러나 해임에만 그치지 않고 메디치 가문을 노린 음모에 가담했다는 혐의로 투옥된다. 고문까지 받았지만 끝내 혐의를 부인하여 석방될 수 있었다. 어느덧 마키아벨리는 시골 작은 농장에 칩거하는 신세로 전락했다. 우리 식으로 말하자면 유배지에서 쓴 책이 바로 『군주론』이다. 이 책 서문에서 마키아벨리는 "로렌초 2세 데 메디치에게 헌정한다"고 밝힌다. 자신을 투옥하고 귀양을 보낸 피렌체의 새로운 통치자를 위해 이 책을 썼다는 것이다. 왜일까? 이에 대해 새로운 피렌체의 주인 메디치 가문에게 잘 보여 어떻게든 정계에 다시 복귀하고 싶은 마음이 있었다는 게 지배적인 해석이다.

그렇다면 김진애 박사나 유시민 작가를 주목하게 만든 『군주론』에 담긴 내용은 무엇이었을까? 그 내용은 사실 요즘 들어도 인간에 대한 노골적인 분석과 해석이 가득하다. 대표적인 대목을 먼저 소개하면 이렇다.

군주는, 특히 새롭게 군주의 자리에 오른 자는 나라를 지키는 일에서 곧이곧대로 미덕을 지키기는 어렵다는 사실을 명심해야 한다. 나라를 지키려면 때로는 배신도 해야 하고, 때로는 잔인해져야 한다. 인간성을 포기해야 할 때도, 신앙심조차 잠시 잊어버려야 할 때도 있다. 그러므로 군주에게는 운명과 상황이 달라지면 거기에 맞게 적절히 달라지는 임기응변이 필요하다.

할 수 있다면 착해져라. 하지만 필요할 때는 주저 없이 사악해져라. 군주에게 가장 중요한 일이 무엇인가? 나라를 지키고 번영시키는 일이다. 일단 그렇게만 하면, 그렇게 하기 위해 무슨 짓을 했든 칭송받게 되며, 위대한 군주로 추앙받게 된다.

마키아벨리는 이 책을 통해 "군주로서 성공하려면 먼저 좋은 법과 좋은 군대를 갖추어야 한다"고 전제한 뒤 "정치와 행정, 외교 등에서 실패하지 않으려면 종교적 미덕은 잠시 잊어버리고 고대 영웅들의 역량과 힘(법과 군대)을 본받을 필요가 있다"고 주장한다. "어떻게 살아야 하는가(당위)와 어떻게 사는가(현상)는 매우 다르다"라고도 적고 있다. 이런 주장은 역사적으로 정치와 도덕을 분리하여 생각한 최초의 시도라고 평가받고 있다.

특히 마키아벨리는 군주의 지배를 받는 인간, 대중 혹은 백성에 대해 때로는 매우 부정적인 시선으로 바라본다. 인간은 은혜를 모르고 변덕이 심하며, 위선자요 염치를 모르는 데다가 몸을 아끼고 물욕에 눈이 어두운 속물이라고 표현할 정도다. 따라서 군주는 이런 인간을 통치하기 위해서는 정의보다 질서유지에 무게를 두는 것이 옳다고 기술하고 있다.

게다가 마키아벨리는 국민의 자유와 행복이 오로지 국가의 존재를 통해서만 보장될 수 있다고 믿었기에 국가 존재가 국민의 자유와 행복보다 우선이라고 보았다. "착한 군주가 백성들에게 선정(善政)을 펼친다는 개념은 환상에 불과하다"라면서 성공하는 군주의 구체적인 통치술을 다음과 같이 소개하기도 했다.

"너무 자비로워 무질서해지면 많은 사람이 죽고 약탈당하며 자신의 생명까지도 위협받을까 두려워 떨게 된다. 따라서 이러한 최악의 무질서 상태를 막고자 소수의 몇몇을 처형하여 나라의 기강을 바로잡는 군주가 훨씬 자비로운 셈이 될 것이다."

마키아벨리의 『군주론』은 '인간'에 대해 적나라하게 표현하지만, 군주 역시 인간이며 그래서 '완전한 인간'은 아니라고 분명히 밝히고 있다. 군주도 이기적인 인간의 속성이 내재해 있고, 자신의 자리를 지키고자 한다는 것이다. 그래서 책은 "군주가 자신의 자리를 지키기 위해서는 백성 다수의 지지가 필요하며, 선하게 보일 수 있도록 '이미지 메이킹'(image making)이 필요하다"고 안내하고 있다.

이러한 까닭에 이 책은 오랫동안 오랜 세월 '악마의 통치서'라는 오명을 갖기도 했고 금서로 지정되기도 했는데, 어찌되었든 정치와 국가 차원에서 인간이 펼치는 리더십과 팔로우십에 대해 무수한 질문을 던져주는 책이다.


한편 『군주론』에 드러난 마키아벨리의 통치 사상은 고대 그리스 철학자 플라톤의 사상과는 대비된다. 여기서 잠깐 플라톤 사상을 살펴보자.

플라톤은 국가가 정의로워야 사람들도 정의로울 수 있다고 믿었다. 그는 국가를 구성하는 사람들을 3개의 계급으로 나누어 생각했는데 통치자 계급, 전사 계급, 생산자 계급이 그것이다.

무엇보다 국가를 다스리는 통치자는 지혜를 가져야 한다고 보았다. 지혜를 가진 사람은 정의와 옳음, 이로움의 이데아를 아는 철학자이다. 철학자가 국가를 통치할 때 혹은 통치자가 철학자가 될 때 비로소 이상 국가가 될 수 있다는 것이다. 이것이 플라톤의 핵심 사상 중 하나인 '철인 통치'다.

플라톤과 마키아벨리의 통치술을 비교해 보면 이상과 현실의 양극단을 달린다는 느낌이 든다. 여기서 또 하나 흥미로운 사실은 마키아벨리가 '현대식 독재 정권'을 지향한 건 절대 아니라는 점이다. 그는 한 사람의 권력자가 아니라 집단이 통치하는 민주적 정치 형태인 '공화정'을 옹호하고 지향했던 인물이었다.

동북아를 준비하는 우리에게 마키아벨리는 어떤 메시지를 들려줄 수 있을까? 내 눈을 사로잡은 문장이 있다. 마키아벨리가 『군주론』에서 새 제도의 도입을 강조한 파트이다. 내용은 다음과 같다.

"나라를 얻는 과정에서 겪는 시련은 부분적으로 국가를 세우고 권력을 다지기 위해 도입해야만 하는 새로운 질서와 법제에서 비롯된 것이다. 새 질서를 만드는 일보다 더 어렵고 위험하며 성공하기 힘든 일은 존재하지 않는다는 점을 깨달을 필요가 있다. (…) 확실한 결과를 눈으로 확인하기 전에는 새로운 것을 신뢰하지 않으려는 사람의 회의적인 속성도 하나의 배경으로 작용한다. 새 질서에 적대적인 자들이 기회를 잡으면 늘 당파적 열성을 바탕으로 맹공을 퍼붓는 이유다."

나는 이 이야기를 우리 앞에 다가올 동북아 모델에도 그대로 적용해 볼 수 있다고 생각한다. 동북아 시대 역시 새로운 패러다임, 새로운 제도가 필요하다. 마키아벨리는 그 새로운 것들을 적용하는 것이 세상에서 가장 어렵고 위험하고 성공하기 힘든 일이라는 걸 경고한다. 본 적 없는 새로운 것을 믿지 않는 불신과 회의에 맞서 싸워야 한다는 것이다.

마키아벨리는 외교와 국가 존립을 위해서 현실을 직시하라는 충고를 하고 있는지도 모른다. 뜨거운 가슴, 차가운 이성이라는 말이 있다. 동북아 모델을 실현하는 과정은 낙관, 희망, 이상적 생각, 기대감만으로 달성할 수 없다. 경쟁과 생존을 위한 처절한 현장, 현실, 냉정한 물리법칙, 한계를 우리는 있는 그대로 받아들일 줄 알아야 한다.

우리는 이런 질문을 계속 던질 수 있다. "동북아 모델의 이상과 현실을 어떻게 조화시킬 것인가?" 동북아 매니징에는 현실과 이상, 그 두 날개의 균형이 꼭 필요하기 때문이다.

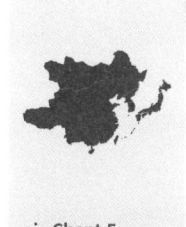

Chapt.5
미래
동북아매니징
10가지
키워드

# 평화 매니징
## : 한반도의 역할이 중요하다

　남한과 북한은 6.25전쟁을 통해 민족상잔의 비극과 혹독한 시련을 겪었다. 그로 인해 반세기 넘게 남과 북은 서로 다른 체제 속에서 살아가고 있다. 우리에겐 여전히 전쟁의 아픔을 간직한 이들이 있다. 6.25전쟁에 참전한 사람이나 전사자를 둔 가족, 상이용사 등이 그렇다. 또 학살된 사람들의 가족이나 전쟁으로 직접적인 피해를 본 사람들의 경우 북한에 적대적일 수밖에 없다. 북한을 향한 화해 정책이나 민간차원의 교류를 좋게 보지 않는 이도 있다.

　그러나 우리 미래 세대들을 위해 어떤 한반도를 물려줘야 할 것인가도 고민해야 한다. 적대와 분단의 한반도를 물려줘야 할까? 아니면 통일과 평화의 한반도를 물려줘야 할까?

　답은 나와 있다. 문제는 어떻게 통일과 평화의 한반도를 물려줄 것인가 하는 점이다. 통일이 된다 해도 우리는 다양한 부작용에 직면할 수 있다는 걸 잘 안다. 예를 들어 북한 주민들이 많이 남으로 내려올 것이고 그에 따른 경제적 수위는 상당히 어려운 국면으로 접어들 수 있다. 이쯤 되면 통일을 그렇게 단순한 이상적 판단으로 진행할 수만은 없다.

그래서 통일은 다각적인 관점과 철저한 준비과정이 필요하다. 무엇보다 통일을 향한 공감대 조성이 중요하다. "통일을 왜 해야 하는가?"에 대한 대의를 분명하게 세우고 통일정책에 대한 원칙을 세워야 한다. 또 세워진 정책과 원칙은 철저하게 지켜야 할 것이고 일관되게 밀고 가야 한다.

돌아보면 통일방안에 대한 여러 논의 과정이 있었다. 남·북한이 처음으로 합의하였던 '7.4 남북공동성명'의 평화통일 3대 원칙은 획기적인 관계 개선의 전기로 보였다. 그러나 곧 양측의 합의에 대한 해석의 차이점과 감정대립으로 불신이나 적대관계의 청산이 불가능하다는 것을 발견했다.

김영삼 정부의 한반도 통일 3단계론은 화해·협력 단계, 남북연합 단계, 통일국가 단계로 구성되어 있다. 3대 기조는 민주적, 국민적 합의, 민족 복리, 공존공영이었다.

1991년 12월 31일 서울에서 개최되었던 제5차 남북고위급회담에서 남·북한은 처음으로 '남·북 사이의 화해와 불가침 및 교류, 협력에 관한 합의서'에 서명했다. 다음해에는 이 남북기본합의서와 그 부속 합의서가 채택, 발효됨으로써 교류와 협력의 기틀을 마련하게 되었다.

1992년 5월 개최된 제7차 회담에서는 남·북 합의에 대한 실천기구인 남북군사공동위원회, 남북경제교류협력공동위원회와 남북연락사무소의 구성, 운영 등 합의 문서를 채택하고 발효시켰다. 그러나 실천과정은 쉽지 않았다. 남북 교류를 위한 실천기구의 활동은 부진했고 결국 서로 다른 입장을 확인하는 데 머물렀다.

물론 이마저도 곧 남·북한 핵사찰 문제와 북한에서 제기한 '팀스피리트' 훈련에 대한 비난과 맞물려 남·북 관계가 전면 단절되는 사태를 초래했다. 이후 북핵 개발과 미사일 발사가 이어졌다. 한반도 전쟁설까지 나오는 상황에서 다행히 문재인 정부가 들어섰다.

어려운 대결 국면을 안정 국면으로 전환한 문재인 정부는 남북정상회담과 북미정상회담을 성사시켰다. 남·북 정상과 북·미 정상이 직접 만나 터놓고 대화하면 한반도 문제를 해결할 수 있으리라는 기대도 있었다.

그래서 노무현 대통령과 김정일 국방위원장과의 만남 11년 만에 개최된 문재인 대통령과 김정은 국방위원장의 '2018 남북정상회담'은 우리를 설레게 하기에 충분했다.

당시 남·북한 사이에는 다양한 협력 방안이 논의됐다. 그중 우리가 주목한 것은 '남·북 철도 연결'이었다. 남·북 철도 연결은 남·북 간 교류 활성화를 넘어 중국, 러시아와 대륙철도 연결, 그리고 유럽 진출까지 가능케 할 것으로 기대를 모았다. 이것은 단순히 대한민국이 대륙과 철도로 연결된다는 의미에 그치지 않는다. 철도 연결이 만들어갈 대한민국의 새로운 미래를 상상할 수 있다.

- 중국과 러시아, EU 등 대륙 세력과 미국, 일본으로 대변되는 해양 세력을 중계할 수 있는 지정학적 위치가 그동안 단점이었던 한계를 극복하고 한반도가 전 세계 물류거점 기지로 부상할 수 있다는 장점으로 전환된다.

- 물류거점인 한반도에 투자가 활발해져 국내 생산도 늘고 산업단지도 활발히 건설될 가능성이 커진다. 여객 운송 수단 발달로 관광산업도 활성화된다.

- 한반도에 세계적인 경쟁력을 갖춘 물류 기업이 탄생한다.

- 한반도가 동서양 물류거점 기지 역할을 한다면 한반도 평화가 정착되고 이는 동북아 안보와 경제번영에 기여할 것이다.

이것은 우리가 생각하는 동북아 모델이 구현하는 미래의 한 그림이었다. 미래 동북아 시대의 대한민국을 상상해 보자. 당신은 부산이나 목포에서 KTX를 타고 서울과 평양을 거쳐 유라시아 철도를 달려 유럽으로 여행할 수 있다. 이런 멋진 꿈의 열차는 잠시 멈춰 서 있다. 그리고 다시 한번 한반도 평화 정착과 통일 문제는 생각보다 훨씬 복잡하게 꼬인 실타래라는 사실을 확인했다.

한반도는 현재 다시 길을 잃고 헤매는 중이다. 그렇다고 실망할 이유는 없다. 만날 수 있다는 걸 확인했고, 언제든 다시 만날 수 있다는 사실도 알게 됐기 때문이다.

남·북이 만나고 북·미 간 대화가 주목받는 우리 시대에 진보·개혁과 수구·보수 간 이념논쟁은 구시대의 유물에 불과하다. 북핵 등 한반도 문제를 평화적인 대화로 풀어야 한다는 것은 당연하다. 무엇보다 우리의 시선은 언제나 한반도 평화와 한민족의 실익, 지구촌의 상생이라는 이정표를 쫓아가야 한다. 분명한 건 한반도의 상황을 긍정적으로 바꾸기 위해 우리가 주도적으로 협상테이블을 마련하고 화해를 주선해야 한다는 점이다. 한반도 평화를 지키고 이뤄내야 할 몫은 미국도, 러시아도, 중국도 아닌 바로 북한, 그리고 대한민국이다. 대한민국이 한반도 평화의 당사자이기 때문이다.

그래서 꿈의 열차는 유럽을 달려야 한다. 동북아 시대를 만들기 위해 우리의 상상력은 멈추지 말아야 한다. 대한민국이 한 차원 높은 관점에서 펼쳐나갈 '한반도와 동북아 평화 매니징'에 도전해야 한다. 합의 가능한 것부터 찾아 먼저 실현해 나가고, 합의할 수 없는 건 존중하고 협의하면 된다.

동북아의 꿈을 이루기 위해 우리는 지금 무엇을 실천할 수 있을까? 정치학자인 문정인 연세대학교 명예특임교수가 지난 2022년 11월 한반도 평화학교 페스티벌에서 '한반도 평화의 해법을 찾아서'라는 특강을 진행했다. 이 자리에서 제시했던 '평화를 위한 10계명'을 동북아 경제번영과 한반도 평화를 꿈꾸는 독자들과 나누고 싶어 여기에 인용한다.

### 평화를 위한 10계명

**1계명 인간 중심의 평화를 추구하라**
정치나 안보 중심의 평화가 아닌 따뜻한 온기를 주는 인간 중심의 평화가 가야 할 길이다.

**2계명 평화를 원하거든 평화를 준비하라**
'평화를 원하거든 전쟁을 준비하라'는 베게티우스의 말 대신 평화를 원하거든 평화를 준비하는 게 우리의 몫이다.

**3계명 역지사지(易地思之)하라**
입장을 바꿔 다른 사람의 처지에서 생각한다는 뜻이다. 평화의 기본은 역지사지다. 우리의 눈이 아닌 북한의 눈으로 한미 훈련, 북의 핵·미사일 실험을 볼 수 있어야 한다.

**4계명 실사구시(實事求是)하라**
우리의 편견이 아닌 사실에 입각해 사안을 보고 해법을 모색해야 한다.

**5계명  평화를 원한다면 신뢰를 쌓아라**

선이후난(先易後難) - 쉬운 것을 먼저 하고, 어려운 것을 나중에 한다. 선민후관(先民後官) - 외교 관계나 대외 교류를 민간에서부터 먼저 시작한 뒤 정부는 나중에 한다. 선경후정(先經後政) - 경제와 관련된 일을 먼저 처리하거나 해결하고 정치와 관련된 일을 나중에 처리하거나 해결한다. 선공후득(先供後得) - 먼저 주고 나중에 얻는다'는 정신으로 신뢰를 쌓을 때 평화가 온다.

**6계명  상상력으로 평화를 만들어라**

평화는 상상력 없이 되지 않는다. 미래에 대한 상상력 없이 과거에만 붙들려 사는 정치인이 평화를 만드는 것은 불가능하다.

**7계명  경제가 평화다**

임마누엘 칸트는 『영구평화론』에서 무역하는 국가들 사이에 전쟁은 어렵다고 했다.

**8계명  칭찬이 평화를 만든다**

칭찬의 바탕에서 비판할 때 상대방을 설득할 수 있다.

**9계명  전쟁보다 중요한 것은 전쟁을 예방하는 것**

그 어떤 평화도 전쟁보다는 낫다.

**10계명  평화가 우리 시대의 상식이자 순리**

전쟁은 방법이 아니다. 평화 외엔 방법이 없다.

# 언어 매니징
## : 나의 중국어 독학 성공기

Chapt.5
미래
동북아매니징
10가지
키워드

　언어를 익히면 그 나라를 이해하기 쉬워진다. 또 언어를 활용해 아는 만큼 이해하는 만큼 장점을 발견하고 좋아하게 된다. 실제로 K-POP을 듣다가 노래가 좋아 한국어를 배우게 됐고 그러다가 한국에 매력을 느껴 한국에 오게 됐다는 젊은 유학생이 많았다. 언어에는 그 나라의 문화와 역사, 생각, 인식, 태도, 가치관 등이 녹아있고. 언어는 그 나라 사람들이 생각하고 느끼는 방식을 반영하기 때문이다.

　우리도 예외는 아니다. 영어를 잘하면 <타임>지를 읽거나 미국 드라마를 보게 된다. 그다음엔 미국이나 영국에 가보고 싶어진다. 중국어를 배우면 중국의 역사와 문화, 경제와 사회의 발전 상황을 더 잘 이해할 수 있다. 일본어를 배우면 일본 문화를 더 자주 접하게 된다.

　돌이켜 보면 내가 오랜 세월 '동북아 모델' 또는 '동북아 비전'을 그리게 된 계기 역시 언어 때문이었다. 20대 시절 중국어를 접하고 배우고 싶어졌다. 법학 분야를 전공해 한자에 익숙한 것도 한몫했을 터였다.

　중국어에 관심이 커지자 중국어를 쓰는 친구들을 자주 만나게 됐다. 독학으로 중국어를 터득해 나가면서 중국 사람과 열심히 대화할 기회를 만들어갔다. 그러다 보니 자연스레 의사소통이 가능한 수준이 됐다. 중국어로 의사소통이 가능해지자 이번에는 중국이라는 나라에 관심이 커졌다. 더 많은 중국인 친구를 사귀게 되고 중국에 더 자주 방문하게 되면서 다양한 현지인들과 교류할 수 있었다.

내가 자주 방문한 곳은 특히 한반도와 가까운 동북 3성 지역이었다. 이곳의 인사들과 친분을 쌓아갔고 법률 자문이나 법률 지식도 교류할 기회가 늘었다. 어느새 나는 중국분야 또는 중국어 분야에 앞서가는 변호사가 돼 있었다.

언젠가부터 내 머릿속에는 한반도와 중국이 사이좋은 친구로 멋진 조화를 이룬 한 폭의 그림이 그려지기 시작했다. 내가 속한 '법무법인 동북아'라는 이름은 그저 브랜드가 아니다. 그 이름에는 중국어를 배우기 시작하면서 시작한 무수한 이야기가 스며있다.

만남은 새로운 만남을 낳고 인연은 새로운 인연을 연결한다. 새 인연으로 중국의 4차산업혁명 관련 책과, 중국의 떠오르는 기업인 마윈의 인생과 성공 메시지를 담은 인기 도서를 번역해 국내에 펴내기도 했다. 마윈 책의 출간을 계기로 실제 마윈을 만나 우정을 쌓을 기회도 얻었다. 어느새 '동북아'는 나에게 단순한 브랜드가 아니라 인생의 동반자가 되었다.

동북아는 나에게 살아있는 생명체로 다가왔다. 동북아라는 생명체의 머리와 가슴이 되어 숨을 불어넣을 수 있다면 얼마나 좋을까? 현재 남·북한의 갈등과 한·중·일이 안고 있는 난제를 극복할 수 있지 않을까? 평화와 경제번영을 함께 창조해 나갈 수 있지는 않을까? 생각은 꼬리에 꼬리를 물고 이어져 이런 동북아 비전을 가슴에 품게 되었다. 누군가는 반드시 꿈꾸어야 하고 누군가는 반드시 실천해야 한다. 그것이 동북아다. 동북아는 회피할 수 없는 미션이었다.

그렇다면 내가 동북아의 비전과 이정표를 고민하는 사람이 될 수는 없을까? 내가 동북아의 미래를 제시하는 사람이 될 수는 없을까? 내가 동북아 시대로 가는 구체적인 목표를 설계하는 사람이 될 수는 없을까? 내가 동북아 전문가를 키워낼 사람이 될 수는 없을까? 내가 동북아라는 문을 열 문지기가 될 수는 없을까?

그런 고민이 층층이 쌓여 동북아 네트워크를 만들고 '동북아 포럼'을 개최하기에 이르렀다. 만약 내가 '동북아 시대를 여는 역할'을 맡게 된다면 이렇게 말할 것이다.

"내 동북아 비전의 출발점은 중국어를 배운 것이었소!"

그래서 그동안 중국어를 배우는 데 많은 도움을 준 광저우에서 변호사로 활동하고 있는 웨이웨이, 시난민주대 교수 친리펑, 경희대 한의대 유학생 리젠, 성균관대 유학생 니샤오이, 번역과 공부에 도움을 준 왕지아, 리원지아, 번역서를 추천해주었던 멍아이화 등과 중국 친구들에게 감사의 마음을 전한다.

내가 이 글에서 강조하고 싶은 메시지는 이것이다. 동북아 미래 비전으로 가는 데 '언어'가 정말 중요하다는 점이다. 동북아 국가들이 서로 언어를 공유하고 좀 더 익숙해질수록 우리 사이도 훨씬 가까워질 것이다. 이를 위해 언어 소통의 무대를 설계하는 노력이 바로 '언어 매니징'이다.

언어 매니징은 동북아 국가들의 언어 교육 프로젝트, 언어 교육을 위한 유학생 인적교류 프로젝트, 단기 어학연수 지원 프로그램 등을 강화하는 것이다.

  무엇보다 가장 먼저 한반도의 남과 북의 언어 교류가 더 많아지길 바란다. 남·북의 언어 차이와 언어문화에 관한 연구가 활발해지고 미래 통일한국의 표준 언어를 고민하는 이들이 많아지길 희망한다.

  한·중·일 세 나라에서 동북아의 주요 언어들을 쉽게 배울 수 있는 언어 학습센터가 많아지길 바란다. 이웃 국가의 언어를 일반인도 누구나 쉽게 기초적인 언어로 학습할 수 있길 기대한다. 그것은 현재 이익보다 우리 미래 세대들이 함께 서로를 더 잘 이해하고 더 많은 것을 상상할 수 있는 발판이 된다고 믿기 때문이다.

  혹시라도 지금 중국어 학습을 막 시작했거나 배우고 싶은 독자들이 있다면 개인적인 경험을 바탕으로 몇 가지 중국어 학습법을 소개해 보려 한다. 기억해 두어야 할 것은 중국어는 생각보다 더 어렵다는 점이다. 한자를 사용하는 문자 체계라서 기억해야 할 글자 수가 정말 많다. 또한 한자는 음독과 표기가 달라 초보자에게는 특히 난해하다.

  발음 역시 쉽지 않다. 지역에 따라 중국어는 4개의 발음 톤을 가지고 있으며, 이를 정확하게 구분해 사용해야 한다. 사투리도 지역마다 차이가 크다. 관화(官话), 간어(赣语), 오어(吴语), 샹어(湘语), 객가화(客家话), 광둥어(奥语; 중국어 발음은 '위에어'), 민어(闽语) 등이 대표적인 사용어지만, 중국의 방언 수에 대한 정확한 통계는 아직 없을 정도로 민족과 지역에 따라 워낙 다양하다.

  이외에도 동사, 조사, 어미 등의 문법이 복잡하고 다양한 어휘와 구문을 이해하고 구사하기도 어렵다. 우리나라에서는 영어나 일본어만큼 많이 사용하지 않는다는 점도 학습의 걸림돌이다. 당연히 중국어를 사용할 기회가 부족해 실력이 늘기 쉽지 않다.

그런데도 독학으로 중국어를 마스터한 내 경험을 돌아보면, 가장 중요한 것은 그 언어를 생활 속에서 계속 사용해야 한다는 것이다. 무조건 중국어를 듣고 중국어로 말할 기회를 찾거나 만드는 게 중요하다. 그렇다면 중국어를 계속 듣거나 말할 기회는 어디에 있을까? 우리가 잘 아는 몇 가지 방법이 있다.

첫째는 매체 활용이다. 중국어로 된 매체, 즉 노래 가사, 드라마, 라디오, 팟캐스트, 유튜브, 넷플릭스 등을 통해 중국어 듣기를 반복하는 방법이다. 중국어 학습과 미디어를 통해 끝없이 듣는 과정이 중국어 실력을 향상할 가장 좋은 학습 방법이다.

둘째는 중국인 친구 사귀기이다. 나의 경우 중국인을 사귀기 시작하면서 중국어가 가장 많이 늘었다. 중국인 유학생들과 친분을 쌓는 것을 추천한다. 중국어를 사용하는 교환학생 프로그램에 참여하거나 중국어로 된 커뮤니티에 가입해보는 것도 좋은 방법이다. 중국 친구들과 사귀면서 중국어를 배우는 대신 한국어를 가르쳐 주면 서로에게 큰 도움이 된다.

셋째는 중국어 앱 사용하기이다. 요즘에는 혼자 배울 수 있는 중국어 학습 앱들이 정말 많다. 중국어 학습 앱을 사용하여 단어, 문법, 발음 등을 반복해 듣고 따라하면 좀 더 쉽게 배울 수 있다.

넷째는 중국어 신문이나 만화 보기이다. 중국어 독해 실력을 키우기 위해 쉬운 문장을 많이 읽는 것이 도움이 된다. 처음에는 만화도 좋고, 신문이나 중국어책을 읽어도 좋다. 어학은 생활 문장을 최대한 많이 암기하는 것이 도움이 된다. 생활 문장을 암기하다 보면 어느새 뇌가 발음과 소리, 문자를 하나로 일치시켜 언어 감각을 각인시킨다.

어학 공부와 중국에 대한 개인적 관심사를 연결하는 것도 매우 도움이 된다. 중국 요리, 전통 미술, 음악, 춤, 드라마, 역사, 인물, 명소방문 등 중국에 관한 관심 테마를 정해 보라. 중국어로 된 자료를 모으고 정보를 교류할 중국인을 만나 취미를 공유해 보라. 중국여행도 추천해 본다. 언어는 문화이다. 중국문화를 이해해야 한다.

그러다 보면 어학 실력이 빠르게 늘 것이다. 중국어를 성공적으로 마스터한 독자들이 언젠가 동북아 비전 창조에도 함께 참여할 수 있었으면 좋겠다.

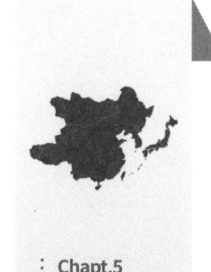

Chapt.5
미래
동북아매니징
10가지
키워드

# MZ세대 매니징
## : 미래 세대가 알아야 할 동북아 2030 시대

우리 시대 젊은 층을 'MZ세대'라고 부른다. 밀레니얼(Millennials)의 'M'과 제너레이션(Generation)의 'Z'가 합쳐진 말이다. 밀레니얼 세대는 1980년대 초반~2000년대 초반 출생자를 가리키고, Z세대는 1990년대 중반~2000년대 중반 출생자를 뜻한다.

통계청에 따르면 MZ세대는 지난 2019년 기준으로 약 1,700만 명, 국내 인구의 약 34%를 차지한다. 어느새 빠른 MZ세대는 나이 마흔이 되었지만, 여전히 2030 젊은이들을 대변하는 용어로 사용되고 있다. 나이 이삼십 대 전체를 아우르는 2030 MZ세대는 정보통신기술의 발달로 세계화 시대가 활짝 열린 시기에 태어났다. 다양한 매체와 함께 성장해서 외국 문화에 익숙하고 해외여행도 자주 경험했다.

특히 이들 세대는 자기 작품이나 이야기를 공간에 공유해 사람들과 소통하는 걸 좋아한다. 유튜브나 소셜 미디어에서 구독자나 팔로워 수가 곧 자신의 영향력이라는 것을 안다. 따라서 MZ세대는 다양한 미디어를 만들어 대중의 관심을 유도하고 이를 적극 활용한다. 그리고 타인에게 인정받으며 자신감과 성취감을 느낀다. 이 때문에 스마트폰 세대, IT 세대, 트렌드 세대, 글로벌 세대, 소비 세대, 자기표현 세대 등으로 불리기도 한다.

　MZ세대의 특징을 꼽자면 셀 수 없이 다양하다. 떠오르는 몇 가지만 정리해 보자. 어릴 때부터 디지털 환경을 접해왔기 때문에 공부할 때도 연필이나 볼펜보다는 아이패드에 익숙하고 종이책이나 신문보다는 인터넷 뉴스에 익숙하다.

　집단보다는 개인의 행복, 소유보다는 공유, 상품 자체보다는 경험을 중시하는 소비 패턴을 지니고 있다. 학연, 지연, 혈연보다는 필요할 때 취향과 개성에 맞게 온라인 커뮤니티 안에서 붙였다 뗐다 하는 '스티커 인맥'이나 필요할 때마다 뽑아 쓰는 '티슈 인맥'과 같은 인간관계를 선호한다.

　미래보다는 현재를, 또 가격보다는 취향을 중시하는 '플렉스(flex) 문화'가 발달해 있다. 값비싼 물건들을 사고 과시한다는 용어인 플렉스는 특히 소년들 사이에서 하나의 문화로 자리 잡았다. 플렉스는 사실 사전적으로 '구부리다', '몸을 풀다'라는 뜻이지만, 1990년대 미국 힙합 문화에서 래퍼들이 부나 귀중품을 뽐내는 모습에서 유래돼 젊은 세대들에겐 자신을 '과시하다', '뽐내다'라는 뜻으로 쓰이고 있다. 10대들의 명품 구매 영상과 인증샷은 인스타그램, 유튜브 등 여러 SNS에서 많은 인기를 끌고 있다. 회사나 조직에서도 수직관계나 일방적인 명령 하달식 문화보다는 수평적 조직 문화를 선호한다. 이들은 나이와 직책과 상관없이 스마트폰과 같은 디지털 기기를 통해 온라인으로 소통하길 원한다.

　그렇다면 MZ세대를 대표하는 키워드는 어떤 게 있을까? 대학내일 20대 연구소가 뽑아 발표한 MZ세대 다섯 가지 키워드를 소개한다.

- **다만추** 다양한 만남을 추구한다는 뜻의 줄임말이다. 인만추(인위적인 만남 추구), 자만추(자연스러운 만남 추구) 등과 같이 사용되고 있다.
- **후렌드** 'WHO+Friend'를 합친 말이다. 온라인에서는 누구와도 친구가 될 수 있다는 의미. MZ세대는 SNS에서 나이, 지역, 국가, 성별, 인종을 넘어 '친구'가 될 수 있다.
- **선취력** '先+취력'이란 뜻이다. 자신이 원하는 바를 쟁취해 내기 위해 촛불집회, 국민청원 등을 통해 능동적으로 먼저 행동하는 성향을 나타내는 신조어다.
- **판플레이** 놀이판의 '판'과 '놀다'라는 뜻의 '플레이'(Play)가 합쳐진 단어로 '판'을 벌려 놀이를 즐기는 세대를 말한다. 예를 들어 콘텐츠를 단순히 보는 행위에서 끝나지 않고 댓글을 달거나 직접 참여하는 등 모두가 참여할 수 있도록 하나의 놀이판을 만들어가는 것을 의미한다.
- **클라우드 소비** 구매보다는 구독을 통한 공유를 의미한다. 원하는 순간 딱 원하는 만큼만 요구가 충족되길 바라는 소비 스타일로, 내 것으로 소유하기보다는 함께 공유한다는 개념이다.

2030 MZ세대들 특징에서 살펴보았듯, 이들은 기성세대보다 훨씬 열린 사고를 가지고 있다. 투쟁과 반목과 이념적 좌우 대결을 통해 대한민국을 급작스럽게 성장시킬 수밖에 없었던 기성세대와는 다르게 수평적이고 국제적 문화에 대해서도 개방적이며 교류에도 능하다. SNS로 국경을 초월하고 다양한 나라의 음식과 쇼핑을 즐기며 공동의 이익을 위해 폭넓은 네트워크로 다양한 사람들과 소통하고 협력할 줄 안다.

그것은 일본, 중국 등 동북아 국가들의 2030세대도 크게 다를 바 없을 것이다. 미래 동북아2030 시대는 동북아의 2030 MZ세대가 끝내 완성할 것이다.

그래서 동북아2030 시대를 이끌어갈 동북아2030 MZ세대에게 당부하고 싶다. 여러분들도 동북아2030 시대를 꿈꾸어 보라고. 또한 미우나 고우나 싫거나 좋거나 우리의 이웃 동북아는 우리 곁에 있는 파트너라는 사실을 잊지 말라고. 그래서 더 많은 2030 MZ세대가 동북아 친구를 사귀었으면 좋겠다.

상상 속의 동북아2030 시대 그림 속에는 완전한 한반도 평화가 이미 달성돼 있고, 대한민국은 정신으로도, 문화로도, 경제로도 글로벌 리더가 돼 있다. 그 안에 우리의 2030 MZ세대가 저마다 꿈을 펼쳐가고 있다. 이러한 이상을 현실로 만들기 위해 지금 당장 기성세대들이 할 수 있는 모든 것을 해야 한다. 우리의 2030 MZ세대와 소통해야 하고 우리의 2030 MZ세대를 설득해야 한다. 나는 동북아의 문지기라도 기꺼이 역할을 맡아 동북아2030 시대로 가는 길에 빗자루질이라도 하고 싶다.

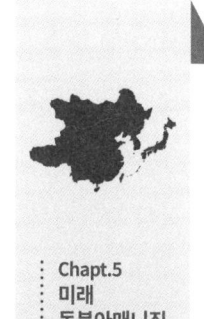

Chapt.5
미래
동북아매니징
10가지
키워드

# 동북아 인재 매니징
## : 당신도 동북아 전문가가 돼라

'세계의 중심 동북아, 동북아의 중심 대한민국!'

상상은 현실이 될 것이다. 동북아 구상은 20여 년 전 노무현 대통령의 참여정부 시절부터 본격화됐다. 2003년 개최됐던 '대통령과 함께 미래를 향해: 대한민국을 동북아시아의 금융중심지로' 세미나에서는 '동북아 경제 허브 추진전략과 비전'이 논의됐다. 이 세미나에 기조연설자로 참여한 당시 고건 총리는 참여정부가 구상한 동북아 시대의 비전을 자세하게 소개했다.

참여정부는 21세기를 맞이하며 세계 경제 질서에 획기적인 변화와 기회를 보았다. 먼저 변화를 읽었다. 지난 세기에는 미국과 유럽 중심으로 세계 경제가 재편되었다면, 앞으로 중국경제의 급성장을 계기로 중국, 일본, 한국으로 이루어지는 동북아 경제가 세계 경제의 '새로운 축'으로 급부상할 것으로 전망했다.

동북아 GDP는 당시 전 세계의 5분의 1을 차지하고 있었다. 한·중·일 3국의 인구는 EU지역의 4배가 넘는 16억 명에 이르렀다. 참여정부는 이러한 세계사적인 변화에서 '평화와 번영의 동북아 시대'를 열어나가기 위해 대한민국이 선도적인 역할을 담당해야 한다고 보았다. 고건 총리는 "대한민국이 동북아 비즈니스 허브가 되면 환태평양경제권과 대륙경제권을 가장 빠르고 경제적인 교통수단으로 연결하는 전략적인 요충지가 될 수 있다"며 "이를 실현하기 위해 각국이 서로 경쟁하면서 협력하고, 상생과 시너지 효과를 도모하는 '윈윈'(win-win) 정신이 필요하다"고 밝혔다.

참여정부가 예측했던 동북아의 상황은 현재 거의 현실이 되고 있다. 시기에는 다소 변수가 있겠지만 경제력은 중국이 미국을 반드시 따라잡고 1위에 올라설 것이다. 동북아의 경제 규모는 세계 지역 중 최고 수준으로 부상할 것이다. 그래서 참여정부 시절 구상했던 동북아 비전과 방향성은 지금도 유효하다. 그 길로 호랑이처럼 예리하게 사물을 보고 소처럼 신중하고 우직하게 나아가겠다는 호시우행(虎視牛行)의 자세가 필요하다. 동북아로 가는 길이 대한민국이 한반도 평화와 경제발전을 동시에 쟁취할 수 있는 길이기 때문이다.

동북아 시대라는 목적지에 당도하기 전까지 우리는 그저 미국에만 의지할 수도 없고 중국에만 의지할 수도 없다. 중국을 선택하면 바로 죽고 미국을 선택하면 천천히 죽는다. 대한민국은 '동북아 모델'을 구상하며 중국과 미국을, 북한과 일본을, 중국과 일본을 동시에 매니징하여 '윈윈'(win-win) 성과를 창조하는 역할을 맡아야 한다. 그 길은 우리 생각보다 훨씬 더 어려울 수 있다. 그래서 동북아 비전을 구현하는 과정에 다양한 전문가들의 도움이 필요하고 우리는 그 동북아 전문가들을 양성해야 한다.

미래 동북아 모델을 창조하기 위해 우리에겐 어떤 전문가들이 절실할까? 책의 서두에서부터 말해왔던 동북아의 특징들에 더해 상상력을 동원해서 우리에게 꼭 필요한 동북아 전문가들을 창조해 보자.

■ **한자문화권 전문가** 동북아는 한자문화권이라는 공통점이 있다. 특히 일본어와 한국어는 어순이 같다. 한국은 철학적, 정신적, 문화적으로 중국과 일본을 잘 안다. 동북아의 공통적인 한자문화를 통해 그 속에 숨은 잠재력을 찾아내고 창조적인 방법들을 제시하는 전문가가 필요하다.

■ **해양물류 전문가** 동북아 경제공동체를 구축하는 과정에서 중국의 제조업 생산기지를 효과적으로 세계 각지로 전파하는 물류 전문가가 점점 더 많이 요구될 것이다. 특히 해양 루트를 통한 물류허브를 구상하고 물류 네트워크를 구축할 전문가들이 필요하다.

■ **동북아 문화콘텐츠 전문가** 동양철학과 통찰, 스토리는 서양과 다르다. 기존 2000년간 콘텐츠의 근간은 서구의 헬레니즘과 헤브라이즘에서 창작됐다. 종교적인 소재와 그리스·로마 신화가 제시한 이야기 구조가 그것이다.

여기에 기술력을 앞세운 미국의 블록버스터가 세계 콘텐츠 시장을 이끌어왔다. 그러나 앞으로 동양적 세계관에 깃들어 있는 새롭고 참신한 관점을 제시하는 동북아 문화콘텐츠 전문가가 필요할 것이다. 대중가요, 드라마, 영화, 웹툰, 웹소설 등 동북아 문화콘텐츠 창작자는 물론 글로벌 네트워크 설계자, 매니지먼트 비즈니스 기획자들이 그들이다.

■ **동북아 IT 인프라 전문가** IT 강국인 한국은 특히 인프라 영역에서 매우 뛰어나다. 도시에 깔린 무선통신망 인프라, 인터넷을 통한 참여 시스템, 초고속 통신망 가입자 수 등은 전 세계 최고 수준이다. 동북아는 한국을 제외하고 중국, 일본, 북한의 경우 IT 인프라의 미개척 지역이 너무

나 많다. 동북아 IT 인프라 시스템 구축과 기술 전문가들은 미래 동북아 시대에 매우 중요한 역할을 담당할 수 있을 것이다.

■ **동북아 교육 기획 설계전문가** 우리나라는 세계 최고의 교육열과 높은 고등교육 수준을 갖고 있다. 세계 최고 수준의 대학 진학률과 온·오프라인의 교육 시스템이 발전해 있다.

IT를 접목한 교육 인프라는 물론, 진로교육과 자격교육, 창의교육, 체험교육, 방송교육, 맞춤교육, 생애주기별 교육 등 공교육과 사교육 분야에서 다양한 상호보완 교육들이 활발하게 이루어지고 있다. 교육 분야에서 우수한 인적 자원을 길러낼 동북아 교육 기획·설계 전문가가 필요할 것이다.

■ **동북아 컨벤션 전문가** 미래에는 동북아지역이 세계 비즈니스 허브를 차지할 가능성이 커질 것이라고 앞서 말했다. 글로벌 무역 시장이 동북아에 형성되고 다양한 국제행사들이 동북아에서 진행될 확률도 높아진다. 대한민국은 이미 컨벤션 산업국가로 자리 잡고 있다. 컨벤션이란 좁게는 국제회의의 한 종류로 컨퍼런스·콩그레스·심포지엄·포럼·세미나와 비교되는 개념이지만 넓게는 회의가 중심이 되고 전시회와 행사(문화, 스포츠 이벤트)까지 포함한다. 다양한 국제행사를 동북아를 중심으로 추진하고 집행할 동북아 컨벤션 전문가들이 필요할 것이다.

■ **동북아 금융투자전문가** 한국의 자본시장, 금융시장, 주식시장은 높은 수준이 아니다. 코리아 디스카운트라는 말이 있듯 투자환경이 좋지 않다. 기업경영지배구조인 거버넌스 탓이다. 그러나 대한민국의 글로벌 선

진자본시장 수준에 맞추기 위해 다양한 제도개선이 진행되고 있다. 소액주주들의 운동도 활발하고 집단소송제 도입 등 투자자를 보호하려는 움직임도 활발하다. 동북아 경제성장이 계속되면 동북아 금융 투자환경도 분명 달라질 것이다. 이때를 대비하고 투자 시스템과 금융 인프라를 구축하는 등 다양한 동북아 금융투자 전문가들도 필요할 것이다.

■ **동북아 철도전문가** 동북아 시대에는 한반도에서 유럽까지 뻗어갈 철도가 열광적으로 주목받을 수밖에 없다. 남북철도와 남북도로의 개통은 물론 남·북합작, 한·중합작 철도 건설 프로젝트와 고속철도 등에 대한 다양한 철도 분야의 전문가가 더 많은 역할을 하게 될 전망이다.

■ **동북아 규제개혁 연구 전문가** 동북아 시대는 협력과 개방의 시대가 될 것이다. 따라서 다양한 규제개혁이 필요하다. 무수한 장벽을 쌓은 규제를 분석하고 개혁할 요소들을 찾아내는 연구와 동북아 경제 시장에서 상생할 수 있는 연구에 집중할 컨설턴트가 필요할 것이다.

■ **동북아 다문화 전문가** 동북아를 중심으로 노동시장이 개방되고 인적교류가 활발하면 국경을 초월한 동북아 문화공동체가 만들어지게 된다. 외국인 노동자와 유학생들, 다문화 가족을 위한 다양한 보호 장치, 법률 문제 상담, 의료서비스, 산재보험이나 건강보험, 교육 문제, 언어와 소통 문제, 주거환경 문제 등을 상담할 수 있는 동북아 다문화 전문가들이 필요할 것이다.

■ **동북아 공통역사 전문가** 동북아 국가들이 과거 역사적 사실에 대해 서

로를 존중하고 이해할 수 있는 객관적인 역사자료를 축적하여 미래 비전을 모색해야 한다. 그 일을 해낼 동북아 공통역사 연구자들이 꼭 필요할 것이다.

  이외에도 동북아의 역사, 정치, 경제, 사회, 문화, 환경, IT, 교육 등 관심 영역을 구체화 해보면 지역문제 연구자도 필요하고 언어 분야 전문가도 필요할 것이다. 관광이나 의료, 뷰티, 콘텐츠, 방송미디어, 출판 등 동북아 시선에서 새로운 전문 리더가 요구된다.

  동북아 시대가 왔을 때 그런 전문가들이 없다면 큰 낭패가 아닐 수 없다. 동북아 시대는 반드시 온다. 그 시대를 대비하고 준비하기 위해서는 지금부터 동북아 전문가를 양성해야 한다.

  미래 동북아 전문가들은 동북아지역에서 일어나는 문제를 다양한 관점에서 바라보며, 전문적인 분석과 해결책을 제시할 수 있는 능력을 갖추는 것이 중요하다. 이 책을 읽는 당신이 바로 그런 미래 동북아 전문가로 성장했으면 정말 좋겠다.

Chapter
6

# 적을 만들 것인가, 동반자를 만들 것인가

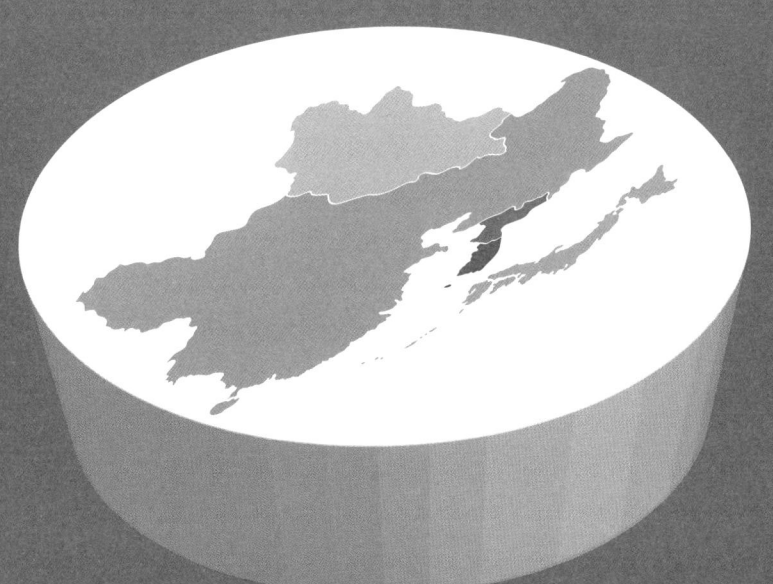

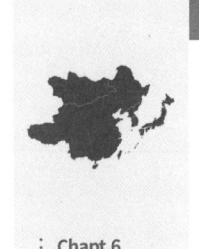

Chapt.6
적을
만들 것인가,
동반자를
만들 것인가

# 미국의 대중국 정책과 한국의 역할

세계 정서는 격동기로 변하고 있다. 그동안 미국 1강 구도와 미국의 글로벌 리더십이 세계를 비교적 안정적으로 이끌어왔다. 하지만 앞으로 중대한 변화가 예고돼 있다. 중국이 무섭게 부상하기 때문이다. 어깨를 나란히 하는 미국과 중국은 동북아에도 큰 변화를 몰고 올 전망이다.

우리는 오른손으로 미국 손을 잡고 있고 왼손으로 중국 손을 잡고 있다. 두 손을 놓을 수도 없고 한쪽 손만 놓을 수도 없다. 무조건 양손을 잡은 상태에서 의사결정을 내려야 한다. 그런 만큼 우리는 미국과 중국 사이의 역학관계를 깊이 있게 탐색하고 때로는 조율자 역할까지 수행해야 한다.

현재 미국과 중국의 사이는 복잡하다. 서로에게 꼭 필요한 경제협력 파트너이면서 동시에 경제력을 두고 1위와 2위를 다투는 치열한 경쟁자이기도 하다. 또한 글로벌 군사적 패권 경쟁과 동북아 영향력 등 측면에서는 양보할 수 없는 안보 갈등 관계자이다. 우리는 이 3가지 측면에서 두 나라의 관계를 늘 주시하고 있어야 한다. 하나씩 살펴보자.

첫째, 미국과 중국은 상호 경제적 이해관계가 매우 강한 '경제협력 파트너'이다. 미국은 중국의 제일 큰 수출국으로 중국의 경제성장을 적극적으로 도왔다. 중국을 '세계의 공장'으로 삼아 글로벌 생산기지로 삼는 한편, 미국 기업도 중국에 다양하게 진출했다. 양국은 상호 경제협력을 강화하기 위해 무역 협정을 체결하고, 투자와 기술 교류를 증진하고 있다.

둘째, 미국과 중국은 치열한 '경제 경쟁국'이다. 중국은 14억에 달하는 인구와 엄청난 신생 시장을 바탕으로 짧은 시간 놀랄만한 경제성장을 이룩했다. 경제 규모에 대한 데이터 수치상으로만 본다면 미국과 어깨를 나란히 하고 있다. 앞에서도 여러 번 말했듯이 몇 년 안에 미국을 앞지를 것이라는 전망도 쏟아져 나오고 있다. 양국은 총성 없는 무역전쟁을 벌이고 있다고 해도 과언이 아니다. 실제로 미국은 중국의 불공정한 무역 관행과 지식재산권 침해 등을 비난하며 각종 무역 제재를 시행하기도 한다.

셋째, 미국과 중국은 '글로벌 군사적 패권 경쟁자'이자 '안보 갈등 관계자'이다. 미국 중심과 중국 중심의 안보 동맹은 다양한 네트워크로 뻗어있다. 먼저 세계에서 한 축이 된 미국의 군사 동맹국이 있다. 대표적으로 '북대서양조약기구'(NATO)가 있다. 이 기구는 1949년에 설립되었고 미국을 중심으로 유럽과 북아메리카를 대상으로 한 군사동맹이다. 주요 목적은 군사적 방어와 서로의 안보 보장으로 현재 30개국이 참여하고 있다.

동북아에서는 '일본·미국 안보 조약'이 있다. 이 조약은 1951년에 체결되어 일본과 미국 간의 군사동맹을 형성하고 있다. 일본은 미국의 군사적 지원을 받으며 미국은 일본을 보호하는 것이 목적이다. 또한 '한·미동맹'의 경우 1953년 한국전쟁 이후 체결되었다. 이 동맹은 한국의 안보를 지키기 위한 것으로 미국은 군사적 지원을 이유로 미군을 한국에 주둔시키고 있다. 이외에도 대만 역시 현재 미국의 안보 동맹국에 포함돼 있다.

미국 군사 동맹국의 상대적 축에는 중국을 중심으로 한 군사 동맹국이 있다. '중국-러시아 연합군'(SCO)이 대표적이다. 이 SCO는 2001년에 중국, 러시아, 카자흐스탄, 키르기스스탄, 타지키스탄, 우즈베키스탄 등 6개국이 참여한 군사동맹이다. 이외에 '중국-파키스탄 군사동맹'도 있다.

동북아에는 '중국-북한 군사동맹'을 빼놓을 수 없다. 중국과 북한은 1961년에 서로 간의 군사적 동맹을 체결하여 지금까지 유지하고 있다. 중국은 오랜 세월 북한에 군사적 지원을 제공해왔다. 미국 군사동맹과 중국 군사동맹이 함께 공존하는 대만, 남한과 북한이 있는 동북아다.

미국은 중국의 해양 진출과 군사적 강화를 안보 위협으로 인식하고, 한반도 문제 등에서 중국의 대북 지원 정책을 비난하고 있다. 반면 중국은 미국의 아시아-태평양 지역 진출과 군사력 강화를 안보 위협으로 인식하고 있다.

미국의 대중국 정책은 중국의 경제적·군사적 성장과 함께 다양한 변화 과정을 거쳐 왔다. 1970년대 후반부터 1980년대 초반까지 미국은 대중국 개방 정책을 펼쳤다. 1972년 리처드 닉슨 대통령은 중국을 방문하여 중국과 미국의 관계를 정상화하였으며, 이후 1979년 제임스 카터 대통령은 중국과 미국 사이의 외교 관계를 정식으로 수립했다.

1980년대 후반부터 1990년대까지는 갈등과 조정을 거쳐야 했다. 1989년 중국 천안문 시위 당시 미국은 중국의 인권 침해를 비판했다. 1999년에도 미국은 중국의 인권 침해를 이유로 중국을 비난하는 결의안을 제출하기도 했다.

2000년대 초반에는 북한의 미사일 개발을 둘러싸고 갈등 관계를 유지했다. 하지만 미국과 중국의 상호 윈윈(win-win) 경제정책을 모색하는 시기이기도 했다. 2000년부터 2008년까지 미국은 중국의 WTO 가입을 촉진하고 중국의 경제발전을 지원했다. 또 중국 상품에 대한 수입 관세를 낮추는 등 대중국 정책을 추진했다.

2009년부터 2016년까지 오바마 대통령 시기에 중국과의 본격적인 경쟁과 대립이 시작됐다. 이때 중국의 경제발전과 함께 미국의 경제적 위상이 약화했기 때문이다. 2017년 이후에는 테마별 대응으로 변했다. 미·중 경제적인 협력과 경쟁은 지속하면서도 지역 안보 영향력을 강화해 나갔다. 중국은 미국·서방과 경제적으로 단절하려 하지 않고 있다. 그렇다고 미국 중심 국제질서에 들어가 그 안에 속하려고 하지도 않는다. 자체 경제국가로서 비전과 국제경제와 보조를 맞추며 성장을 유지하는 두 마리 토끼를 동시에 잡으려 한다.

이에 대해 현재 미국의 대중국 정책은 '중국 대륙전략 차원'으로 상승시켜 대만과의 관계를 강화하고 있다. 또한 미국은 대중국 군사적 확장과 함께 남중국해의 주권 분쟁 등 지역 안보 문제에 대한 대응을 강화하고 있다. 이러한 과정을 통해 미국은 경제협력을 중심에 두고 미·중 간 대립과 경쟁을 관리하는 전략으로 발전시켜 나가고 있다.

종합해 보면 미국과 중국의 미래 관계는 중국의 힘이 커질수록 점점 첨예하게 대립하는 방향으로 진행될 가능성이 크다. 이런 상황에서 미·중 사이에 있는 대한민국은 한층 더 어려운 위치에 놓이게 될 것이다.

그 대안 중 하나가 바로 '동북아'이다. 우리에게 여전히 동북아라는 새로운 무대의 가능성이 남아 있다. 그 무대에는 지금까지 할 수 없었던,

상상할 수 없었던 더 많은 아이디어가 숨어있다고 믿고 있다.

**입체적 동북아 관점 패러다임**

| 장기적 비전 | 동북아 모델과 신(新) 패러다임 |
|---|---|
| 미래 국제정세 | • 미·중 양국의 경쟁 관계가 더 심화<br>• 안보 문제와 경제문제 뗄 수 없는 상황<br>• 미·러·중·일 4강 사이 지정학적 위치-새우<br>• 북핵 위기, 한반도 긴장 롤러코스터<br>• 중국의 G1 패권 시대<br>• 일본의 군국 극우 심화 |
| 기존 한국의 대응적 아이디어 | • 안미경중(安美經中)<br> - 안보는 미국에게, 경제는 중국에게!<br>• 면종복배(面從腹背)<br> - 앞에선 따르는 척, 실질적으로는 따르지 않고!<br>• 양자택일 전략 |
| 새로운 관점의 창의적 의사결정 아이디어 | • 동북아 매니징 통한 연결 창조의 무대 역할<br>• 중국과 미국 간의 대화 촉진자로 역할<br>• 동북아 글로벌 경제 네트워크 확대<br>• 중국과 미국의 갈등을 활용한 신경제 전략과 신비즈니스 모델 창의<br>• 글로벌 진출 합작품을 동북아 브랜드로 개발<br>• 동북아 남·북·중·일 스포츠 상품<br>(동북아 월드컵 또는 동북아 올림픽 유치 등)<br>• 동북아 합작 문화콘텐츠 사업 모델 등 |

대한민국은 중국과 미국 사이에 낀 새우로 대응하는 의사결정이 아니라 동북아의 매니징이라는 새로운 패러다임에서 기존과 다른 창의적인 해법을 찾아내야 한다.

우리는 중국과 미국 간의 대화 촉진자로 자리매김 할 수 있다. 글로벌 경제 네트워크를 확대하여 미국과 중국 모두와 동북아의 경제적인 연결 고리를 강화해 나가는 매니저 역할도 할 수 있다. 우리는 중국과 미국의 패권 경쟁과 갈등을 활용하여 새로운 경제적 모델과 대한민국만이 할 수 있는 시스템을 구축해 볼 수도 있다. 중국과 한국의 합작품을 만들어 미국 시장과 유럽 시장에 진출할 수 있으며 동북아 남·북·중·일 스포츠 상품(동북아 월드컵 또는 동북아 올림픽 유치), 동북아 합작 문화콘텐츠 사업을 통해 갈등의 벽을 넘을 수도 있다.

우리의 상상은 이제 출발선에 있다. 상상을 멈추지 않는다면 우리는 더 나은 해결책을 반드시 찾아낼 수 있을 것이다.

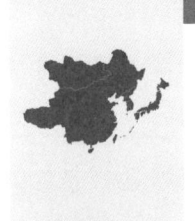

# 북한을 다루는 '쓰리 쿠션' 전략 그리기

Chapt.6
적을
만들 것인가,
동반자를
만들 것인가

북한(정권) 하면 떠오르는 이미지 중 대부분은 '골칫덩어리', '꼴통', '막무가내' 같은 부정적 단어이다. 하지만 상대적 약자인 그들의 상황을 이해할 수 있는 여지는 있다. 북한은 한·미 군사훈련이 위협적일 것이고, 이에 대응하기 위해 엄청난 비용과 에너지를 소모할 것이다. 한·미·일의 압도적 군사력이 맘만 먹으면 언제든 북한 정권을 무력으로 무너뜨릴 수 있다는 불안감도 있을 것이다. 군사적 역량을 키워 자위권을 지키는 상태에서 국가 발전을 구상할 방법을 찾고자 하는 다각적 전략은 다른 나라들도 마찬가지다. 그렇다고 핵 개발이 정당화될 순 없다.

그렇다면 북한은 현재와 같이 끝없이 핵 개발을 고집하며 군사적 대결을 선택하는 방법 외에 다른 길이 없었던 것일까? 중·러의 안보적 도움을 받은 상태에서 중국식 경제 개방과 베트남식 경제 개방, 남·북한의 두 체제 하나의 경제시장 선택, 남·북 경제문화관광 개방과 교류 정책, 미국을 제외하더라도 유럽 등 국제사회와 보통 국가로서 협력, 경제 중심 글로벌 네트워크 국가의 길 등 지금과는 다른 길을 선택할 수 있었다. 그랬다면 분명 지금과 다른 모습, 다른 결과에 이르렀을 것이다.

북한이 늘 나쁜 선택을 반복해 온 이유는 앞서도 설명한 바와 같이 게임이론의 내시균형 이론에서 답을 찾을 수 있다. 게임이론의 내시균형에 따르면 고립된 무대, 위기에 처한 나쁜 상황에 몰리면 누구나 당장 최악의 상황을 모면하려는 차선의 의사결정을 내리게 된다. 그게 계속되면 점점 선택지가 줄어들다가 끝내 최악의 결과에 도달한다.

정확히 북한 이야기다. 북한은 고립된 섬과 같다. 외부와 단절된 섬에 갇혀 있다. 그 상황에서 의사결정을 내리면 그 선택은 100% 최선택이 아닌 차선택이 된다. 북한 정권은 지난 40여 년간 최악을 피하고자 차선택만 거듭해 왔다. 차선택이 쌓이고 쌓여 그 끝은 최악의 결과이다. 북한은 지금도 여전히 스스로 선택지를 좁혀가며 자신의 핵무기 개발 및 미사일 발사 등 도발을 이어가고 있다. 그들은 그걸 최악을 피하는 차선택이라고 믿고 있다.

북한이 핵 개발을 정당화하기 위해 내세우는 공식적인 주장은 무얼까? 가장 먼저 북한은 '미국의 적대 정책'에 대응하기 위해 핵무기를 개발해야 한다고 주장한다. 또는 핵무기가 국가의 안전을 보호하는 유일한 방법이며 대한민국과 군사적 대등함을 확보할 수 있다는 입장을 내세운다. 물론 북한 정권은 내부적으로 북핵 개발을 정권을 유지하고 통치력을 높이는 수단으로 활용하면서도 미국과 협상 카드로 사용해 왔다.

북한이 핵무기 폐기 또는 핵 개발 동결을 위한 조건으로 미국으로부터 얻고자 하는 것은 다음 4가지 정도를 꼽을 수 있다.

■ 북한 정권의 안전보장

북한은 자신의 핵무기를 폐기하는 조건으로 미국이 북한 정권의 안전보장을 명확히 하고 이를 실천할 것을 요구하고 있는데, 미국의 대북 군사훈련 중단, 미군 철수 등 미국의 군사적 위협을 제거하는 조치들이다.

■ 북한의 다양한 경제제재 완화와 해제

미국은 북핵 개발과 함께 대응 조치로 다양한 국제사회의 대북 경제제재를 취했다. 현재 북한은 미국이 시행하는 이런 경제제재가 자신의 경제발전을 막고 있다고 생각하기 때문에 경제제재 완화와 해제를 요구했다.

■ 상호 신뢰 조치

북한은 미국과 상호 신뢰도를 높이는 조치로 인도주의적인 외교적 노력, 민간인 교류 증대, 평화협정 체결 등을 제안하기도 했다. 실제 한미 정상회담 과정에서 북핵 동결과 검증 절차, 상호 신뢰 조치에 대한 일괄 타결 또는 단계적 상호 조치 등의 방법론에 대한 협상과 논의도 있었다.

■ 북한의 핵무기 보유국 인정 대접

북한은 현재까지 개발한 핵무기를 토대로 '핵무기 보유국가'로 인정해 줄 것을 미국에 요구하고 있다. 미국, 러시아, 중국, 인도, 대만, 이스라엘 등 일부 합법적인 핵무기 보유국가를 제외하고 핵무기를 갖는 것 자체가 국제적으로 불법인 상태이며 핵무기 보유를 인정하지 않는다.

사실 동북아 평화와 번영의 중심에는 한반도 평화논의가 있다. 한반도 평화논의 중심에는 북한이 있고, 북한의 핵 개발 문제가 들어있다. 북핵 문제는 한반도의 문제이자 동북아 전체의 문제이고 북·미 사이의 문제이자 국제사회의 문제이다. 북핵 문제는 북한 정권의 정치권력 유지, 남·북한 군사력, 북한과 미국의 협상, 남·북한과 미국의 관계, 세계 국가의 북한 경제지원 등 무수한 요인들이 얽혀있다. 복잡하고 풀기 어려운 문제인 만큼 오랜 기간 갈등과 대화로 진전과 후퇴를 반복해왔다.

 북핵의 갈등 과정을 돌아보자. 본격적인 북핵 문제가 불거진 것은 1990년대부터. 당시 북한이 핵무기를 개발하고 있다는 사실이 포착됐다. 세계적인 논란이 생기자 북한은 1993년 3월 12일 일방적으로 핵확산 방지조약(NPT)에서 탈퇴했다. NPT 탈퇴 뒤 북한과 미국 간에는 전쟁 직전까지 가는 긴장 관계가 조성되기도 했다. 당시 클린턴 미 대통령은 영변 핵시설 폭격까지 검토했을 정도였다.
 당시 김영삼 대통령과 한국 정부의 강력한 반대로 다행히 핵시설 폭격 대신 협상으로 문제를 해결하기로 합의했다. 카터 전 미 대통령의 방북을 계기로 1994년 10월 북·미 제네바 합의가 타결되면서 1차 북핵 위기는 해결됐다. 이후 북한 핵시설은 수년간 동결됐다.
 하지만 2002년 북한이 핵무기를 개발한다는 의혹이 다시 불거졌다. 북핵 문제가 해결될 기미를 보이지 않자 2003년부터는 미국과 북한 외에 한국, 중국, 일본, 러시아 등 한반도 주변 6개국이 북핵 해결 협상테이블에 나왔다. 이른바 '6자 회담'의 출발이었다.
 결국 6자 회담은 시작 2년여 만인 2005년 9월 19일 모든 핵무기와 핵 프로그램을 포기하겠다는 북한의 약속이 담긴 '9.19 공동성명'을 이끌었다. 2007년에는 후속 조치로 영변 원자로와 재처리 시설, 핵 연료공장의 불능화 등을 주요 내용으로 한 '10.3 합의' 등을 채택했다.

북한은 합의에 따라 영변의 5메가와트 원자로 냉각탑을 폭파하는 등 일부 플루토늄 시설 불능화에 협조하기도 했다. 하지만 신고와 검증 문제에 대한 참가국들의 이견이 좁혀지지 않았고 6자회담은 끝내 2008년 12월 최종 임무를 완수하지 못한 채 중단되고 말았다.

이후 북한은 2009년 5월 25일 다시 2차 핵실험을 실시했고 2010년에는 우라늄 농축 시설까지 공개했다. 한국이 북한을 설득해 2011년 남북 비핵화 회담과 북·미 대화가 각각 2차례씩 열렸다. 하지만 접점을 찾지 못했다. 북한은 2013년 또다시 3차 핵실험을 했다. 협상이 공전을 거듭하는 사이 북한은 핵실험을 수차례나 실시하며 핵무기 개발 능력을 키워나갔다. 북한의 미사일 발사실험과 북핵 위협은 계속됐다. 이때 문재인 정부가 탄생한다. 문재인 정부는 평창동계올림픽 북한 참여를 계기로 남·북 대화채널을 마련하고 남북정상회담을 통해 다시 한번 대화의 국면을 만들어 냈다.

게다가 2018년 6월 12일 도널드 트럼프 미국 대통령과 북한 김정은 국무위원장이 싱가포르에서 열린 북미정상회담에서 역사적인 만남을 가졌다. 이 북미회담에서는 북한의 핵 폐기, 미국의 안보 보장과 경제지원 등이 논의되었다. 이를 바탕으로 양국은 비핵화와 평화협정 등에 대한 프로세스를 만들어 나갔다. 그러나 2019년 2월 2차로 열린 베트남 하노이 북미정상회담은 끝내 양측이 핵 폐기 프로세스에 대한 합의에 이르지 못해 불발되고 말았다.

대한민국 국민에게는 희망 끝에 만난 절망이었다. 그래도 잇따라 열린 남북정상회담과 북미정상회담은 우리에게 중요한 몇 가지 교훈도 남겼다. 다음 4가지 정도로 요약해 볼 수 있다.

첫째, 북미정상회담이 한반도 지역의 긴장 완화에 도움이 된다는 사실을 알게 됐다. 회담 이전엔 북한의 핵 위협과 함께 북·미 정상 간 언어 난투극으로 한반도 긴장은 심각한 수준이었다. 그러나 회담을 계기로 북·미 간의 대화와 한반도 지역 안보 상황이 일부 진전을 보였다.

둘째, 북미회담이 성사되기까지 정말 엄청난 어려움이 있었다는 사실을 알게 됐다. 남·북 정상의 만남과 문재인 대통령이 북미정상회담을 만들려는 의지와 노력 등 회담이 성사되기까지는 각국 간의 전략적 차이와 협상 방식의 차이를 세밀하게 조율해야 했다.

셋째, 북미회담을 통해 우리는 희망과 과제를 동시에 안게 됐다. 희망이 있다면 아무리 어려운 상황에서도 다시 대화를 통해 협상테이블을 재현할 수 있었다는 점이다. 과제는 북핵 처리 프로세스에서 단계별 구체적인 상호조치를 합의하는 게 쉽지 않다는 점을 알게 됐다.

넷째, 분명한 건 시간이 걸리고 복잡하더라도 현재 북핵 문제에는 결국 대화와 협상이 중요하다는 것을 보여주었다. 이런 생각은 우리 국민뿐만 아니라 미국 국민도 같은 생각을 하고 있었다.

미국 여론조사 기관 '해리스 폴'(The Harris Poll)이 지난 2023년 2월 3일 발표한 여론조사에서 미국 국민의 68%는 "미국 대통령이 북한 지도자에 직접 회담을 제안해야 한다"고 대답했다고 발표했다. 또 58%의 미국인은 "미국이 북한 비핵화 조치의 대가로 외교적 또는 경제적 인센티브, 즉 유인책을 제공해야 한다"고 대답했다. 특히 "미국이 북한과 평화협정을 체결해야 한다"는 대답도 52%라고 전했다. 미국인들 역시 대화와 협상을 통한 평화적 북핵 문제 해결을 선호하고 있다는 의미이다.

2019년 2월 하노이 북미정상회담 결렬 이후 문재인 정부가 추진한 '한반도 평화 프로세스'는 가동을 멈췄다. 새 정부가 들어서고 남·북 관계가 경색되면서 그 사이 북한의 핵 능력은 상당히 고도화됐다. 전문가들은 북핵 협상을 재개하지 않고 시간을 끌수록 북한을 사실상 핵보유국으로 묵인하게 되고 세계적인 핵확산도 불가피할 것이라고 경고한다. 어떠한 상황에서도 남·북 간 대화는 계속돼야 한다.

이때 '동북아 매니징' 관점이 필요하다. 한반도에서 평화를 지키기 위해서는 어느 순간에도 대한민국이 한반도의 주인으로 의사결정 중심에 서 있어야 한다.

북핵의 당사자 국가는 남한과 북한, 미국이다. 중국은 중요한 플러스 1의 서포터즈 국가다. '3각+1'이 대화의 끈을 이어갈 수 있도록 만들 수 있는 나라는 오직 대한민국뿐이다. 그러기 위해서는 우리가 더 똑똑해져야 한다. 때로는 당구의 '쓰리 쿠션' 전략을 활용할 필요도 있다. 쓰리 쿠션은 내 볼로 앞볼과 뒤에 있는 볼을 연달아 맞히는 게 아니라 주변 쿠션을 3번 활용하여 간접적으로 볼을 맞히는 기술이다. 북핵 문제는 이와 매우 흡사한 구조로 무대가 형성돼 있다. 남한과 북한을 연결하는 게 가장 중요한 핵심이지만 주변 환경과 미국 혹은 중국이라는 쿠션을 활용하는 절묘한 기술이 필요하다.

북미회담의 중요성을 우리는 실제로 확인했다. 미국은 북한에 대한 경제제재를 시행하면서도, 북한에 관한 교류의 문을 열어주는 것을 포함하여 다양한 방식으로 북한과 대화를 이어가야 한다. 또한 미국과 북한 사이에 엄연히 힘의 불균형이 존재한다. 한국이 균형자 역할을, 그리고 중국이 촉매 역할을 함으로써 이런 북미협상을 보완할 수 있을 것이다.

# '동북아 월드컵 공동 개최' 유치 지금부터 준비하자

Chapt.6
적을
만들 것인가,
동반자를
만들 것인가

　국제축구연맹(FIFA)은 지난 2022년 6월 미국, 멕시코, 캐나다 3개국이 공동 개최하는 '2026 FIFA 월드컵' 개최 도시를 발표했다. 도시는 총 16곳이었다. 서부 지역에서는 캐나다의 밴쿠버, 미국의 시애틀, 샌프란시스코, 로스앤젤레스, 멕시코의 과달라하라가 이름을 올렸다. 중부지역에서는 미국의 캔자스시티, 댈러스, 애틀랜타, 휴스턴과 멕시코의 몬테레이, 멕시코시티가 선정됐다. 마지막으로 동부 지역에서는 캐나다의 토론토, 미국의 보스턴, 필라델피아, 마이애미, 뉴욕·뉴저지가 꼽혔다. 국가별로는 미국 11곳, 멕시코 3곳, 캐나다 2곳이다.

　최초로 48개 팀이 참가하는 '2026 FIFA 월드컵'은 대회 역사상 최초로 3개 국가에서 열린다. 멕시코는 1970년과 1986년에 이어 세 번째 월드컵 개최국이 되어 월드컵 최다 개최국으로 기록됐다. 미국은 1994년 이후 두 번째 개최되며, 캐나다는 첫 월드컵 개최다.

　이번 대회는 세 나라 이름을 전부 거론하기가 번거롭기에 'United 2026'이라고 주로 사용하며, 우리 언론에서는 대체로 '북·중미 월드컵' 혹은 '북미 월드컵'으로 지칭한다. 캐나다와 미국은 당연히 북미 국가이지만 멕시코의 경우 북미와 중미에 걸쳐있기 때문에 어느 표현이나 가능하다고 볼 수 있다.

우리가 주목하는 것은 바로 북·중미 월드컵이 한 국가를 넘어 다양한 이웃 나라와 공동 개최된다는 점이다. 물론 공동 개최 사례로 바로 대한민국과 일본이 공동으로 개최한 2002년 17회 FIFA 한일월드컵이 있었다. 한일월드컵은 아시아 최초의 월드컵이자 국내 최초로 HD로 생중계된 월드컵이기도 했다. 또한 역대 월드컵은 물론, 주요 국제 스포츠 대회 중에서도 두 개의 나라에서 처음으로 공동 개최된 대회였다.

이 대회에서 대한민국은 사상 처음으로 4강에 진출해 대한민국 역사에 중요한 한 페이지를 썼고 우리나라는 국제적으로 큰 관심과 주목을 받게 됐다. 덩달아 대한민국의 국제 위상과 이미지, 신뢰도에 긍정적인 영향을 미쳤다. 대한민국의 문화와 관광 자원, 인프라 등에 대한 국제적 평판이 상승하면서 대한민국을 방문하는 외국인 관광객 수가 대폭 증가하여 경제에도 좋은 효과를 주었다.

무형의 자산도 생겼다. 국민의 자부심을 높이는 시간이기도 했다. 월드컵을 성공적으로 개최하면서 느낀 국민적 자긍심은 사회적인 연대감을 높이는 데 한몫했다.

사실 한일월드컵에는 숨은 이야기가 있다. 원래 일본과 한국은 각각 월드컵 유치에 뛰어들었다. 유치경쟁이 격화되자 우여곡절 끝에 결국 FIFA는 양국의 경쟁 관계를 고려하여 FIFA 사상 최초의 공동 개최를 선언했다. 한쪽 나라만 월드컵을 개최하면 다른 한쪽 국민은 엄청난 좌절감에 빠질 것이라는 명분을 내세웠다.

이렇게 2002년 월드컵은 한국과 일본이 각자 대회를 유치하려고 경쟁하던 것을 FIFA가 공동 개최로 절충시킨 것이었다면, 2026년 월드컵은 처음부터 캐나다·멕시코·미국 3국이 공동으로 유치 신청을 한 점이 달랐다. 다시 말해 공동유치 신청이 전략적 기획에서 탄생한 것이다. 심지어 앞으로 월드컵 본선 출전국이 대거 늘어나면 단일 국가가 아닌 여러 나라가 함께 대회를 개최하는 일이 불가피한 현상이 될 거라는 관측도 나온다.

출전국 증가 배경에는 14억 인구에 축구 열기가 높은 중국을 월드컵에 끌어들이려는 국제축구연맹(FIFA)의 전략에서 비롯된 일이라는 분석이 지배적이다. 중국을 활용해 수익을 늘리려 하는데, 축구 실력이 떨어지는 중국을 본선에 진출시키기 위해 지역 예선 문턱을 낮추었다는 것이다.

이런 월드컵의 새로운 변화를 읽고 벌써 '공동유치 카드'를 들고 발 빠르게 움직이는 나라들이 생겨나고 있다. 러시아의 침공으로 전쟁을 치르고 있는 우크라이나가 오는 2030년 월드컵 유치경쟁에 뛰어들었다. 우크라이나 축구협회는 2030년 월드컵을 스페인, 포르투갈과 공동 개최하겠다고 밝혔다.

여기에 중동 사우디아라비아와 이집트가 이웃 유럽 국가 그리스와 공동 개최할 파트너를 내세우며 '동서양이 함께 치르는 최초의 월드컵'이라는 슬로건을 제시하면서 가세했다. 남미 국가들의 공동 개최 참여 소식도 나왔다. 우루과이와 아르헨티나, 파라과이, 칠레 등 4개국이 남미 대륙을 아우르는 월드컵 공동 개최를 추진하고 있다.

그동안 월드컵 개최 경향을 보면 2026년 월드컵 개최지가 북미인 만큼 오는 2030년과 2034년 월드컵 중 하나는 아시아, 유럽, 남미 등의 지역에서 개최될 가능성이 크다. 이런 예측은 우리에게 월드컵 유치를 통한 새로운 도전의 기회가 열려있다는 걸 의미한다. 우리가 구상하는 동북아 모델 구축에 '동북아 월드컵 공동 개최'가 큰 힘이 될 수 있기 때문이다.

"2030 동북아 월드컵 유치 성공!"

한국의 서울, 인천, 경기, 부산, 광주, 제주 등과 북한의 평양 등을 연결하고 중국의 대도시 베이징과 상하이, 광저우, 충칭, 선전, 일본의 도쿄 등을 잇는 도시에서 '동북아 월드컵'이 개최되고 있다고 상상해 보자. 정말 기대되지 않는가? 남·북한과 중국, 일본이 동북아 월드컵 공동 유치단을 구성하여 2030년, 2034년 월드컵 공동 개최 유치를 위해 머리를 맞대는 그림을 그려보자. 우리의 경쟁 요소는 생각보다 정말 많다.

- **중국 자동 출전** 우리의 전략 카드에는 중국 개최 도시라는, 피파가 간절히 원하는 당근도 들어있다. 개최국 자동 출전이라는 특전은 중국 참여를 보장할 수 있어서다.
- **한반도 평화와 동북아 안정 효과** 동북아 월드컵 유치는 한반도 평화와 국제 안보에 결정적인 역할을 한다는 측면에서도 히든카드가 될 수 있다. 동북아는 미국과 중국, 소련, 일본 4대 열강들의 힘이 가장 팽팽하게 맞선 곳이다. 이런 동북아의 월드컵 공동 개최는 그 자체로 세계 평화를 위한 스포츠 역할을 증명할 것이다.
- **북한을 스포츠 국제무대에 세우기** 동북아 월드컵은 북한을 정치적 환경과 갈등을 떠나 스포츠 무대에 세워 스포츠 동반자로 국제무대에 세울 수 있는 가장 최고의 방법이다.

■ **한일월드컵 공동 개최 성공 경험** 동북아에는 한국과 중국, 일본 등 강력한 축구 시장이 존재하며 이와 함께 대한민국은 이미 월드컵을 성공적으로 개최한 경험이 있다. 우리의 경험이 큰 도움이 될 것이고 공동 개최의 성공 가능성을 높일 수 있다.

동북아에서 월드컵 공동 개최를 유치하기 위해서는 지금부터 준비해야 한다. 동북아 내에 있는 여러 나라가 함께 월드컵 유치를 위한 협력 체제를 구축해야 한다. 동북아 월드컵 공동 개최의 꿈이 과연 현실이 될지 알 수는 없다. 하지만 분명한 건 협력 체제가 구축되고 머리를 함께 맞대는 그 과정 자체가 우리에게 너무나 소중하고 중요하다. 우리의 꿈은 반드시 이루어질 것이다.

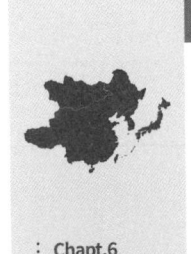

Chapt.6
적을
만들 것인가,
동반자를
만들 것인가

# 학교에서 '동북아 공동역사'를 가르치자

역사문제는 늘 '뜨거운 감자'다. 앞서 중국당국은 소위 '동북공정'(東北工程)이라는 프로젝트를 진행한다는 사실을 살펴보았다. 이를 통하여 고구려를 중국 소수민족의 지방정권으로 규정하며 고구려의 역사를 중국사의 일부라고 주장했다.

중국의 고구려 역사 왜곡은 무엇을 의미하는가? 이것은 기본적으로 현재 중국 땅에 있는 현재 민족과 과거 민족은 모두 광의의 중국인에 속한다는 '통일적 다민족국가론'(統一的多民族國家論)을 이론적 배경으로 하고 있다. 하지만 학문적 목적이라기보다는 정치적 목적에 의해 이루어지고 있다는 해석이 지배적이다.

중국과 역사 왜곡 문제가 촉발한 직접적 계기는 지난 2001년 북한이 고구려 고분군을 유엔교육과학문화기구(UNESCO)에 세계문화유산으로 등록 신청하면서다. 이에 대한 중국의 대응 전략이 '중국에 소속된 지방정권으로 해석하는 동북공정의 역사 왜곡 사건'이라고 할 수 있다. 또한 역사 전문가들은 "장기적으로는 남북통일 후의 국경 문제를 비롯한 영토 문제를 공고히 하기 위한 사전 포석"으로 분석하고 있다.

중국의 역사 왜곡은 고구려사, 고조선사, 발해사 등 전방위에 걸쳐있다. 중국 논리대로라면 한반도 조선과 남·북한의 한민족 역사는 2000년에 불과하고 한강 이남 땅에 살아온 셈이 된다.

이는 당연히 거짓이다. 중국 역사서인 '삼국지위지동이전'(三國志魏志東夷傳)에는 동이 등을 다른 민족의 역사로 인식하고 있으며, 부여·고구려·예·마한 등을 독자적 정치 체제라고 해석하고 있다. 고구려, 고조선, 발해 등이 한반도와 동북아지역에서 독자적 정치 체제를 가진 국가를 운영했다는 것은 무수한 역사적 사실과 기록에서 충분히 드러난다.

고구려 광개토대왕릉비에는 고구려가 중국과는 다른 독자적인 천하관을 가진 독립 국가임을 드러낸다. 김부식의 『삼국사기(三國史記)』에는 신라, 고구려, 백제를 '삼국'이라 표현했다. 만약 한강 북쪽 고구려가 중국 주장대로 지방정권이라면 '삼국'이란 개념이 나올 수 없다.

'중국의 동북아 역사 왜곡 사건'이 진짜 문제인 것은 일부 민족주의 세계관에 빠진 역사학자의 개인적 주장이 아니라 국가 차원에서 진행된다는 점이다.

중국의 역사 왜곡은 우리나라 부총리급의 원장인 국책기관 중국사회과학원 내의 연구소를 통하여 진행되고 있다는 점에서 심각성이 크다. 남·북한 정부와 관계 기관, 역사학자들이 중국 동북아 역사 왜곡 사건에 대해 면밀하게 검토하며 대응하는 것이 필요하다.

한편 일본의 역사 왜곡도 동북아 시대로 가는 우리의 발목을 잡고 있다. 지난 2023년 3월 일본 교과서 검정심의회를 통과한 초등학교 학생들의 사회 교과서 곳곳에서 역사 왜곡 사실이 드러났다.

언론보도를 종합해 보면 일본의 태평양 전쟁 역사를 가르치는 단원에서 현행 교과서는 조선 사람들을 징병해 전쟁터에 내보냈다고 기술하지만 새 교과서엔 '징병'했다는 말을 뺐다고 한다. 일부 교과서는 조선인이 '강제로 끌려왔다'던 표현을 '강제로 동원됐다'는 표현으로 순화했고, '일본군에 징병됐다'는 말도 '일본군에 참가했다'는 표현으로 왜곡했다. 강제로 끌려와 굳은 표정으로 앉아 있는 조선인 신병들 사진 밑에는 '자원해서 일본군에 입대했다'는 설명이 새로 붙었다. '자원해서'라는 표현은 조선인들이 일본군에 스스로 입대해 전쟁터에 나갔다는 뜻이 된다. 이는 분명한 왜곡이다. 사실은 강제로 끌려가거나 거짓 선전에 속아 일본군이 된 경우가 대부분이기 때문이다. 이외에도 교과서에 실렸던 '조선인 6천 명 이상 학살된 관동대지진 사건' 관련 내용은 통째로 빠졌다. 중요한 역사적 사실을 자국에 불리하다는 판단에 따라 통째로 삭제하는 것 또한 의도된 역사 왜곡이라 볼 수 있다.

일본 시민단체까지도 일본 역사 왜곡의 심각성을 비판하고 나설 정도다. 역사 교과서 문제를 지적하는 시민단체들은 조선인 강제 동원과 강제 징병에 대해 "일본의 법원도 매우 비참한 노동이었다고 인정하고 있지만, 일본 정부는 책임을 전혀 인정하지 않고 강제 노동도 부정하는 것이 현실"이라고 비판했다.

일본은 또한 국수주의와 배타성에 빠져 과거 사실 중 자기 잘못을 축소와 은폐, 미화로 일관하며 왜곡을 서슴지 않는다. 2023년 4월에는 일본 국회의원 약 90명이 야스쿠니신사에 집단 참배했다. 야스쿠니신사는 일본의 전쟁 범죄 인물들(제2차 세계대전 전범 1,048여 명)이 봉안돼있는 곳이다.

이곳 참배가 문제가 되는 이유는 무엇일까? 야스쿠니신사가 일본 국민을 세뇌시키고 침략전쟁을 미화하는 수단으로 사용되고 있기 때문이다. 야스쿠니신사 참배는 곧 일본의 침략주의, 군국주의의 상징이다. 이런 태도가 한 국가의 생존을 위해 어쩔 수 없는 일일까? 그렇지 않다. 일본과 달랐던 독일의 사례를 보자. 독일이 1952년 9월 처음으로 이스라엘 정부, 유대인 단체와 '룩셈부르크 합의'를 맺은 뒤 나치의 유대인 집단수용 및 학살 등 홀로코스트(히틀러 시대 독일의 학살극) 전범에 대해 지속적으로 보상·배상을 해왔다.

이후 독일이 유대인 피해자에게 지급한 보상·배상금은 800억 유로(112조 원)가 넘는다. 독일은 또한, 나치의 강제노동에 대해서도 2000년 들어 '기억, 책임, 미래 재단'을 설립해 89개 나라의 피해자 65만여 명에게 44억 유로(6조1,450억 원)를 지급했다.

그러면서 독일은 역사 교육에 관한 생각도 줄곧 분명히 했다. 올바른 역사 교육을 위해 약 1억 유로(1,396억 원)를 지원하겠다는 계획도 발표한 바 있다. 왜 독일은 부끄러운 과거이자, 현재에 와서는 독일 국민의 개인적 책임이 있는 것도 아닌 역사의 의무에 최선을 다하는 것일까? 독일은 이렇게 설명하고 있다.

"과거 독일의 이름으로 한 일에 대한 도덕적 의무와 역사적 책임이 있으며 '홀로코스트'의 기억을 역사에 남기고 보존하는 것도 우리의 책임이다."

일본의 독도 왜곡도 시간이 갈수록 점점 노골화하고 있다. 일본은 이제 독도를 일본 영토에서 일본의 '고유의' 영토라며 '고유의'를 추가했다. 그러면서 독도를 한국이 불법 점거하고 있다고 주장한다. 독도가 일본의 고유 영토로 태초부터 줄곧, 내내, 단 한 번도 일본의 땅이 아닌 적이 없었다는 주장은 금세 자기모순에 빠진다. 일본이 부르는 독도 명칭

'다케시마'가 사실 한국에서 온 말이기 때문이다.

정연식 서울여대 사학과 명예교수는 자신의 책『조선시대 울릉도와 독도의 우리말 이름들』(주류성)에서 다음과 같이 밝혔다.

"독도가 태초부터 줄곧 일본의 고유 영토였다면 일본이 독도를 부르는 명칭인 다케시마는 일본 고유어에서 유래한 이름이어야 한다. 그러나 정작 독도에는 대나무가 없다. 그렇다면 이 대나무 또는 대나무섬은 어디에서 나온 것일까? 우리나라 섬에 흔하게 붙인 이름인 순우리말, 대나무섬(대섬)에서 온 것이다."

정 교수의 연구에 따르면 일본이 독도를 '다케시마'(竹島)로 부르게 되는 과정은 다음과 같다. 일본에서 독도를 '다케시마'라고 부르기 시작한 건 메이지 시대(1868~1912) 이후부터이다. 그 이전에는 울릉도를 '다케시마'라고 불렀고, 독도는 '마쓰시마'(松島)라고 불렀다. 일본은 이 명칭 사용에 대해 그동안 울릉도에 '대나무'가 자라기 때문에 다케시마라는 이름을 붙였다고 주장해왔다. 또 소나무가 자라지 않는 독도에 대해 '松島'라고 부른 이유는 울릉도 옆에 위치한 섬이라 그냥 그런 이름을 붙였다고 주장했다.

그런데 정연식 교수는 일본의 이런 주장은 자신들이 섬 이름을 붙인 '다케시마'가 어디에서 나왔는지조차 모르고 있다는 걸 인정하는 꼴이라고 지적하며, 사실은 '竹島'(다케시마)니 '松島'(마쓰시마)가 한국의 대표적인 섬 명칭에서 생겨난 것이라고 설명한다.

한국의 섬 이름으로 보면 사실은 '竹島'라는 이름이 대나무와는 무관하다. 울릉도의 우리말 옛 이름은 '대섬'인데, 이때 '대'는 대나무가 아니라 '크다'를 뜻하는 고대 우리말 '다르'라는 말이 '다이'를 거쳐 '대'로 바

뀐 것이다. 실제 울릉도 북동쪽 대바우(竹岩)라는 섬은 대나무가 자라지 않는데도 대바우라고 불린다. 이 '대'는 대나무라는 뜻이 아니라 '큰'을 의미한다.

'대섬'은 우리나라 섬 3,300여 개의 이름 가운데 가장 흔하고 많이 붙여진 이름이다. 죽도, 죽섬, 대도 등 변형된 형태까지 합치면 총 103개 섬에 붙여졌다. 일본이 처음 독도에 붙였던 솔섬 역시 '솔나무'나 '소나무'를 의미하는 게 아니다. '솔'은 알타이어로 '가늘다, 작다'라는 뜻이다. 그러니까 우리말 어원으로 해석하면 '큰 섬' 옆에 '작은 섬'을 뜻한다. 실제로 우리나라 섬 중에 '솔섬'(송도, 송섬)이란 이름도 무려 80곳에 이른다.

정리하면 이렇다. 우리나라 조상들은 '한민족 고유의 영토'인 울릉도와 독도를 각각 큰 섬과 작은 섬이라는 의미로 '대섬'(울릉도), '솔섬'(독도)으로 불렀다. 그러다가 후대에 한자로 竹島, 松島라고 표기했다. 일본은 이런 어원조차 모르고 이 한자 표기만 보고 따라 적으며 "대나무가 많이 나는 섬"이라며 다케시마, "소나무가 많이 나는 섬"이라고 오해하며 마쓰시마로 표기하다 지금껏 독도를 '다케시마'로 부르고 있다. 제대로 쓴 것도 아닌데다 의미까지 잘못 이해해 엉뚱한 이름을 붙인 채로 사용하고 있는 꼴이다.

상대성이 있는 이웃 국가 간 역사 왜곡이나 사실 왜곡, 과장이나 축소, 은폐 문제는 국가 이기주의가 극단으로 치달았을 때 자주 생기는 결과다. 한반도를 둘러싼 이웃이자 파트너인 중국과 일본은 과거 역사를 객관적인 사실로 바라보기보다 '정치적 활용'이나 '자국 이기주의', '국수주의'로 접근하는 경향이 있다. 특히 우리는 일본 과거사에 대해 오랜 세월 반성과 사과를 요구해 왔다. 그러나 일본은 반성과 사과 대신 역사 왜곡과 사실 왜곡을 이어가고 있다.

발상의 전환을 해 보자. 어쩌면 대한민국은 일본이 국수주의와 배타성에서 벗어나 과거사를 반성하고 사과하면서 과거를 털어버릴 기회를 주고 있는 건지도 모른다. 대한민국만이 일본에 그런 기회를 줄 수 있다. 만약 일본이 그 기회를 잡았다면 일찌감치 품격 있고 신뢰받는 글로벌 리더가 됐을 수도 있었다.

그러나 일본은 굴러온 기회를 번번이 제 발로 걷어찬다. 일본 안에 일본의 미래 비전을 제시할 진정한 지성인이 없다는 반증이다. 과거사를 해결하고 미래로 전진하겠다는 비전을 가진 젊은 세대의 야망이 부족해 보인다는 점을 드러낸다.

역사문제는 자국에 유리하든 불리하든 역사 연구자들에 의해 객관적인 사실에 기반을 두어야 한다. 정치적 요소, 경제적 요소, 문화적 요소, 사회적 요소 등 모든 요소를 제거하고 오직 역사적 사실에 기반하여 평가하고 기록해야 한다. 그리고 그런 사실들을 어떤 의도나 왜곡 없이, 또 축소나 과장 없이 써야 한다.

왜냐하면 거기에서 우리 후손들이 교훈을 얻고 화합하고 공동의 비전을 합의해 나갈 수 있기 때문이다. 왜곡된 역사를 둘러싼 소모적인 논쟁은 각국의 모든 후손이자 미래 세대들이 계속 혐오하게 만들고 반목하고 교훈을 얻지 못하게 하며 미래 공동의 비전으로 나아가는 데 발목을 잡는 일이다.

동북아 모델이 완성되려면 역사 왜곡 문제에 대한 거대한 발상의 전환이 필요하다. 자국 이기주의 중심의 역사 교과서에서 벗어나 동북아 역사학자들의 공동 기본 동북아 역사 교과서를 만들면 된다. 이른바 '교과서의 교과서'를 만들자는 아이디어이다.

남·북과 일본, 중국의 역사학계에서 권위 있고 인정받는 연구자들이 연합하여 함께 연구, 토론하고 실제 현장을 답사하고 검증하며 대원칙이 될 '동북아 역사 교과서'를 집필하자. 역사 공동 연구와 교과서 집필 과정을 통해 동북아 국가들의 역사를 바탕으로 진실을 파악하고, 서로의 역사적 상황을 이해하는 것이 중요하다.

학교에서는 동북아 공동역사를 가르치자. 국가 개별 역사 교과서는 동북아 공동역사 교과서의 내용을 기본 지침으로 삼아 집필하도록 하자. 역사 공동 연구를 통해 동북아 공통역사 교과서가 생긴다면, 국가 간의 역사와 문화에 대한 객관적인 이해와 존중이 증진될 수 있다. 이를 통해 상호 간의 신뢰도 증가하며, 더불어 동북아 평화와 안정의 기반을 강화할 수 있을 것이다.

# 갈등을 넘어 통일한국의 미래를 상상하라

Chapt.6
적을
만들 것인가,
동반자를
만들 것인가

"우리는 하나다!"

지난 2001년도 평양에서 당시 김대중 대통령과 김정일 국방위원장의 만남을 기억할 것이다. 공항에서 있었던 두 사람의 포옹 장면은, 나를 견딜 수 없는 기쁨으로 눈물 쏟게 했다. 핏줄이라는 민족 앞에 그 길고 어두웠던 담장을 무너뜨린 순간이었다. 아마도 많은 국민이 같은 생각을 했을 것이다.

긴 세월 헤어짐과 분단의 고통을 뛰어넘어 이제는 우리가 반드시 하나의 민족, 평화의 한반도를 만들어내야 한다. 그러기 위해서는 지금부터 준비해야 한다. 동북아 시대를 열고 세계 중심의 한 축으로 대한민국은 우뚝 서야 한다. 반드시 그렇게 될 것이다.

동북아 시대를 앞당기기 위해 우리는 지금 무엇을 해야 할까? 우리의 힘을 하나로 결집해야 한다. 안으로 지역감정의 벽을 넘고 밖으로 한반도 분단과 이념의 벽을 넘고 더 멀리 동북아 이웃의 자국 이기주의 벽을 넘어야 한다. 벽 너머 다음 무대로 가야 하는 중요한 역사의 한 가운데 우리는 지금 서 있다.

우리 한반도만큼 모진 역사의 굴레를 겪어온 나라도 드물다. 어찌 보면 작은 땅덩이에 불과하지만, 역사의 숱한 소용돌이 속에 휘말리기도 했다. 과거엔 숱한 침략을 받았고 근현대사에서는 주변 강대국의 이해타산에 추풍낙엽처럼 휘날리기도 했다. 타의로 만들어진 분단은 여전히 과거의 아픔을 훌훌 털고 앞으로 나아가려는 우리 발목을 잡고 있다. 남북분단은 이념분단을 낳고, 지역분단을 낳았다. 그리고 어느새 세대분단을 낳고, 남녀분단을 낳고, 강남·강북분단과 대학 서열분단, 정규·비정규직 분단에 개인주의분단까지 끝없이 이어지고 있다.

맨 처음 분단을 해소할 한반도 평화 정착과 통일은 이제 우리 역사의 최대 과제가 됐다. 우리는 베를린 장벽이 무너지는 광경을 지켜보며 우리도 해낼 수 있다는 희망을 얻었다.

우리는 독일이 통일을 위해 얼마나 노력했는지, 또 얼마나 인내가 필요했는지 되짚어 보아야 한다. 동독과 서독은 통일을 이루기 훨씬 이전부터 민간적인 차원의 교류를 활발하게 진행한 것은 물론이고, 나름대로 체계적인 상호 존중 관계를 맺어왔다. 우리는 이 점을 기억해야 한다.

그렇다고 우리의 통일을 막연한 환상으로 바라보는 것은 매우 위험하다. 통일 이후의 과정 등을 정확하게 수립하지 못해 입었던 경제적 타격은 실로 심각한 지경으로 끌고 갔다는 사실 역시 명심해야 한다. 그들에게서 배울 것은 우리 통일정책에 적극적으로 수용하고, 실패는 거울삼아 우리만의 새로운 좌표를 설정해야 한다. 이미 남과 북은 그동안 여러 가지 방법으로 통일을 위한 점진적인 노력을 해오고 있다.

역대 정권마다 활발한 대화도 있었고 교착상태에 빠진 경우들도 있었다. 이제는 좀 더 냉정하고 과감한 정책을 반드시 수립해야 한다. 우리는 아직도 문재인 대통령과 김정은 국방위원장의 남·북정상회담 후 진행한 문 대통령의 평양 능라도 연설을 기억하고 있다. 남쪽의 대통령으로서는 처음으로 북쪽에서 대중연설에 나선 문재인 대통령은 5.1경기장을 채운 15만 북쪽 주민들에게 다음과 같이 연설했다.

> 우리 두 정상은 한반도에서 더 이상 전쟁은 없을 것이며, 새로운 평화의 시대가 열렸음을 8,000만 겨레와 전 세계에 엄숙히 천명했습니다. 백두에서 한라까지 아름다운 우리 강산을 영구히 핵무기와 핵 위협이 없는 평화의 터전으로 만들어 후손에게 물려주자고 확약했습니다.
>
> 우리 민족은 우수합니다.
> 우리 민족은 강인합니다.
> 우리 민족은 평화를 사랑합니다.
> 그리고 우리 민족은 함께 살아야 합니다.
>
> 우리는 5,000년을 함께 살고 70년을 헤어져 살았습니다.
> 나는 오늘 이 자리에서 지난 70년 적대를 완전히 청산하고 다시 하나가 되기 위한 평화의 큰 걸음을 내딛자고 제안합니다.
>
> 김정은 위원장과 나는 북과 남 8,000만 겨레의 손을 굳게 잡고 새로운 조국을 만들어 나갈 것입니다.
> 우리 함께 새로운 미래로 나아갑시다.

안고수저(眼高手低)라는 말이 있다. "기대치는 높지만 실제 솜씨는 서투르다"는 뜻이다. 그러나 이 말을 달리 해석하면 높은 이상과 꿈을 갖고 하나씩 제대로 실천하면 거대한 비전이 이루어진다는 의미가 된다. 우리에게 통일한국이라는 비전을 달성하는 일에도 높은 이상과 확실한 솜씨가 필요하다. 목표는 높이 두면서 착실하게 지금 할 수 있는 일부터 해 나가자.

통일한국으로 가는 열차는 2023년 잠시 멈추었다. 그러나 5,000년을 함께 살고 짧은 세월 이별하고 미워하고 적대하며 살았으며 이제 다시 하나 되어 함께 살아가야 한다는 진리는 변함이 없다. 그래서 우리는 언제고 다시 달려야 한다.

우린 오래 멈춰있을 수 없다. 기성세대들은, 또한 현재 우리는 후배들에게, 후손에게는 통일된 조국에서 꿈과 비전을 가지고 세계의 중심을 향해 도전할 수 있는 에너지를 불어넣어 주어야 한다. 포기하지 말자. 그리고 꿈을 꾸자. 더 많은 한반도의 젊은이들이 세계 중심에서 호령하는 그날이 올 것이다.

**에필로그**

# 세계의 중심 동북아, 동북아의 중심 대한민국으로 가는 길목에 서서

    태풍의 눈, 중국 시대가 오고 있다. 머지않아 중국은 경제력으로 미국을 앞지를 것이다. 곧 한·중·일의 경제력은 세계 경제의 엔진이 된다.

    대한민국은 앞으로 펼쳐질 변혁의 시대에 무엇을 준비하고 어떤 의사결정을 내릴 것인가? 미래 세대에게 우리는 어떤 한반도를 물려줄 것인가? 지금 우리의 생각이 중요하다. 지금의 선택이 다가올 변혁의 시대에 많은 것을 결정할 것이다.

    우리는 이 책을 통해 다가올 중국 시대를 맞아 대한민국이 열어야 할 미래가 어떤 것인지 탐구해왔다. 답은 하나다. 그것은 바로 '동북아 모델'이다. 동북아 이상향은 아직 상상 속에 머물러 있다. 그것을 현실로 만들고 숨을 불어넣어 생명력을 갖게 하는 것은 우리 마음이다. 정치인들의 긴 안목과 전문가들의 기술, 학자들의 통찰, 우리의 간절한 염원이 한데 모이면 가능하다.

    나는 그저 평범한 변호사였다. 그런데 나는 왜 '동북아'에 천착했던 것일까? 그저 우연히 중국어를 마스터하고 중국인들과 교류했기 때문만은 아니다. 그것이 계기가 되긴 했지만, 내가 동북아에 매달린 이유는 우리 한반도가 반드시 '하나 되는 통일 한국'이 되길 바라기 때문이다.

나는 문득 통일한국과 동북아 시대의 미래를 보았다. 그때부터 동북아 시대를 열기 위해 '나는 무엇을 할 것인가?'를 고민하게 됐다. 지난 2012년 현대경제연구원은 남·북한이 통일에 성공한다면 통일한국은 인구 7,500만 명 수준의 경제 강국이 될 수 있다고 전망한 적이 있다. 남한은 저출산·고령화 문제를 해결하고, 북한은 만성적 경제난을 겪고 있는 만큼, 통일한국이 되면 남·북한 모두 경제성장 신성장 동력을 확보할 수 있다는 분석이었다.

특히 연구원은 보고서에서 "통일한국이 실현되면 경제 분야뿐 아니라 사회, 문화, 스포츠 등 전 부문에서 위상이 높아질 수 있다"라며 "통일이 한국의 부담이 아닌 한국경제의 신성장 동력 발굴이라는 인식을 갖도록 국민적 공감대가 형성돼야 한다"고 통일의 기대와 해결과제를 제시했다.

사실 통일한국은 '넝쿨째 굴러온 호박'과 같은 효과를 가져올 수 있다. 북한의 엄청난 자연 자원과 남한의 기술력, 인프라 등 경제적 자원이 합쳐져 경제적인 경쟁력을 강화할 수 있다. 남·북 간 경제적 교류와 협력이 더 활발하게 이루어질 것이다.

무엇보다 동북아 시대를 이끌 중요한 거점 지대로 성장할 수 있다. 프랑스, 독일, 영국 등 강대국의 틈바구니에서 유럽의 강소국 네덜란드는

'물류 중심국가'로 우뚝 섰던 사례가 있다. 네덜란드의 성공은 새로운 패러다임에서 시작됐다. 관점과 사고를 국가 단위에 두지 않고 유럽 전체의 물류 매니징 역할자로 재규정했다. 네덜란드는 18세기부터 거점 국가의 모델을 상상했고 이 상상을 현실로 만들었다. 네덜란드처럼 우리도 동북아와 함께 성공할 수 있는 경제, 물류, 문화의 거점 국가가 될 수 있다.

통일한국을 만들어 가는 과정은 앞으로 숱한 난관과 어려움도 따를 것이다. 대한민국은 세계 4강에 쌓여 여전히 냉전이 사라지지 않은 곳, 패권국가의 힘이 팽팽하게 맞선 지역에 있다. 한순간의 선택이나 '아차' 하는 실수 하나로 위기를 겪거나 전쟁의 도가니로 변할 수 있는 공간이다. 그러나 거꾸로 생각하면 우리의 통찰력과 창조적인 의사결정에 따라 다른 선택, 다른 기회를 창조할 수도 있다.

가령 한반도는 대륙과 해양을 연결하는 가교 국가 역할을 할 수 있는 최적의 위치다. 대한민국은 세계에서 유일하게 중국과 미국을 협상테이블에 앉히고 중재할 수 있는 나라이다. 그래서 이웃 국가 모두를 스타 플레이어로 매니징할 수 있다. 대한민국은 얼마든지 세계인에게 신뢰받으며, 동북아 국가의 협력을 이끌어 함께 성장하는 매니저가 될 수 있다.

우리는 왜 동북아 시대의 매니저가 돼야 하는가? 그것이 한반도의 평화를 지키는 길이고, 동북아 경제번영을 이룰 수 있는 길이기 때문이다. 그래서 대한민국은 동북아 모델이라는 이상에 동북아 경제번영이라는 새로운 패러다임을 장착하고 한반도의 평화를 향해 한 걸음씩 걸어 나가야 한다.

동북아 시대로 가는 길목에 서 있는 우리에게 조선 후기의 문신 이양연의 시 '답설야중거'의 마음이 필요하다.

踏雪野中去 답설야중거
눈 내린 들판 한가운데를 걸어갈 때는

不須胡亂行 불수호란행
발걸음을 어지럽게 걷지 마라.

今日我行跡 금일아행적
오늘 내가 걸어간 발자국은

遂作後人程 수작후인정
뒤에 오는 사람의 이정표가 될 것이다.

세계의 중심 동북아, 동북아의 중심 대한민국!
이 책은 동북아로 가는 나의 한 걸음이다.
또한 당신과 모든 대한민국 국민이 걸어갈 한 걸음이 되길 소망한다.

부록

알아두면 좋은
동북아 네트워크와 연구단체들

## 동북아 문제 담당 기관

**동북아역사재단**

2006년 9월 28일 설립된 정부 산하의 역사연구기관. 교육부 산하 공공기관이다. 정확히는 2004년 창설된 '고구려연구재단'에서 확대 개편된 기관이다. 근거 법률을 보면 특수법인일 것 같지만 사실당 재단법인이다. 우리의 역사와 영토 주권을 침해하는 역사 왜곡에 단호하게 대응하여 국민이 신뢰하며, 높은 수준의 연구 성과를 바탕으로 합리적인 정책대안을 마련하는, 대한민국 동북아 역사·영토 연구와 정책의 대표 기관이다.

주요 역할로 중국·일본의 역사 왜곡 및 독도문제 등 분야별 전문성을 강화하고 국제화를 통해 올바른 한국사를 해외에 확산하고 있다. 정책 제언 및 다양화를 통해 동북아 현안에 대응하고 있으며 정부 및 유관기관 협업 및 선제적 대응으로 문제를 해결해 나가고 있다. 이외에 맞춤형 교육 및 홍보활동을 통해 올바른 한국사 인식을 확산하고 사회적 가치를 위한 공헌에 힘쓰고 있다. 홈페이지에 들어가면 '동북아역사넷', '동북아역사자료센터', '독도연구소', '독도체험관', '동북아·독도교육연수원' 등의 정보를 활용할 수 있다.

## 동북아 연관 주요 정부 부처와 공공기관들

**외교부**

대한민국의 대외관계와 국제협력을 총괄하는 부처로, 동북아지역의 안보와 경제 등에 관한 일을 수행한다.

**통일부**

대한민국의 남·북 관계와 통일정책을 총괄하는 부처로, 북한과의 대화 및 교류, 통일 준비 등을 담당한다.

**교육부**

인적자원개발 정책, 학교 교육·평생교육, 학술에 관한 사무를 관장하는 행정기관으로 동북아와 관련된 다양한 역사, 교육, 학술 분야를 지원하고 있다.

### 국방부
대한민국의 국방력 유지와 안보 보장을 총괄하는 부처로, 동북아지역의 안보와 군사적 위협에 대비하는 역할을 한다.

### 한국외교안보연구원
대한민국의 외교, 안보, 국제경제 등을 연구하는 공공연구기관으로, 동북아권을 중심으로 다양한 분야의 연구를 수행하고 있다.

### KDI 국제정책대학원
대한민국의 경제정책과 국제개발 등을 연구하는 연구기관으로, 동북아권을 비롯한 다양한 지역에서 경제, 정치, 사회 등의 분야에 대한 연구를 수행한다.

### 한국국방연구원
대한민국의 국방정책과 안보 관련 연구를 수행하는 공공연구기관으로, 동북아권을 중심으로 다양한 분야의 연구를 수행 중이다.

### 한국국제협력단
대한민국의 국제개발 협력을 총괄하는 단체로, 동북아권을 비롯한 다양한 지역에서 국제개발협력 사업을 수행하고 있다.

## 주요 대학 연구소

### 서울대 동북아시아센터
글로벌화 이후 격변하고 있는 동북아시아 지역의 정치·경제·사회·문화 변동을 둘러싼 다종다기한 쟁점들에 대한 입체적 분석과 종합적 이해를 목표로 설립된 연구기관이다.
한반도 분단과 남·북한 관계 문제, 한·중-한·일 관계 문제, 동북아 각국의 영토성과 중심·주변 문제, 동북아 역사 갈등과 탈냉전 체제 전환 문제, 초국적 이슈와 지역갈등 문제 등 일국적 차원에서 해법을 찾아내기 어려운 동북아의 복잡다단한 현안에 관해 관심을 가지고, 다양한 형태의 학술 활동과 대외협력 활동을 통해 다차원적이고도 깊이 있는 접근을 모색하고 있다.

서울대 내의 관련 연구기관들의 교감과 협업을 통해 학문적 융·복합을 꾀함은 물론, 학내·외를 막론한 다양한 관계 기관과의 적극적인 소통과 교류를 통해 동북아시아 지역연구의 활성화에 기여하는 거점이자 허브 역할을 담당한다.

### 전북대 법학전문대학원 동북아법연구소

국내 유일의 동북아 법 연구기관으로 미국, 중국, 일본 등 동북아법을 특화한 연구기관과 교류 협력을 체결하여 국제적인 협력을 강화하고 있다. 이뿐만 아니라, 동북아 지역 연구학자와 정례적인 국제학술대회 및 연합학술대회 등을 매년 여러 차례 개최하여 그 성과를 학술지 <동북아법 연구>에 게재하고 있다. 특히 <동북아법 연구>에는 중국이나 일본 등 동북아시아 지역의 유수한 대학에 재직하는 유명한 교수로부터 투고 받은 동북아법 관련 논문을 싣고 있다.

향후 동북아법연구소는 세계적인 동북아 법 연구기관과 유대를 더욱 확대할 계획이다. 또 동북아법 관련 E-Learning 교과목을 개발하여 국제적인 교류 협력을 체결한 로스쿨 및 연구기관과 교차 강의를 개설하는 등으로 동북아법 관련 강의의 심화를 꾀하는 프로그램과 해외 한인 동포 및 외국인 등에게 국내의 비즈니스와 소송절차 등 특별프로그램이나 외국인 대상 한국법 심화 프로그램을 운영할 계획이다.

### 조선대학교 사회과학연구원

2008년 3월 설립된 사회과학대학 내의 사회과학연구소와 1970년 3월 설립된 '한반도 통일과 국가 발전 전략에 관한 연구와 국제학술교류'를 목적으로 설립된 동북아연구소(구 통일문제연구소)가 통합하여 출범하였다.

현재 사회과학연구원은 한국연구재단 등재지로 동아시아 지역연구 전문학술지인 <동북아연구>와 사회과학 분야 종합학술지인 <서석사회과학논총>을 각각 일 년에 두 차례 발간하고 있다.

### 동신대 동북아연구소

동북아의 정치, 경제, 문화 전반에 관해 연구한다. 세계화, 블록화, 지역화되어 가는 국제정세에 따라 관심이 높아지고 있는 동북아의 경제발전 및 안보 방안을 모색한다.

### 동서대 중국연구센터

한국 내 중국 연구의 새로운 거점이 되고자 2015년 9월 16일 출범했다. 중국연구센터는 앞으로 중국에 관심 있는 사람들과 협력해 나가면서, 중국에 관한 연구, 교육, 세미나 개최, 출판 등을 통해 한국, 특히 부산 내 중국 연구의 역량을 더욱 향상한다는 계획이다. 센터는 현재 다양한 네트워킹을 통해 대중국 교류 협력의 허브로 성장하고자 노력하고 있다.

## 주요 단체

### 한일문화원
주일본 대한민국대사관 한국문화원, 약칭 주일한국문화원은 일본 도쿄에 있는 대한민국의 한국문화원이다. 세계 각국의 한국문화원 중 가장 이른 1979년에 개원, 일본 내 한국 문화의 종합 창구 기능을 담당하고 있다. 대한민국과 일본의 문화교류를 촉진하는 단체로, 동북아지역을 중심으로 다양한 문화행사를 개최한다.

### 동아시아학술원
성균관대 동아시아학술원은 2000년에 창립됐다. 그동안 '동아시아'라는 의제를 통해 한국 학술의 새로운 가능성을 모색해 온 학술연구기관이다. 동북아지역의 사회, 경제, 문화 등을 연구하고 다양한 학술행사와 학술지 발행 활동을 펼치고 있다.

### 한일산업기술협력재단
일본과의 산업기술 협력의 촉진을 통한 우리 중소기업의 기술력 향상을 목적으로 1992년 한·일 정상 간 합의로 설립되었다. 재단은 기술인재 양성, 기술지도, 비즈니스 매칭, 기업인 교류 등 다양한 일본과의 협력 사업의 추진을 통해 기업과 나라의 경제발전에 기여하고 있다.

### 대한상공회의소
대한민국의 대표적인 경제단체로, 동북아지역과의 경제협력을 촉진하고 기업들의 국제경쟁력을 강화하는 역할을 수행 중이다.

### (사)동북아청년포럼
아시아 지역의 미래를 짊어질 차세대들이 이 지역의 역사적 문화적인 정체성을 발굴하게 하고, 아시아 전 지역의 공동번영 방안을 모색하는 기회를 제공한다. 현재 부산지역에 와있는 동북아지역(중국, 일본, 몽골, 러시아)과 아시아 지역(필리핀, 베트남)의 유학생을 중심으로 부산을 알리는 교육연수 프로그램을 운영한다.

## 주요 재단

**한국국제협력재단**

대한민국과 외국 간의 각종 교류 사업을 시행함으로써 국제사회에서 한국에 대한 올바른 인식과 이해를 도모하고 국제적 우호친선을 증진하는 데 이바지하기 위하여 한국국제교류재단법에 의거 1991년 12월 설립된 외교부 산하 기타 공공기관이다. 대한민국의 국제개발 협력을 지원하는 비영리재단으로, 동북아지역을 비롯한 다양한 지역에서 국제개발 사업을 수행한다.

**한국국제문화교류진흥원**

(재)한국국제문화교류진흥원은 국제문화교류 진흥법 제12조에 따라 지정된 전담 기관으로, 국제문화교류의 진흥에 필요한 다양한 사업을 수행하고 있다. 대한민국의 문화교류를 촉진하는 비영리재단으로, 동북아지역을 중심으로 다양한 문화행사와 교류 활동을 펼치고 있다.

**한국평화재단**

한반도의 평화와 통일을 주요 목표로 활동하고 있다. 대한민국의 평화와 국제협력을 촉진하는 비영리재단으로, 동북아지역과의 평화적인 관계 구축을 위한 다양한 활동을 수행한다.

## 주요 학회 및 협회

**동북아시아문화학회**

1998년 '한·일 문화교류 세미나'를 시작으로 2000년부터 매년 2회에 걸쳐 국제 학술대회를 개최하고 있으며, 학회지 <동북아 문화연구>(한국연구재단 등재지)를 연 4회 발간하고 있다. 아시아문화와 문명을 연구하는 학회로, 동북아권을 중심으로 다양한 학술행사와 연구 활동을 수행 중이다.

**한국일본학회**

1973년에 창립되어 역사와 전통을 가진 학회이다. 대한민국과 일본의 문화, 경제, 정치 등을 연구하는 학회로, 동북아권을 중심으로 다양한 학술행사와 연구 활동을 수행하고 있다.

## 필자 소속 동북아 문제연구소

**법무법인 '동북아'**

내가 몸담은 법무법인 동북아는 2013년 5월 31일 설립하여 법원과 검찰에서 풍부한 경험을 쌓은 변호사로 구성되어 있다. 특히 국제거래전담팀을 구성하여 중국, 일본, 미주 유럽과 동남아 등지의 모든 지역에 이르는 법률서비스를 제공하고 있다.
외국기업의 국내 투자 및 국내기업의 외국 투자 등을 자문하고 있다. 이에 따라 동북아와 중국 관련 법률 서비스, 중국인 법률 상담도 활발하게 이루어지는 등 동북아 시대에 다양한 역할을 담당하려고 노력하고 있다.

**동북아 포럼**

나는 2023년 5월 동북아 포럼을 창립했다. 미래 중국과 남·북한의 한반도가 세계 중심으로 자리잡을 동북아 시대를 대비하여 대한민국의 새로운 비전과 역할, 패러다임을 고민하고 대안을 마련하기 위해 동북 3성 인사 초청 협력 모색, 한·중 관계 발전학술대회, 한·중 문화교류 등을 중심으로 동북아 포럼을 지속적으로 개최할 예정이다.
동북아 포럼의 비전은 UN과 같은 '동북아연합'을 구축하여 한반도와 동북아 평화를 보장하고, 경제번영을 통한 글로벌 리더로 동북아를 이끄는 것이다. 그 목표를 향해 지금 우리가 준비해야 할 것을 고민하여 미래 동북아 전문가들을 양성해 나가려 한다.

**동북아 매니징**

**발행일** _ 2023년 10월 25일

**지은이** _ 김신호

**펴낸이** _ 우선주
**펴낸곳** _ 1인1책
**등록** _ 제 2017-000060호
**전화** _ 02) 325-6693
**이메일** _ onebook2016@hanmail.net
**홈페이지** _ www.1person1book.com
**주소** _ 서울특별시 은평구 증산로17길 41, 201호
**편집·디자인** _ 모두북

ISBN _ 979-11-89032-39-5

값 _ 19,000원

· 이 책의 전부 또는 일부의 무단 복제·전재·발췌를 금합니다.